全世界无产者，联合起来！

毛泽东文集

第八卷

（一九五九年二月——一九七五年七月）

人民出版社

目　　录

马列主义基本原理至今未变，个别结论可以改变[1]

（一九五九年二月十四日）

马特：我有些理论问题不清楚，想在这里提一提。主席先生是世界上第一流的理论家，不知有无时间解答？

毛泽东：你这个说法不对。

马：理论著作我看过很多。我认为只有列宁和您的著作最好。

毛：忙于工作，没有充分的时间研究理论问题。

马：我认为，所谓马列主义是指马克思和列宁两人的著作。其中属于认识论的唯物主义是普遍的真理，还有一部分是属于具体实用的而必须在实践中加以考察的学说。就此而言，马列主义中属于后一部分的学说是否需要不断改变？

毛：你这个讲法不合适，马列主义至今未变。唯物主义并不等于马列主义，在马克思主义产生以前就已经有唯物主义，资产阶级曾经发挥了唯物主义，例如法国的唯物主义。辩证法也不是马克思发现的，例如德国过去有唯心辩证法。马克思是改造了这两种东西。他把唯物主义改造成为辩证唯物主义，认为世界是联系的、发展的。为什么会有发展呢？因为有矛盾存在。他把辩证法改造成为唯物辩证法。唯物辩证法是正确反映客观世界的辩证法，这与德国黑格尔的唯心辩证法不同。至于马克思、列宁关于个别问题的结论做得不合适，这种情况是可能的，因为受当时条件的限制，例如马克思关于无产阶级革命首先在西方几个国家同时取得胜利的结论。

马：这正是我要提的问题。

毛：列宁已经解决了这个问题。

马：列宁改变了一些马克思主义学说，说无产阶级革命可以在单独一个国家内取得胜利。

毛：马克思、恩格斯说过无产阶级革命将在几个经济文化比较发达的国家同时发生，现在改变了这个结论。例如，俄国经济比西欧落后，却首先取得了革命的胜利。这就证明，无产阶级革命是可以首先在一个国家取得胜利的。

马：这本来是没有预料到的，即使是列宁，也是事后才看出来的。

毛：列宁在十月革命以前就已经发现。

马：但是在二月革命之后。

毛：列宁在从事研究工作的后期，指出了资本主义发展的帝国主义阶段，看出了资本主义发展不平衡的规律，有可能引起世界大战，有可能首先在一国或几国爆发革命，在东方国家中也有这种可能。

马：列宁是在以后才看出的。

毛：列宁在第一次世界大战期间研究了这个问题，并且得出结论：无产阶级革命可以首先在一个国家取得胜利。〔2〕当然，他没有预料到在什么国家首先取得胜利。

马：列宁说专政只能由一个政党执行，而主席先生说无产阶级专政可以由几个政党联合执行，这是不是离开了马列主义？

毛：不能说离开了马列主义。中国的民主革命，可以说是几个政党联合进行的，但是以共产党为首。中国有两次革命：一九四九年以前是资产阶级民主革命，解决反帝、反封建、反国民党统治的问题，那时我们没有触动民族资产阶级的所有制；后一次革命，想必你也知道，就触及了民族资产阶级的所有制以及个体手工业与个体农业的所有制。对这些所有制进行社会主义改造经过了几个步骤。后一次革命经过几年，已基本完成。这两次革命，都是以共产党为领导进行的。

马：中国解放的第二天我就知道了。中国进行社会主义改造是解放以后的事，中国走社会主义的道路，却早已知道了。

毛：我们先动买办资本，而对民族资本我们好几年未动。至于个体农民，我们首先分配土地为农民所有，第二步才将他们组织起来，搞合作化。对于民族资本，我们分几个步骤进行改造，最后一个步骤就是公私合营。国家采取了和平赎买政策，分好几年赎买。现在，原属民族资本的那些企业都是由国家管理。

中国过去的资本主义，主要是官僚资本和帝国主义资本，占百分之八十，民族资本只占百分之二十。官僚资本和帝国主义资本归国家所有以后，资本的主要部分就已归国家所有了。对民族资本我们采取和缓的政策。

马：很同意中国的做法。

毛：资本家现在同我们合作。

马：还有一个理论问题，为什么马克思主义先在东方经济落后的国家取得胜利？

毛：这个道理很简单。东方国家的统治者不能解决他们国家的问题，东方国家人民首要的任务是反帝、反封建。这些国家被西方国家剥削得很贫困。这里讲的东方，包括亚洲、非洲和拉丁美洲，即所谓帝国主义的后方。

马：马列主义有关实用的部分，现在有些已不适用了。比如西方国家，社会经济是垄断的，但政治上并不尽然，因为还有自由，这个自由并不影响社会的发展。所以，社会经济制度和政治上的专制这两个东西，是否可以分开来？

毛：这首先要对专政作分析，西方国家的所谓自由，实际上是资本家有剥削的自由。

马：同意。中国是把人们从经济上解放出来。

毛：西方国家的政权不可能由多数人掌握，而只由资本家统治，这就是独裁。

马：那些国家的共产党为什么不上台呢？

毛：因为资本家不允许。

马：在智利，共产党上台是有可能的。

毛：今天还是投资产阶级的票的人多。

马：为什么呢？

毛：中国过去也是如此，赞成我们的人开始也很少。经过二十八年，自一九二一年至一九四九年，我们逐渐取得了人民的拥护。

马：西方国家已经经历了好几百年了，再过一百年也还会是那样。

毛：但是今后的情况是会改变的。

马：当然会这样，这就需要一个新的方案。

毛：马克思活着的时候，不能将后来出现的所有的问题都看到，也就不能在那时把所有的这些问题都加以解决。俄国的问题只能由列宁解决，中国的问题只能由中国人解决。

马：西方国家和拉丁美洲国家问题的解决将要受十月革命和中国革命的影响，但是你们说这将是马列主义的胜利，而不说是运用辩证唯物主义的胜利。如果你们对马列主义采取这种态度，拉丁美洲人民就会怀疑马列主义。

毛：世界观是辩证唯物主义，这是共产党的理论基础。无产阶级专政与阶级斗争的学说是革命的理论，即运用这个世界观来观察与解决革命问题的理论。

马列主义应包含三部分：一、马列主义的哲学，这是理论基础；二、马列主义的经济学，这是用马列主义的观点来考察经济现象的学说；三、马列主义的革命学说，比如关于阶级斗争、政党、无产阶级专政等的学说。这三部分不能分割，而应视为马列主义的三个有机联系的组成部分。

马：世界观不变，是不是革命理论部分是可以改变的？

毛：要看是什么理论。比如革命将首先在一国或几个国家内取胜的理论，是改变了马、恩的结论的。

马：如果把今天谈话的内容发表出去，会不会有人认为主席先生背叛了马列主义？

毛：我不认为中国背叛了马列主义。中国的党一贯遵守马列主义的原则，因为它是普遍的真理。这是普遍真理与中国具体情况的统一的问题。

根据中央档案馆保存的谈话记录稿刊印。

注释

〔**1**〕这是毛泽东同智利《最后一点钟》报社社长阿图罗·马特·阿历山德里谈话的节录。

〔**2**〕见列宁《论欧洲联邦口号》(一九一五年八月):“社会主义可能首先在少数甚至在单独一个资本主义国家内获得胜利。”又见列宁《无产阶级革命的军事纲领》(一九一六年九月):“社会主义不能在所有国家内同时获得胜利。它将首先在一个或者几个国家内获得胜利。而其余的国家在一段时间内将仍然是资产阶级的或资产阶级以前的国家。”(《列宁选集》第2卷,人民出版社1995年版,第554、722页)

非洲当前的任务是反对帝国主义，不是反对资本主义〔1〕

（一九五九年二月二十一日）

整个非洲的任务是反对帝国主义，反对跟着帝国主义走的人，而不是反对资本主义，不是建立社会主义。在非洲提出建立社会主义社会，要犯错误。事实是帝国主义依靠它的走狗，联合非洲的一部分人压迫非洲。目前非洲这种革命的性质，是资产阶级民主革命，不是无产阶级社会主义革命。一般说来，整个非洲的斗争还是长期的。一不要以为马上可以胜利，明天早上就胜利，要准备长期斗争。如不作长期斗争的思想准备，而帝国主义那么强大，就要失望。二要以依靠自己力量为主，争取外国援助为辅。我有这两个建议，请你们考虑。我不熟悉非洲的情形，我又不是非洲人。我讲我的意见，供你们参考。

非洲当前的革命是反对帝国主义，搞民族解放运动，不是共产主义问题，而是民族解放问题。这点我们的意见都是一致的。另外两点：一是胜利的快、慢问题。可能胜利快，也可能胜利慢，无非这两种。两头都准备，就不至于失望。二是依靠什么力量的问题。是依靠外国来解放非洲，还是依靠非洲人自己解放非洲？要依靠非洲人自己解放非洲。非洲的事情非洲人自己去办，依靠非洲人自己的力量。同时也要在世界上找朋友，包括中国在内。至于中国，一定支持你们。这两点是否对，请你们考虑。

看来，现在的非洲与过去的非洲有所不同。第二次世界大战以后，一九五八年非洲反帝运动有很大的发展。可以料到，今后非洲的反帝运动会比过去发展得更快。至于各国要帮助你们，那毫无问题。各国人民，特别是社会主义国家，已经独立了的国家，一定要帮助、支持你们。你们需要支持，我们也需要支持，而且所有的社会主义国家都需要支持。谁来支持我们？还不是亚洲、非洲、拉丁美洲的民族解放运动，这是支持我们的最主要的力量。支持我们的还有西欧的工人阶级。所以是相互的支持。你们那里的反帝运动就是支持我们。苏联、中国把工作做好一点，也就是支持你们。你们可以考虑，中国可以当作你们的一个朋友。我们能牵制帝国主义，使它力量分散，不能集中力量去压迫非洲。

根据中央文献出版社、世界知识出版社一九九四年出版的《毛泽东外交文选》刊印，原题是《非洲的任务是反对帝国主义》。

注　释

〔1〕这是毛泽东同喀麦隆人民联盟代表和几内亚、肯尼亚、马达加斯加青年代表谈话的节录。

在郑州会议上的讲话（节选）

（一九五九年二月二十七日）

一

现在我来说一点人民公社的问题。我认为人民公社现在有一个矛盾，一个可以说相当严重的矛盾，还没有被许多同志所认识，它的性质还没有被揭露，因而还没有被解决。而这个矛盾我认为必须迅速地加以解决，才有利于调动广大人民群众更高的积极性，才有利于改善我们和基层干部的关系，这主要是县委、公社党委和基层干部之间的关系。

究竟是什么样的一种矛盾呢？大家看到，目前我们跟农民的关系在一些事情上存在着一种相当紧张的状态，突出的现象是在一九五八年农业大丰收以后，粮食、棉花、油料等等农产品的收购至今还有一部分没有完成任务。再则全国，除少数灾区外，几乎普遍地发生瞒产私分，大闹粮食、油料、猪肉、蔬菜"不足"的风潮，其规模之大，较之一九五三年和一九五五年那两次粮食风潮都有过之无不及。同志们，请你们想一想，这究竟是什么一回事呢？我认为，我们应当透过这种现象看出问题的本质即主要矛盾在什么地方。这里面有几方面的原因，但是我以为主要地应当从我们对农村人民公社所有制的认识和我们所采取的政策方面去寻找答案。

农村人民公社所有制要不要有一个发展过程？是不是公社一成立，马上就有了完全的公社所有制，马上就可以消灭生产队的所有制呢？我这是说的生产队，有些地方是生产大队即管理区，总之大体上相当于原来的农业生产合作社。现在有许多人还不认识公社所有制必须有一个发展过程，在公社内，由队的小集体所有制到社的大集体所有制，需要一个过程，这个过程要有几年时间才能完成。他们误认人民公社一成立，各生产队的生产资料、人力、产品，就都可以由公社领导机关直接支配。他们误认社会主义为共产主义，误认按劳分配为按需分配，误认集体所有制为全民所有制。他们在许多地方否认价值法则，否认等价交换。因此，他们在公社范围内，实行贫富拉平，平均分配，对生产队的某些财产无代价地上调，银行方面也把许多农村中的贷款一律收回。一平、二调、三收款，引起广大农民的很大恐慌。这就是我们目前同农民关系中的一个最根本的问题。

二

六中全会的决议〔1〕写明了集体所有制过渡到全民所有制和社会主义过渡到共产主义所必须经过的发展阶段。但是没有写明公社的集体所有制也需要有一个发展过程，这是一个缺点。因为那时我们还不认识这个问题。这样，下面的同志也就把公社、生产大队、生产队三级所有制之间的区别模糊了，实际上否认了目前还存在于公社中并且具有极大重要性的生产队(或者生产大队,大体上相当于原来的高级社)的所有制,而这就不可避免要引起广大农民的坚决抵抗。从一九五八年秋收以后全国性的粮食、油料、猪肉、蔬菜“不足”的风潮,就是这种反抗的一个集中表现。一方面,中央、省、地、县、社五级(如果加上管理区就是六级)党委大批评生产队、生产小队的本位主义,瞒产私分;另一方面,生产队、生产小队却几乎普遍地瞒产私分,甚至深藏密窖,站岗放哨,以保卫他们的产品。我以为,产品本来有余,应该向国家交售而不交售的这种本位主义确实是有的,犯本位主义的党员干部是应该受到批评的,但是有很多情况并不能称之为本位主义。即令本位主义属实,应该加以批评,在实行这种批评之前,我们也必须首先检查和纠正自己的两种倾向,即平均主义倾向和过分集中倾向。所谓平均主义倾向,即是否认各个生产队和各个个人的收入应当有所差别。而否认这种差别,就是否认按劳分配、多劳多得的社会主义原则。所谓过分集中倾向,即否认生产队的所有制,否认生产队应有的权利,任意把生产队的财产上调到公社来。同时,许多公社和县从生产队抽取的积累太多,公社的管理费又包括很大的浪费,例如有一些大社竟有成千工作人员不劳而食或半劳而食,甚至还有脱产文工团。上述两种倾向,都包含有否认价值法则、否认等价交换的思想在内,这当然是不对的。凡此一切,都不能不引起各生产队和广大社员的不满。

目前我们的任务,就是要向广大干部讲清道理,经过充分的酝酿和讨论,使他们得到真正的了解,然后我们和他们一起,共同妥善地坚决地纠正这些倾向,克服平均主义,改变权力、财力、人力过分集中于公社一级的状态。公社在统一决定分配的时候，要承认队和队、社员和社员的收入有合理的差别，穷队和富队的伙食和工资应当有所不同。工资应当实行死级活评。公社应当实行权力下放，三级管理，三级核算，并且以队的核算为基础。在社与队、队与队之间要实行等价交换。公社的积累应当适合情况，不要太高。必须坚决克服公社管理中的浪费现象。只有这样，我们才能够有效地去克服那种确实存在于一部分人中的本位主义，巩固公社制度。这样做了以后，公社一级的权力并不是很小，仍然是相当大的；公社一级领导机关并不是没有事做，仍然有很多事做，并且要用很大的努力才能把事情做好。

公社在一九五八年秋季成立之后，刮起了一阵“共产风”。主要内容有三条：一是穷富拉平。二是积累太多，义务劳动太多。三是“共”各种“产”。所谓“共”各种“产”，其中有各种不同情况。有些是应当归社的，如大部分自留地。有些是不得不借用的，如公社公共事业所需要的部分房屋、桌椅板凳和食堂所需要的刀锅碗筷等。有些是不应当归社而归了社的，如鸡鸭和部分的猪归社而未作价。这样一来，“共产风”就刮起来了。即是说，在某种范围内，实际上造成了一部分无偿占有别人劳动成果的情况。当然，这里面不包括公共积累、集体福利、经全体社员同意和上级党组织批准的某些统一分配办法，如粮食供给制等，这些都不属于无偿占有性质。无偿占有别人劳动的情况，是我们所不许可的。看看我们的历史吧。我们只是无偿剥夺了日德意帝国主义的、封建主义的、官僚资本主义的生产资料，和地主的一部分房屋、粮食等生活资料。所有这些都不是侵占别人劳动成果，因为这些被剥夺的人都是不劳而获的。对于民族资产阶级的生产资料,我们没有采取无偿剥夺的办法,而是实行赎买政策。因为他们虽然是剥削者,但是他们曾经是民主革命的同盟者,现在又不反对社会主义改造。我们采取赎买政策,就使我们在政治上获得主动,经济上也有利。同志们,我们对于剥削阶级的政策尚且是如此,那末,我们对于劳动人民的劳动成果,又怎么可以无偿占有呢?

根据中共中央文件刊印。

注　释

〔1〕指一九五八年十一月二十八日至十二月十日在武昌召开的中共八届六中全会通过的《关于人民公社若干问题的决议》。

郑州会议纪要[1]

（一九五九年三月五日）

一九五九年二月二十七日，在郑州举行了中央政治局扩大会议。会议进行了七天，三月五日结束。到会者，中央二十人，省、市、区党委第一书记二十七人，共四十七人。会议的主题是人民公社问题。首先由毛泽东同志讲了他的意见，然后进行了几次讨论。结果如下：

（一）同意毛泽东同志的意见。

（二）规定了如下十四句话作为当前整顿和建设人民公社的方针。这十四句话是：

统一领导，队为基础；
分级管理，权力下放；
三级核算，各计盈亏；
分配计划，由社决定；
适当积累，合理调剂；
物资劳动，等价交换；
按劳分配，承认差别。

（三）起草了一个关于人民公社管理体制的若干规定（草

案）。

根据中共中央文件刊印。

注　释

〔**1**〕这个纪要是毛泽东起草的。

同拉丁美洲一些国家共产党领导人的谈话

（一九五九年三月三日）

中国刚刚开辟了建设的道路。我们的经济发展水平不如拉丁美洲一些国家那样高。我们人口那么多，只有那么一点钢铁。我们在工业化中刚走了第一步。我国人民还很穷，需要继续努力，要有许多年时间才能发展起来。我们每年都有一些进步。你们要监督我们，看到我们不好的地方要说，看到我们进步得慢也要说。你们要监督我们向前进步。中国人民同社会主义阵营其他国家的人民一样，也是世界劳动人民的一部分。中国的事业是国际共产主义事业的一部分。我们要团结成一体，全世界人民要大团结。你们的事业也是我们共同事业的一部分，你们每有一个胜利，我们就高兴。我们很高兴看到拉丁美洲的斗争在不断发展。

亚洲、非洲、拉丁美洲的人口占世界人口的大部分。这三个洲的国家是西方世界的后方。这个后方现在已经不稳固了，它的空气比较稀薄，比较容易冲破帝国主义的统治。当然，帝国主义和它的走狗现在还在统治这些地方，好像过去帝国主义和蒋介石统治中国一样。为什么说它的空气比较稀薄呢？因为亚洲、非洲和拉丁美洲的经济落后，资本主义不发达，帝国主义和封建主义的统治占主要地位。过去俄国就是这样，它的空气也比较稀薄。在这些地区，无产阶级有广大的同盟军，社会民主党〔1〕的影响不如在西方国家那么厉害，工人阶级受资产阶级的影响不那么深。因此，这些地区的革命斗争特别旺盛。现在亚洲、非洲、拉丁美洲蓬勃地开展起反帝斗争了。非洲人口有两亿多，他们处在反帝斗争的前线。拉丁美洲也是处在反帝斗争的前线。

帝国主义已经为这三个洲的国家造就了强大的无产阶级，帝国主义也在这些国家造就了知识分子队伍。帝国主义为了它自己的目的，造就了工人阶级，造就了知识分子，结果将是由它造就出来的人把它自己推翻。这是社会发展的规律，旧社会总是会创造新社会的因素的。

你们知道去年的金门事件〔2〕吗？那个岛只有八万人口，现在已是世界有名。美国的方针是把金门、马祖两个岛交给我们，以此作为交换条件，让它继续占领台湾。这生意不好做。我们要留蒋介石在这两个岛上，要不我们就把台湾、澎湖、金门、马祖等岛全部拿回来。

美国在全世界钉了许多桩子，把它自己的腿也钉在桩子上了。我们面前有台湾、南朝鲜、日本、菲律宾、南越、泰国，美国在这些国家和地区都钉住了它自己的腿。这是西太平洋地区的情况。在美国看来，好像西太平洋不是我们这些居住在西太平洋地区的人的，而是美国人的，你们讲讲这公道吗？这是你们的邻居干的事。我们西太平洋地区的人民帮了你们一些忙。我们在西太平洋地区牵住了美国不少的力量，分散了它的力量。美国的主要力量还在西欧，苏联和其他社会主义国家牵住了它的力量，西德、法国、意大利等国家的工人阶级也牵住了它的力量。中东、北非地区也牵住了美国的力量，分散了它的力量。它在地中海有一个舰队，就是第六舰队，比它在西太平洋的舰队更强大。

此外，它又不能不顾到拉丁美洲这个后方。这是你们对我们和其他社会主义国家帮的忙。古巴革命〔3〕就发生在美国的旁边，那里有六百多万人口，美国投资有十亿美元。美国眼看着古巴革命，望洋兴叹，一个手指也不敢动它。有些人说，美国厉害得很，有原子弹呀、氢弹呀，但是去年五月尼克松去看你们，你们却对他不客气，赶走他，他也没有办法〔4〕。人家一个副总统来看你们，你们不好好招待他，还用石头、烂鸡蛋、唾沫招待客人，使他那样难堪，对客人那样不讲礼貌啊！

我们对美国不妥协。它不承认我们，我们也不承认它；它承认我们，我们也不那么高兴。至于中华人民共和国进联合国好不好，我们也考虑过，要他们驱逐了台湾的代表，请我们进，我们才考虑进。我看，我们同美国现在这样的状态，对于我们和你们国家的人民都有利。

我们国家没有美国的外交代表，我们很舒服。大概是因为我们破破烂烂，客人不想来。他们要等我们建设好了才来。比如说，美国现在年产一亿多吨钢，大概要等到我们年产两亿吨钢的时候才来。那时，我就要跟各位商量商量中国的外交政策问题。我看，在十年到十五年内，不同美国建立外交关系、互派外交代表是要更好一些。过了十年十五年，我们的房子打扫得更干净了，可以迎接客人，也可以建造大房子，因为有了更多的钢铁。这个方针，也许你们不赞成。

现在美国不怕中国，它主要怕苏联。它知道中国只有几块破铜烂铁，而苏联是强大的国家。西方国家不承认我们在国际上的合法地位。因此，我们也就可以“无法无天”，不受约束。

去年，我们学了杜勒斯的“战争边缘政策”〔5〕，杜勒斯当了我们的先生。他的“战争边缘政策”是对着我们的，我们也用“战争边缘政策”对付他们。国民党同我们打了几十年仗，我们还在继续打国民党。国民党没有饭吃，美国给他们吃。美国的军舰距离在我们炮弹射程之内的海岛只有三海里。他们在战争的边缘，我们也在战争的边缘。我们以“战争的边缘”来对付“战争的边缘”，结果他们不敢前进，只到战争的边缘为止。我们不打他们，他们也不敢动，他们看我们，我们看他们，看了两个多月。我们帮了美国民主党的忙，十一月，民主党在选举中胜利了。我们的帮忙是无代价的，是义务劳动。帮了民主党，整了杜勒斯。

我算了一笔账，从去年五月起有六件事情整了美国，使杜勒斯处于被动地位。把委内瑞拉推翻希门尼斯〔6〕算在内，就有七件。加上非洲一件事，就有八件。如把伊拉克革命〔7〕和黎巴嫩事件〔8〕分开算进去，就有十件。我说的是最显著的大事。十件事中有三件发生在拉丁美洲。一月份委内瑞拉人民赶走了美国的走狗希门尼斯。五月你们用烂鸡蛋欢迎尼克松，这件事有世界意义。七月发生了伊拉克的革命，使美国大吃一惊，这件事也有世界意义。几天以后发生了黎巴嫩事件，美军登陆，闹得全世界都反对美国。这是第四件。接着就是金门事件。我们不想叫美国休息，在联合国通过美国军队撤出黎巴嫩决议的第二天，我们就向金门岛开炮，闹得全世界摸不到我们的底。杜勒斯也忙得很，从东太平洋调动兵力，兵力不够，又从地中海调。杜勒斯自己讲，这是美国在第二次世界大战以来最大的一次海、空军的集中，美国把它仅有的十二艘航空母舰中的六艘开来了。这是第五件。第六件是十一月美国举行了选举，民主党胜利，共和党失败。第七件是北大西洋集团的四分五裂〔9〕。形式上他们有所谓的团结，实际上他们保持不了团结，你要吃我，我要吃你。第八件是赫鲁晓夫丢出了一颗柏林事件〔10〕的炸弹。他也不想让美国休息。美国现在忙得很，柏林事件不好解决。第九件就是你们搞的一件好事，搞古巴革命。古巴革命是在美国身边放炸弹。不能把它看作只是古巴的事件或只是拉丁美洲的事件，这也是世界性的事件。第十件是今年二月间以刚果为代表的非洲人民爆发了反帝斗争〔11〕。也不能把它只看作是反对比利时殖民主义的斗争，反对的主要锋芒是针对美国的。刚果的外国资本中美国占很大数字。苏伊士运河事件〔12〕不算，这是前年的事了。我只从去年一月算起。

现在美国的调子一天比一天低了，大规模的报复不太讲了。

制造国际紧张是美国的一个手段，国际紧张到底对谁利益大，对美、英利益大或者对我们全世界无产阶级利益大，这还是一个问题。美国逐步看到国际紧张对它不利了。因为紧张的局势可以使全世界人民想一想，可以动员全世界人民，动员工人和其他劳动群众，能多增加几个共产党人。

由于历史和社会习惯的影响，人民中间迷信的人还很多，要做艰苦的说服工作来破除迷信。在我们这里，过去亲美、崇美、恐美的人很多，特别是资产阶级和知识分子。也有许多劳动群众，他们不喜欢美国人，但是怕美国人。要做艰苦细致的工作，帮助他们逐渐消除这种恐惧心理。

崇拜美国的人说美国科学和工业都很发达，了不起，什么都好，甚至有人说美国的月亮也比中国的好。后来经过慢慢说服，他们知道美国的月亮不一定好，也许中国的月亮还好一点。

在你们那里可能存在同样的问题。是北美的月亮好呢，还是中南美的月亮好？有人迷信美国的月亮，说美国人文明，说我们比他们野蛮。文明国家把军舰开到西太平洋来，这能算文明吗？美国还把军舰开到中南美去，你们国家派了军队到美国去吗？这样看来，谁文明一些呢？我们要文明一些，因为我们没有派军队到美国去。

要翻过来，也许他们野蛮一些，我们文明一些。西方世界是野蛮人统治。当然西方国家的人民不野蛮，他们只是受了欺骗和蒙蔽，不觉悟，共产党和有觉悟的人不算在内。西方世界的统治者是野蛮一些，亚洲、非洲、拉丁美洲的要文明一些，这也要除掉帝国主义的走狗，例如中国的蒋介石，美洲的希门尼斯和巴蒂斯塔，他们是美国的走狗，野蛮人的代理人。

他们说我们野蛮、不文明，这要翻过来。我的证据是我们没有侵略美国，是美国人侵略我们；非洲没有侵略美国、英国、比利时、法国、荷兰、西班牙，而是这些国家侵略非洲。到底谁文明，谁野蛮？谁有礼貌，谁没有礼貌？在文明与野蛮的问题上存在着极大的迷信。

不知道为什么，我看到了同志们很高兴，很亲近。我们这些国家所处的地位相同，同受帝国主义的压迫，经济发展水平也差不多，同是所谓不发达的国家。我看到亚洲、非洲、拉丁美洲的朋友就高兴。你们接触过非洲人没有？我最近会见了非洲一些国家的青年代表，有肯尼亚、喀麦隆、几内亚、马达加斯加的代表。马达加斯加人的肤色和我们比较接近，介于黑种人和黄种人之间。我从前一个也不认识，但是见了面觉得很亲热。有一个原因，就是我们这些国家在世界上处在同样的地位。

你们不要以为中国解放了，和你们不同。在我们这一辈人的记忆里，我们和你们是一样的。除了解放一事外，我们大体和你们相同，经济、文化的发展水平，受帝国主义的欺负等方面，都差不多。

我同你们相处感到一种平等的气氛，我相信你们也是以平等的态度来对待我们的。西方国家就不同了，除了一部分进步人士和真正的马克思主义者外，那边的人看不起我们，说我们这样不行，那样不行，身体脏，月亮没有他们的好。没有办法，谈不来。他们不以平等的态度待我们，轻视我们。拉丁美洲的人，除了帝国主义的走狗外，也会有同样的感觉吧！

工人阶级要取得胜利，要和两个阶级结成同盟。一个是小资产阶级，包括农民和城市的小资产阶级，他们的社会地位相同。农民不剥削别人。城市的小资产阶级也不剥削别人，他们是手工业者或小市民，或者只有轻微的剥削。另一个是剥削阶级，即民族资产阶级。民族资产阶级有两面性，有反对帝国主义的要求，又剥削人，还恐惧共产党。我们和民族资产阶级有共同之点，就是反对帝国主义，因此可以建立统一战线。第一个联盟是工农联盟，是我们的基础。工人受人剥削。农民不剥削别人，其中贫雇农受人剥削，中农基本上不剥削别人。第二个联盟是同民族资产阶级的联盟。亚洲、非洲、拉丁美洲的殖民地和半殖民地国家也有民族资产阶级，这是一个剥削阶级，但有反帝要求。共产党如果搞得好，可以而且应当与他们结成同盟。

根据中央档案馆保存的谈话记录稿刊印。

注　释

〔1〕社会民主党，也称“社会民主工党”或“社会党”、“工党”等。大多成立于巴黎公社失败后到二十世纪初资本主义相对和平发展时期。一八八九年各国社会民主党联合组成了第二国际。第二国际早期曾对工人运动起过积极的作用，以后由于内部的机会主义迅速滋长，除俄国社会民主工党（布尔什维克）以外，大多数社会民主党都被机会主义者掌握了领导权，它们公开维护资本主义，反对无产阶级暴力革命和无产阶级专政。

〔2〕一九五八年七月，台湾国民党当局在美国的支持下叫嚷“反攻大陆”，并不断炮击福建沿海村镇。为严惩国民党军，反对美国侵犯中国主权，人民解放军福建前线部队奉命于八月二十三日开始对国民党军金门防卫部和炮兵阵地等军事目标进行炮击，封锁了金门岛，中断国民党军的补给。九月初，美国向台湾海峡地区大量增兵，派军舰、飞机直接为国民党军运输舰护航，公然入侵中国领海。为打击美国的侵略行径，人民解放军前线部队又于九月八日对金门国民党军和海上舰艇进行全面炮击。至一九五九年一月七日，共进行七次大规模炮击，十三次空战，三次海战，击落击伤国民党军飞机三十六架，击沉击伤军舰十七艘，毙伤国民党军七千余人。

〔3〕一九五九年一月一日，古巴卡斯特罗领导的起义军推翻了巴蒂斯塔任总

统的独裁政权，建立了革命政府。

〔4〕一九五八年四月二十八日至五月十四日，美国副总统尼克松先后对乌拉圭、阿根廷、巴拉圭、玻利维亚、秘鲁、厄瓜多尔、哥伦比亚和委内瑞拉等八个拉丁美洲国家进行访问。访问期间，这些国家相继发生了反对美国的拉丁美洲政策的激烈的抗议行动。尼克松到委内瑞拉时被迫提前结束访问回国。

〔5〕杜勒斯（一八八八——一九五九），美国共和党人，一九五三年一月至一九五九年四月任美国国务卿。一九五六年一月，杜勒斯提出美国“不怕走到战争边缘，但要学会走到战争边缘，又不卷入战争的必要艺术”。这种主张被称为“战争边缘政策”。

〔6〕希门尼斯，一九一四年生，一九四八年任委内瑞拉总统。执政期间，对内实行独裁统治，对外采取亲美政策。一九五八年一月二十三日，其政权被人民起义推翻。

〔7〕第二次世界大战后，伊拉克费萨尔王朝一直执行依附帝国主义的政策，残酷镇压人民的反抗运动。一九五八年七月十四日，以卡塞姆将军为首的爱国军人，在伊拉克人民的支持下发动武装革命，推翻了费萨尔王朝的统治，宣布成立伊拉克共和国。

〔8〕一九五八年五月，黎巴嫩各地发生了反对政府执行违反民族利益的政策的起义。七月十五日，美国违反联合国宪章，在“保护美国侨民”和“保卫黎巴嫩主权”的借口下，派遣武装部队在黎巴嫩登陆，武装干涉黎巴嫩内政。在黎巴嫩人民、中东人民和世界人民的强烈反对下，美国侵略军于同年十月二十五日被迫撤出黎巴嫩。

〔9〕一九四九年四月，美国、英国、法国、荷兰、比利时、卢森堡、挪威、葡萄牙、意大利、丹麦、冰岛和加拿大在华盛顿签署《北大西洋公约》。同年八月二十四日公约生效，北大西洋公约军事集团建立。希腊和土耳其于一九五二年、德意志联邦共和国于一九五五年正式加入该组织。一九五八年十二月十六日至十八日，该组织在巴黎召开理事会会议，在军事集团的领导权、美国要求在各盟国建立中程导弹基地以及贸易等一系列问题上，成员国之间发生争执和纠纷。

〔10〕指苏联同美、英、法等西方国家在处理柏林问题上发生的纠纷，又称“第二次柏林危机”。一九五八年十一月十日，赫鲁晓夫在欢迎波兰政府代表团的群众大会上，提出结束第二次世界大战后苏、美、英、法四国共同占领柏林的现状。十一

月二十七日，苏联政府正式照会美、英、法及其他有关国家政府，要求在六个月内各国撤走驻军，把西柏林变为非军事化的自由城市；并提出如果六个月内不能达成协议，苏联将单独同德意志民主共和国签订和约。三十日，美、英、法三国外长会议拒绝苏联的要求，表示要不惜用武力保卫西柏林。一九五九年一月，苏联作出让步，向美国表示六个月期限并不构成最后通牒。九月，赫鲁晓夫访美，与美国总统艾森豪威尔在戴维营举行会谈。会谈联合公报宣布苏联撤销限定六个月达成柏林问题协议的声明，美国同意就柏林问题和德国统一问题召开四大国首脑会议讨论。一九六一年六月，赫鲁晓夫同美国总统肯尼迪在维也纳会谈，赫鲁晓夫再次要求西方有关国家在六个月内缔结对德和约，纠纷又起。直到一九六一年十月赫鲁晓夫在苏共二十二大宣布取消缔结对德和约的期限，美苏紧张对峙的局面才得以缓和，第二次柏林危机结束。

〔**11**〕一九〇八年刚果正式沦为比利时的殖民地。一九五八年十二月第一届全非人民大会召开以后，刚果民族运动党领导人卢蒙巴明确提出实现独立是刚果人民的基本权利的口号。一九五九年一月四日，卢蒙巴在利奥波德维尔人民集会上又提出刚果独立的口号，比利时军警对集会进行镇压，造成多人死伤。此后形成全国民族独立运动高涨的局面。一九六〇年六月，刚果获得独立。非洲其他一些国家的人民也兴起了反对殖民统治、争取民族独立的斗争。

〔**12**〕苏伊士运河位于埃及的东北部，是连接地中海和红海的国际通航运河。它处于欧、亚、非三洲交界地带的要冲，战略地位十分重要。一八六九年正式通航后，英、法两国垄断了苏伊士运河公司的绝大部分股份，每年从中获得巨额利润，英国还在运河地区建立了海外最大的军事基地。第二次世界大战后，埃及人民为收回苏伊士运河的主权进行了不懈的斗争。一九五六年七月二十六日，埃及政府宣布将苏伊士运河公司收归国有。中国政府及世界许多国家的政府和领导人发表声明，支持埃及的正义行动。同年十月，英、法和以色列发动侵略埃及的战争，妄图重新夺取运河，结果遭到失败。

调查研究
要善于抓住主要矛盾[1]

（一九五九年三月九日）

湖南省委三月八日的报告，九日上午十二时收到。六级干部大会宜早不宜迟。先布置生产，很对。县、社、大队和队，都有一二个强的领导者留在当地指挥生产，农时决不能误。但全省大会宜早开，分两批到省，第一批四级，第二批两级，一开始就是大会，河南就是这样开的。大会有公社三级干部，把方针一放，立即轰开，情况暴露，就是最好的调查。不必事先做调查，以省时间。很多同志做了几个月的调查，开过不少的大会小会，结果对于大量存在的事物，却是视而不见，听而不闻。原因是方法不对，找不到主要矛盾在什么地方。大家都读过马克思主义的哲学和政治经济学，办起事来却在长时间内不认识公社的集体所有制要有一个由小到大、由量到质的变化过程，几乎普遍否认价值、价格和等价交换的经济法则。这不是很奇怪吗？但却是事实。现在已有了郑州会议的方针[2]，只须将六级几千人召集在一起，把方针一放，几天工夫，情况就会明白了，思想就会弄通了。会议早开早结，于农时也有利。

毛　泽　东

一九五九年三月九日下午一时于郑州。

根据手稿刊印。

注　释

〔1〕这是毛泽东在中共湖南省委一九五九年三月八日关于执行郑州会议指示给中央的简报上写的批语。简报主要报告了省委的几项决定：(一)根据中央分级分权精神，布置当前生产工作。(二)各县正在传达今年农业生产跃进计划，首先将生产锣鼓打响。(三)三月十三日召开全省六级干部大会，县委第一书记先开三天，十六日起接着开大会。(四)省委、各地市委立即各搞一两个试点，摸清干部、群众思想情况，提出如何贯彻执行郑州会议精神的具体方案。

〔2〕指一九五九年二月二十七日至三月五日在郑州召开的中共中央政治局扩大会议规定的当前整顿和建设人民公社的十四句话的方针。参见本卷第14页。

党内通信

（一九五九年三月十五日）

各省、市、区党委第一书记同志们：

我到武昌已经五天，看了湖北六级干部大会的材料，同时收到一些省、市、区的材料，觉得有一个问题需要同你们商量一下。河南文件[1]已经送给你们，那里主张以生产大队为人民公社的基本核算单位和分配单位。我在郑州就收到湖北省委三月八日关于人民公社管理体制问题和粮食问题的规定[2]，其中主张“坚决以原来的高级社即现在的生产队为基本核算单位。原高级社已经分为若干生产队的，应该合为一个基本核算单位，不得再分。少数原高级社规模很小，经济条件大体相同，已经合为一个生产队的，只要是这些社的干部和社员愿意合为一个基本核算单位，可以经过公社党委审查决定，并报县委批准。”我到武昌，即找周小舟[3]同志来此，和王任重[4]同志一起，谈了一下。我问小舟，你们赞成河南办法，还是赞成湖北办法？他说，他们赞成河南办法，即以生产大队（管理区）为基本核算单位。因为他们那里一个生产大队大体上只管六个生产队。而这六个生产队，大体上是由三个原来的高级社划成的，即一个社分为两个队。后来又收到广东省委三月十一日报告，他们主张实行“三定五放”[5]。“三定”中的头一定“是定基本核算单位，一律以原来的高级社（广东全省原有二万三千个高级社，平均每社三百二十户左右）为基础，有些即大体相当于现在的生产队（或大队），有些在公社化后分成二、三个生产队的，可以立即合并，成为一个新的队，作为基本核算单位。原有的高级社如果过小，一个自然村有几个社的，及虽不在一个村，而经济条件悬殊不大，经群众同意，也可以合并，作为社的基本核算单位”。这样，河南、湖南两省均主张以生产大队（管理区）为基本核算单位，湖北、广东两省均主张以生产队即原高级社为基本核算单位，究竟哪一种主张较好呢？或者二者可以并行呢？据王任重同志说，湖北大会这几天正辩论这个问题，两派意见斗争激烈。大体上，县委、公社党委、大队（管理区）多主张以大队为基本核算单位，生产队（即原高级社）支书绝大多数或者全体主张以生产队为基本核算单位。我感觉这个问题关系重大，关系到三千多万生产队长小队长等基层干部和几亿农民的直接利益问题，采取河南、湖南的办法，一定要得到基层干部的真正同意，如果他们觉得勉强，则宁可采用生产队即原高级社为基本核算单位，不致使我们脱离群众，而在目前这个时期脱离群众，是很危险的，今年的生产将不能达到目的。河南虽然已经作了决定，但是，仍请省委同志在目前正在召开的县的四级干部会议上征求基层干部意见，如果他们同意省的决定，就照那样办，否则不妨改一改。《郑州会议记录》[6]上所谓“队为基础”，指的是生产队，即原高级社，而不是生产大队（管理区）。总之，要按照群众意见办事。无论什么办法，只有适合群众的要求，才行得通，否则终久是行不通的。究竟如何办，请你们酌定。

毛　泽　东

一九五九年三月十五日，于武昌。

根据手稿刊印。

注　　释

〔1〕指《中共河南省委关于人民公社的管理体制和若干政策的规定》（草稿）和《中共河南省委六级干部会议总结提纲》（草稿）。

〔2〕指中共湖北省委一九五九年三月八日《关于人民公社管理体制和若干具体政策问题的决议（草案）》。

〔3〕周小舟（一九一二——一九六六），湖南湘潭人。当时任中共湖南省委第一书记。

〔4〕王任重（一九一七——一九九二），河北景县人。当时任中共湖北省委第一书记。

〔5〕“三定五放”，是中共广东省委一九五九年三月十一日关于贯彻郑州会议决议的情况给中央并毛泽东的报告中提出的。“三定”是：（一）定基本核算单位，一律以原来的高级社为基础作为基本核算单位。（二）定领导人员，迅速搭起组织与管理生产机构的架子，加强领导，组织生产。（三）定一九五九年生产计划和粮、油、猪等商品包干任务，任务不要定得太高，防止层层加码，生产队（或大队）完成任务后的其余部分即归队自行支配。“五放”是：（一）下放劳动力，使生产队（或大队）的劳动力固定下来。将原来从生产队抽调出去的劳动力迅即进行清理，抽回一部分给原生产队，投入农业生产。（二）下放生产资料，土地、耕牛、农具等归生产队（或大队）所有并管理使用。（三）下放畜牧业，一律归生产队（或大队）所有和经营管理。果树及鱼塘等亦可同样下放给生产队经营管理。（四）下放原有的肥料厂。（五）下放粮食，食堂粮食消费由各队自行安排。

〔6〕这个记录是一九五九年二月二十七日至三月五日在郑州召开的中共中央政治局扩大会议形成并下发的。记录共三部分：（一）《郑州会议纪要》；（二）毛泽东在会议上的讲话；（三）《关于人民公社管理体制的若干规定（草案）》。

党内通信

（一九五九年三月十七日）

各省、市、区党委第一书记同志们：

关于县和公社的会议问题。

各省、市、区六级干部大会即将结束，是否应开县的四级或五级干部大会呢？我的意见应当开，并且应当大张旗鼓地开，只是一律不要登报。河南各县正在开四级干部大会，开得很热闹，很有益。河南省级负责同志正在直接领导几个县，以其经验指导各县。湖北、广东、江苏，均已布置全省各县一律开会。江苏省的江阴县委，已经布置开万人大会。河南有两个县是万人大会，多数县是四五千人的。我建议县应召开五级干部大会，即县委一级，公社党委一级，生产大队（或管理区）一级，生产队（即原高级社）一级，生产小队（即生产组，又称作业组）一级，每级都要有代表参加，使公社的所有小队长、所有支部书记和生产队长，所有管理区的总支书记和生产大队长以及公社一级的若干干部都参加会议。一定要有思想不通的人，观潮派算账派的人参加，最好占十分之一。社员中的积极分子，也可以找少数人到会。使所有这些人，都听到县委第一书记的讲话，因为他的讲话，比一般公社第一书记的水平要高些。然后展开讨论，言者无罪，大放大鸣，有几天时间，将思想统一起来。要使三种对立面在会上交锋：一种，基层干部与他们上级（公社和县）之间交锋；一种，思想不通的人与思想已通的人之间交锋；一种，十分之一的观潮派算账派（有许多被认为观潮派算账派的人，其实并不是观潮派算账派，他们被人看错了）与十分之九的正面人物之间交锋。辩论有三天至四天时间就够了。然后，再以三天至四天时间解决具体问题，共有七八天时间就很够了。县的五级大会一定会比省的六级大会开得更生动，更活跃。要告诉公社党委第一书记和县委第一书记如何做工作。在会中，专门召集这些同志讲一次，使他们从过去几个月中因为某些措施失当，吹“共产风”，一平二调三收款〔1〕，暂时脱离了群众，这样一个尖锐的教训中，得到经验。以后要善于想问题，善于做工作，就可以与群众打成一片。应当讨论除公社、管理区（即生产大队）、生产队（即原高级社）三级所有、三级管理、三级核算之外，生产小队（生产小组或作业组）的部分所有制的问题，这个问题是王任重、陶鲁笳〔2〕两位同志提出来的。我认为有理，值得讨论。县的大会在三月下旬即可完结，四月一个整月可以不开公社的代表大会了，忙一个月生产，开些小会，解决些具体问题，由各生产队在工作余暇，召开党员大会，再开群众大会，形成全民讨论。因为每个公社都有几百人在县里开过会了，问题已讲透了，可以直接进行工暇全民讨论。湖北已有些县在进行全民讨论。到五月间，全国各公社抽出三天时间（三天尽够了），开人民公社第一次社员代表大会，代表要有男的、女的、老的、少的，正面的、反面的（不要地富反坏，但要有富裕中农），讨论一些问题，选举公社管理委员会。这种代表大会，建议一年开四次，每次一天，二天，至多三天。公社第一书记要学会善于领导这种会议。我们的公社党委书记同志们，一定要每日每时关心群众利益，时刻想到自己的政策措施一定要适合当前群众的觉悟水平和当前群众的迫切要求。凡是违背这两条的，一定行不通，一定要失败。县委和地委都要注意加强公社的领导，要派政治上强的同志，去帮助政治上较弱的公社同志。地委要注意派人帮助领导较弱的县委。县和公社都要注意加强作为基本核算单位的生产队(一般是原来高级社)的领导骨干。以上只是当作建议，究竟如何处理较为适宜，请你们考虑决定，迅即施行。县开会时，公社各级都要留人领导生产，或交替到会，不误农时。

毛 泽 东

一九五九年三月十七日上午七时，于武昌。

根据手稿刊印。

注　　释

〔1〕一平二调，是人民公社化运动中“共产风”的主要表现，即：在公社范围内实行贫富拉平，平均分配；县、社两级无偿调走生产队(包括社员个人)的某些财物。三收款，指银行将过去发放给农村的贷款统统收回。

〔2〕王任重，当时任中共湖北省委第一书记。陶鲁笳，一九一八年生，江苏溧阳人，当时任中共山西省委第一书记。

价值法则是一个伟大的学校[1]

（一九五九年三月、四月）

一

旧账一般不算这句话，是写到了郑州讲话[2]里面去了的，不对，应改为旧账一般要算。算账才能实行那个客观存在的价值法则。这个法则是一个伟大的学校，只有利用它，才有可能教会我们的几千万干部和几万万人民，才有可能建设我们的社会主义和共产主义。否则一切都不可能。对群众不能解怨气。对干部，他们将被我们毁坏掉。有百害而无一利。一个公社竟可以将原高级社的现金收入四百多万元退还原主，为什么别的社不可以退还呢？不要“善财难舍”。须知这是劫财，不是善财。无偿占有别人劳动是不许可的。

（三月三十日）

根据毛泽东手稿刊印。

二

这几个文件[3]都值得看。特别是《麻城县万人大会的情况》，值得看，办法很好，县、社两级该退还的，迅速地退还给生产队了，一身清净，然后进而解决队与社员的矛盾，公社就可以大大地发展起来。

毛　泽　东

一九五九年四月二日

三

此件[4]极好，每一个县、社都应这样做。算账才能团结；算账才能帮助干部从贪污浪费的海洋中拔出身来，一身清净；算账才能教会干部学会经营管理方法；算账才能教会五亿农民自己管理自己的公社，监督公社的各级干部只许办好事，不许办坏事，实现群众的监督，实现真正的民主集中制。

毛　泽　东

一九五九年四月三日

四

各县、社四月不开大会。原定五月开社、队代表大会，可以考虑在五月上旬或中旬到县里开，彻底解决三月会议[5]没有彻底解决的权力下放、算清账目、包产指标三个问题，然后选举公社各级党的领导机关和社、队管理机关。就算账这个问题来说，三月省、县大会我们缺乏精神准备。郑州说的是一般不算，应翻过来，一般要算。有些省已经翻过来了，如湖北，但也没有翻透。说的是县、社要向生产队算清过去几个月大调大抓的账，解决大集体与小集体间的矛盾，这当然是要首先解决的。还有一个必须随着解决的矛盾，生产队干部与生产小队干部、全体社员群众间的矛盾，小集体与社员的矛盾。这个问题，如麻城县那样大规模解决，是最近几天才提出来的，才进入我们的认识领域。这是一个以贪污形式无偿占有别人劳动的问题，是一个普遍的问题，也是一个历史的问题，并非最近才发生，但只有在一九五九年才能解决，只有在现在才能建立真正的群众监督。像这样一个群众性的大问题，没有省的决心、县的直接领导，我看是不能解决的，因此我建议五月的会到县里开。是否如此，请你们委员会讨论一下。

毛　泽　东

四月三日下午六时

根据手稿刊印。

注　　释

〔1〕本篇一是毛泽东在中共山西省委第一书记陶鲁笳一九五九年三月二十九日关于山西省各县五级干部大会情况的报告上写的一个批注。本篇二是毛泽东对中共湖北省委第一书记王任重一九五九年三月三十一日报送的省委书记王延春等关于麻城县万人大会情况报告等材料写的批语。本篇三是毛泽东对王任重报送的王延春等关于麻城县万人大会情况的第二次报告写的批语。本篇四是毛泽东在中共中央政治局委员、书记处书记谭震林一九五九年四月三日关于省的六级干部会议和县的五级干部会议的开法给毛泽东的信上写的批语。

〔2〕指毛泽东一九五九年二月二十七日在郑州召开的中共中央政治局扩大会议上的讲话。

〔3〕指王任重一九五九年三月三十一日报送毛泽东的四份材料：王延春等三月二十七日关于麻城县万人大会情况和关于棉花技术措施问题给王任重并湖北

省委的两个报告，王延春同日关于穷队赶富队问题给王任重的报告，湖北省委书记许道琦三月二十三日关于与基层干部座谈“吃饭不要钱”问题给王任重、王延春并省委的报告。其中关于麻城县万人大会情况的报告说，麻城县的万人大会上，县、公社、管理区三级党委层层检讨，承认错误，带动基层干部也纷纷检讨，密切了上下级关系。检讨之后强调算账，强调兑现，认真解决一平二调三收款的问题，公社调生产队的钱和物资，立即退回；缺口粮的，立即供应；该支援的穷队，立即予以贷款。

〔4〕指王延春等一九五九年三月三十日关于麻城县万人大会情况给王任重并湖北省委的第二次报告。报告说，为了发动群众，算清生产队的账，县委决定采取开动员会、小组会、个别谈话、搞试点和开广播大会等方式，交代政策，动员社员参加算账。在算账过程中，发现生产队许多干部贪污挪用现象严重。县委要求有问题的干部在会上交代，承认错误。回去以后，通过开社员代表大会或社员大会彻底算清。

〔5〕指一九五九年三月间召开的部分省的六级干部会议和县的五级干部会议。

给汪锋[1]的信

（一九五九年四月七日）

汪锋同志：

我想研究一下整个藏族现在的情况。（一）金沙以西，构成西藏本部昌都、前藏、后藏（包括阿里），人口据说有一百二十万人，是不是？（二）面积有多少平方公里？（三）农奴制度的内容，农奴与农奴主（贵族）的关系，产品双方各得多少？有人说二八开，有人说形式上全部归贵族，实际上农奴则瞒产私分度日，对不对？（四）共有多少喇嘛，有人说八万，对否？（五）贵族对农奴的政治关系，贵族是否有杀人权？是否私立审判，使用私刑？（六）喇嘛庙对所属农奴的剥削压迫情形。（七）喇嘛庙内部的剥削压迫情形，有人说对反抗的喇嘛剥皮、抽筋，有无其事？（八）西藏地方各级政府及藏军每年的广大经费从何而来？从农奴，还是从贵族来的？（九）叛乱者占总人口的百分比，有无百分之五？或者还要多些，或者少些，只有百分之一、二、三，何者为是？（十）整个剥削阶级中，左、中、右分子的百分比各有多少？左派有无三分之一，或者还要少些？中间派有多少？（十一）云南、四川、甘肃、青海四省各有藏人多少，共有藏人多少？有人说，四省共有二百多万至三百万，对否？（十二）这四个省藏人住地共有面积多少平方公里？（十三）青海、甘肃、四川喇嘛庙诉苦运动所表现的情况如何？有人说搜出人皮不少，是否属实？以上各项问题，请在一星期至两星期内大略调查一次，以其结果写成内部新闻告我，并登新华社的《内部参考》。如北京材料少，请分电西藏工委，青海、甘肃、四川、云南四个省委加以搜集。可以动员新华社驻当地的记者帮助搜集，并给新华总社以长期调查研究藏族情况的任务。

毛　泽　东

四月七日

根据人民出版社一九八三年出版的《毛泽东书信选集》刊印。

注　　释

〔1〕汪锋（一九一〇——一九九八），陕西蓝田人。当时任中共中央统战部副部长、国家民族事务委员会副主任。

关于西藏平叛[1]

（一九五九年四月十五日）

有些人对于西藏寄予同情，但是他们只同情少数人，不同情多数人，一百个人里头，同情几个人，就是那些叛乱分子，而不同情百分之九十几的人。在外国，有那么一些人，他们对西藏就是只同情一两万人，顶多三四万人。西藏本部（只讲昌都、前藏、后藏这三个区域）大概是一百二十万人。一百二十万人，用减法去掉几万人，还有一百一十几万人，世界上有些人对他们不同情。我们则相反，我们同情这一百一十几万人，而不同情那少数人。

那少数人是一些什么人呢？就是剥削、压迫分子。讲贵族，班禅[2]和阿沛[3]两位也算贵族，但是贵族有两种，一种是进步的贵族，一种是反动的贵族，他们两位属于进步的贵族。进步分子主张改革，旧制度不要了，舍掉它算了。旧制度不好，对西藏人民不利，一不人兴，二不财旺。西藏地方大，现在人口太少了，要发展起来。这个事情，我跟达赖[4]讲过。我说，你们要发展人口。我还说，你们的佛教，就是喇嘛教，我是不信的，我赞成你们信。但是，有些规矩可不可以稍微改一下子？你们一百二十万人里头，有八万喇嘛，这八万喇嘛是不生产的，一不生产物质，二不生产人。你看，就神职人员来说，基督教是允许结婚的，回教是允许结婚的，天主教是不允许结婚的。西藏的喇嘛也不能结婚，不生产人。同时，喇嘛要从事生产，搞农业，搞工业，这样才可以维持长久。你们不是要天长地久、永远信佛教吗？我是不赞成永远信佛教，但是你们要信，那有什么办法！我们是毫无办法的，信不信宗教，只能各人自己决定。

至于贵族，对那些站在进步方面主张改革的革命的贵族，以及还不那么革命、站在中间动动摇摇但不站在反革命方面的中间派，我们采取什么态度呢？我个人的意见是：对于他们的土地、他们的庄园，是不是可以用我们对待民族资产阶级的办法，即实行赎买政策，使他们不吃亏。比如我们中央人民政府把他们的生活包下来，你横直剥削农奴也是得到那么一点，中央政府也给你那么一点，你为什么一定要剥削农奴才舒服呢？

我看，西藏的农奴制度，就像我们春秋战国时代那个庄园制度，说奴隶不是奴隶，说自由农民不是自由农民，是介乎这两者之间的一种农奴制度。贵族坐在农奴制度的火山上是不稳固的，每天都觉得要地震，何不舍掉算了，不要那个农奴制度了，不要那个庄园制度了，那一点土地不要了，送给农民。但是吃什么呢？我看，对革命的贵族，革命的庄园主，还有中间派的贵族，中间派的庄园主，只要他不站在反革命那方面，就用赎买政策。我跟大家商量一下，看是不是可以。现在是平叛，还谈不上改革，将来改革的时候，凡是革命的贵族，以及中间派动动摇摇的，总而言之，只要是不站在反革命那边的，我们不使他吃亏，就是照我们现在对待资本家的办法。并且，他这一辈子我们都包到底。资本家也是一辈子包到底。几年定息〔5〕过后，你得包下去，你得给他工作，你得给他薪水，你得给他就业，一辈子都包下去。这样一来，农民（占人口的百分之九十五以上）得到了土地，农民就不恨这些贵族了，仇恨就逐渐解开了。

日本有个报纸哇哇叫，讲了一篇，它说，共产党在西藏问题上打了一个大败仗，全世界都反对共产党。说我们打了大败仗，谁人打了大胜仗呢？总有一个打了大胜仗的吧。只有人打了大败仗，又没有人打了大胜仗，哪有那种事？你们讲，究竟胜负如何？假定我们中国人在西藏问题上打了大败仗，那末，谁人打了大胜仗呢？是不是可以说印度干涉者打了大胜仗？我看也很难说。他打了大胜仗，为什么那么痛哭流涕，如丧考妣呢？你们看我这个话有一点道理没有？

还有个美国人，名字叫艾尔索普，写专栏文章的。他隔那么远，认真地写一篇文章，说西藏这个地方没有二十万军队是平定不了的，而这二十万军队，每天要一万吨物资，不可能运这么多去，西藏那个山高得不得了，共产党的军队难得去。因此，他断定叛乱分子灭不了。叛乱分子灭得了灭不了呀？我看大家都有这个疑问。因为究竟灭得了灭不了，没有亲临其境，没有打过游击战争的人，是不会知道的。我这里回答：平叛不要二十万军队，只要五万军队，二十万的四分之一。一九五六年以前我们就五万人（包括干部）在那里，一九五六年那一年我们撤了三万多，剩下一万多。那个时候我们确实认真地宣布六年不改革，六年以后，如果还不赞成，我们还可以推迟，是这样讲的〔6〕。你们晓得，整个藏族不是一百二十万人，而是三百万人。刚才讲的西藏本部（昌都、前藏、后藏）是一百二十万人，其他在哪里呢？主要是在四川西部，就是原来西康[7]区域，以及川西北就是毛儿盖、松潘、阿坝那些地方。这些地方藏族最多。第二是青海，有五十万人。第三是甘肃南部。第四是云南西北部。这四个区域合计一百八十万人。四川省人民代表大会开会，商量在藏族地区搞点民主改革，听了一点风，立即就传到原西康这个区域，一些人就举行武装叛乱。现在青海、甘肃、四川、云南的藏族地区都改革了，人民武装起来了。藏人扛起枪来，组织自卫武装，非常勇敢。这四个区域能够把叛乱分子肃清，为什么西藏不能肃清呢？你讲复杂，原西康这个区域是非常复杂的。原西康的叛乱分子打败了，跑到西藏去了。他们跑到那里，奸淫虏掠，抢得一塌糊涂。他要吃饭，就得抢，于是同藏人就发生矛盾。原西康跑去的，青海跑去的，有一万多人。一万多人要不要吃呢？要吃，从哪里来呢？就在一百二十万人中间吃过来吃过去，从去年七月算起，差不多已经吃了一年了。这回我们把叛乱分子打下来，把他们那些枪收缴了。比如在日喀则，把那个地方政府武装的枪收缴了，江孜也收缴了，亚东也收缴了。收缴了枪的地方，群众非常高兴。老百姓怕他们三个东西：第一是怕他那个印，就是怕那个图章；第二是怕他那个枪；第三，还有一条法鞭，老百姓很怕。把这三者一收，群众皆大欢喜，非常高兴，帮助我们搬枪枝弹药。西藏的老百姓痛苦得不得了。那里的反动农奴主对老百姓硬是挖眼，硬是抽筋，甚至把十几岁女孩子的脚骨拿来作乐器，还有拿人的头骨作饮器喝酒。这样野蛮透顶的叛乱分子完全能够灭掉，不需要二十万军队，只需要五万军队，可以灭得干干净净。灭掉是不是都杀掉呢？不是。所谓灭掉，并不是把他们杀掉，而是把他们捉起来教育改造，包括反动派，比如索康[8]那种人。这样的人，跑出去的，如果他回来，悔过自新，我们不杀他。

再讲一个中国人的议论。此人在台湾，名为胡适〔9〕。他讲，据他看，这个“革命军”（就是叛乱分子）灭不了。他说，他是徽州人，日本人打中国的时候，占领了安徽，但是没有去徽州。什么道理呢？徽州山太多了，地形复杂。日本人连徽州的山都不敢去，西藏那个山共产党敢去？我说，胡适这个方法论就不对，他那个“大胆假设”是危险的。他大胆假设，他推理，说徽州山小，日本人尚且不敢去，那末西藏的山大得多、高得多，共产党难道敢去吗？因此结论：共产党一定不敢去，共产党灭不了那个地方的叛乱武装。现在要批评胡适这个方法论，我看他是要输的，他并不“小心求证”，只有“大胆假设”。

有些人，像印度资产阶级中的一些人，又不同一点，他们有两面性。他们一方面非常不高兴，非常反对我们三月二十日以后开始的坚决镇压叛乱，非常反对我们这种政策，他们同情叛乱分子。另一方面，又不愿意跟我们闹翻，他们想到过去几千年中国跟印度都没有闹翻过，没有战争，同时，他们看到无可奈何花落去，花已经落去了。一九五四年中印两国订了条约〔10〕，就是声明五项原则的那个条约，他们承认西藏是中国的一部分，是中国的领土。他们留了一手，不做绝。英国人最鬼，英国外交大臣劳埃德，工党议员这个一问，那个一问，他总是一问三不知，说：没有消息，我们英国跟西藏没有接触，在那里没有人员，因此我无可奉告。老是这么讲。他还说，要等西藏那个人出来以后，看他怎么样，我们才说话。他的意思就是达赖出来后，看他说什么话。中国共产党并没有关死门，说达赖是被挟持走的，又发表了他的三封信〔11〕。这次人民代表大会，周总理的报告〔12〕里头要讲这件事。我们希望达赖回来，还建议这次选举不仅选班禅，而且要选达赖。他是个年轻人，现在还只有二十五岁。假如他活到八十五岁，从现在算起还有六十年，那个时候二十一世纪了，世界会怎么样呀？要变的。那个时候，我相信他会回来的。他五十九年不回来，第六十年他有可能回来。那时候世界都变了。这里是他的父母之邦，生于斯，长于斯，现在到外国，仰人鼻息，几根枪都缴了。我们采取这个态度比较主动，不做绝了。

总理的报告里头要讲希望达赖回国。如果他愿意回国，能够摆脱那些反动分子，我们希望他回国。但是，事实上看来他现在难于回国。他脱离不了那一堆人。同时，他本人那个情绪，上一次到印度他就不想回来的，而班禅是要回来的。那时，总理劝解，可能还有尼赫鲁〔13〕劝解，与其不回不如回。那个时候就跟他这么讲：你到印度有什么作用？不过是当一个寓公，就在那里吃饭，脱离群众，脱离祖国的土地和人民。现在，还看不见他有改革的决心。说他要改革，站在人民这方面，站在劳动人民这方面，看来不是的。他那个世界观是不是能改变？六十年以后也许能改，也许不要六十年。而现在看来，一下子要他回来也难。他如果是想回来，明天回来都可以，但是他得进行改革，得平息叛乱，就是要完全站在我们这方面来。看来，他事实上一下子也很难。但是，我们文章不做绝了。

根据中央档案馆保存的谈话记录稿刊印。

注 释

〔1〕这是毛泽东在第十六次最高国务会议上的讲话中关于西藏问题的部分。一九五九年三月十日，西藏上层反动集团在外国势力支持下，蓄意破坏《关于和平解放西藏办法的协议》的实行，公开宣布“西藏独立”。十七日，达赖喇嘛逃往印度。十九日，叛乱分子发动对人民解放军驻拉萨部队和中央代表机关的全面进攻。中国人民解放军驻藏部队于二十日对拉萨叛乱武装实施反击，并相继平息了其他地区的武装叛乱，维护了国家统一和民族团结。

〔2〕班禅，即班禅额尔德尼·确吉坚赞（一九三八——一九八九），青海循化人。原西藏地方宗教和政治领袖之一。当时任政协全国委员会副主席、西藏自治区筹备委员会代理主任委员。

〔3〕阿沛，即阿沛·阿旺晋美，一九一一年生，西藏拉萨人。当时任西藏自治区筹备委员会副主任委员兼秘书长。

〔4〕达赖，即达赖喇嘛·丹增嘉措，一九三五年生，青海湟中人。原西藏地方宗教和政治领袖之一。曾任全国人大常委会副委员长、西藏自治区筹备委员会主任委员、中国佛教协会名誉会长。一九五九年西藏上层反动集团发动武装叛乱时逃往印度。

〔5〕定息，是我国在资本主义工商业实行全行业公私合营后，对民族资本家的生产资料进行赎买的一种形式，即不论企业盈亏，统一由国家每年按照合营时清产核资确定的私股股额，发给资本家固定的利息（一般是年息百分之五）。从一九五六年起支付定息。一九六六年九月停止支付。

〔6〕一九五六年十二月三十日，周恩来在同达赖喇嘛的谈话中说，毛泽东主席让我告诉你，可以肯定，在第二个五年计划以内根本不谈改革；过六年之后，如可以改的话，仍然由西藏地方政府根据那时的情况和条件决定。

〔7〕西康，即西康省，一九五五年撤销。撤销时，原辖区划归四川省。

〔8〕索康，即索康·旺清格勒，曾任西藏自治区筹备委员会委员。一九五九年西藏上层反动集团武装叛乱的策动者之一。

〔9〕胡适（一八九一——一九六二），字适之，安徽绩溪人。一九一九年发表《多研究些问题，少谈些“主义”》一文，反对马克思主义的传播，还提出“大胆假设，

小心求证”的研究方法。一九四八年去美国，后到台湾。

〔**10**〕一九五四年四月二十九日，中国和印度两国政府在北京签订了《中印关于中国西藏地方和印度之间的通商和交通协定》。协定明确以和平共处五项原则为指导两国关系的准则，并以此确定了促进中国西藏地方和印度之间的通商贸易及便利两国人民互相朝圣往来的各项具体办法。主要内容是：双方互设商务代理处；双方商人、香客在指定地点进行贸易和按惯例朝圣，并经一定山口、道路往来；关于两国外交、公务人员及国民过境事宜的规定等。协定一九五四年六月三日生效，有效期八年，一九六二年六月期满失效。

〔**11**〕指《人民日报》一九五九年三月三十日发表的达赖喇嘛三月十一日、十二日、十六日先后写给中央驻西藏代理代表、西藏军区政治委员谭冠三的三封信。三月十一日的信中说：“昨天我决定去军区看戏，但由于少数坏人的煽动，而僧俗人民不解真相追随其后，进行阻拦，确实无法去访，使我害羞难言，忧虑交加，而处于莫知所措的境地。”又说：“反动的坏分子们正在借口保护我的安全而进行着危害我的活动。”三月十二日的信中说：“对于昨天、前天发生的、以保护我的安全为名而制造的严重离间中央与地方关系的事件，我正尽一切可能设法处理。”三月十六日的信中说：“现在此间内外的情况虽然仍很难处置，但我正在用巧妙的办法，在政府官员中从内部划分进步与反对革命的两种人的界线。一旦几天之后，有了一定数量的足以信赖的力量之后，将采取秘密的方式前往军区。”

〔**12**〕指周恩来总理即将向第二届全国人民代表大会第一次会议作的《政府工作报告》。

〔**13**〕尼赫鲁（一八八九——一九六四），当时任印度总理。

党内通信

（一九五九年四月二十九日）

省级、地级、县级、社级、队级、小队级的同志们：

我想和同志们商量几个问题，都是关于农业的。

第一个问题，包产问题。南方正在插秧，北方也在春耕。包产一定要落实。根本不要管上级规定的那一套指标。不管这些，只管现实可能性。例如，去年亩产实际只有三百斤的，今年能增产一百斤、二百斤，也就很好了。吹上八百斤、一千斤、一千二百斤，甚至更多，吹牛而已，实在办不到，有何益处呢？又例如，去年亩产五百斤的，今年增加二百斤、三百斤，也就算成绩很大了。再增上去，就一般说，不可能的。

第二个问题，密植问题。不可太稀，不可太密。许多青年干部和某些上级机关缺少经验，一个劲儿要密。有些人竟说愈密愈好。不对。老农怀疑，中年人也有怀疑的。这三种人开一个会，得出一个适当密度，那就好了。既然要包产，密植问题就得由生产队、生产小队商量决定。上面死硬的密植命令，不但无用，而且害人不浅。因此，根本不要下这种死硬的命令。省委可以规定一个密植幅度，不当作命令下达，只给下面参考。此外，上面要精心研究到底密植程度以何为好，积累经验，根据因气候不同，因地点不同，因土、肥、水、种等条件不同，因各种作物的情况不同,因田间管理水平高低不同,做出一个比较科学的密植程度的规定,几年之内达到一个实际可行的标准,那就好了。

第三个问题,节约粮食问题。要十分抓紧,按人定量,忙时多吃,闲时少吃,忙时吃干,闲时半干半稀,杂以番薯、青菜、萝卜、瓜豆、芋头之类。此事一定要十分抓紧。每年一定要把收割、保管、吃用三件事(收、管、吃)抓得很紧很紧,而且要抓得及时。机不可失,时不再来。一定要有储备粮,年年储一点,逐年增多。经过十年八年奋斗,粮食问题可能解决。在十年内,一切大话、高调,切不可讲,讲就是十分危险的。须知我国是一个有六亿五千万人口的大国,吃饭是第一件大事。

第四个问题,播种面积要多的问题。少种、高产、多收的计划,是一个远景计划,是可能的,但在十年内不能全部实行,也不能大部实行。十年以内,只能看情况逐步实行。三年以内,大部不可行。三年以内,要力争多种。目前几年的方针是:广种薄收与少种多收(高额丰产田)同时实行。

第五个问题,机械化问题。农业的根本出路在于机械化,要有十年时间。四年以内小解决,七年以内中解决,十年以内大解决。今年、明年、后年、大后年这四年内,主要依靠改良农具、半机械化农具。每省每地每县都要设一个农具研究所,集中一批科学技术人员和农村有经验的铁匠木匠,搜集全省、全地、全县各种比较进步的农具,加以比较,加以试验,加以改进,试制新式农具。试制成功,在田里实验,确实有效,然后才能成批制造,加以推广。提到机械化,用机械制造化学肥料这件事,必须包括在内。逐年增加化学肥料,是一件十分重要的事。

第六个问题，讲真话问题。包产能包多少，就讲能包多少，不讲经过努力实在做不到而又勉强讲做得到的假话。收获多少，就讲多少，不可以讲不合实际情况的假话。对各项增产措施，对实行八字宪法〔1〕，每项都不可讲假话。老实人，敢讲真话的人，归根到底，于人民事业有利，于自己也不吃亏。爱讲假话的人，一害人民，二害自己，总是吃亏。应当说，有许多假话是上面压出来的。上面"一吹二压三许愿"，使下面很难办。因此，干劲一定要有，假话一定不可讲。

以上六件事，请同志们研究，可以提出不同意见，以求得真理为目的。我们办农业工业的经验还很不足。一年一年积累经验，再过十年，客观必然性可能逐步被我们认识，在某种程度上，我们就有自由了。什么叫自由？自由是必然的认识。

同现在流行的一些高调比较起来，我在这里唱的是低调，意在真正调动积极性，达到增产的目的。如果事实不是我讲的那样低，而达到了较高的目的，我变为保守主义者，那就谢天谢地，不胜光荣之至。

毛　泽　东

一九五九年四月二十九日

根据人民出版社一九八六年出版的《毛泽东著作选读》下册刊印。

注　　释

〔1〕八字宪法，指毛泽东一九五八年提出的农作物增产的八项措施，即土、肥、水、种（推广良种）、密（合理密植）、保（植物保护，防治病虫害）、管（田间管理）、工（工具改革）。

世界上有人怕鬼，也有人不怕鬼[1]

（一九五九年五月六日）

世界上有人怕鬼，也有人不怕鬼。鬼是怕它好呢，还是不怕它好？中国的小说里有一些不怕鬼的故事。我想你们的小说里也会有的。我想把不怕鬼的故事、小说编成一本小册子。经验证明鬼是怕不得的。越怕鬼就越有鬼，不怕鬼就没有鬼了。有狂生夜坐的故事[2]。有一天晚上，狂生坐在屋子里。有一个鬼站在窗外，把头伸进窗内来，很难看，把舌头伸出来，头这么大，舌伸得这么长。狂生怎么办呢？他把墨涂在脸上，涂得像鬼一样，也伸出舌头，面向鬼望着，一小时，两小时，三小时，望着鬼，后来鬼就跑了。

今天世界上鬼不少。西方世界有一大群鬼，就是帝国主义。在亚洲、非洲、拉丁美洲也有一大群鬼，就是帝国主义的走狗、反动派。

尼赫鲁[3]是个什么人呢？他是印度资产阶级的中间派，同右派有区别。整个印度的局势，我估计是好的。那里有四亿人民，尼赫鲁不能不反映四亿人民的意志。西藏问题是很大的事，要大闹一场，要闹久些，闹半年也好，闹一年更好。可惜印度不敢干了。我们的策略是使亚洲、非洲、拉丁美洲的劳动人民得到一次教育，使这些国家的共产党也学会不怕鬼。

根据中央文献出版社、世界知识出版社一九九四年出版的《毛泽东外交文选》刊印。

注　释

〔1〕这是毛泽东同苏联、匈牙利、保加利亚、罗马尼亚、阿尔巴尼亚、德意志民主共和国、捷克斯洛伐克、波兰、朝鲜、越南和蒙古等十一个国家的代表团和驻华使节谈话的主要部分。

〔2〕见《聊斋志异·青凤》。

〔3〕尼赫鲁，当时任印度总理。

西藏平叛后的有关方针政策[1]

（一九五九年五月七日）

现在看来，西藏广大群众热烈欢迎平息叛乱。这些叛匪要吃、要穿，到处乱抢老百姓的东西，非常脱离群众。群众就非常拥护人民解放军，拥护人民解放军彻底平息叛乱。

索康、帕拉[2]等人发动叛乱，他们把形势估计错了，把我们对西藏的方针、政策也估计错了。我们的方针，你们知道是六年不改革，六年以后是否改革，还可以根据情况决定。决定六年不改革以后，我们从西藏撤走了三万多部队，这样做的目的是团结他们，使他们有所进步。但是，他们却利用这一形势，组织一些从西康[3]跑来的叛乱分子在山南等地发动叛乱。

他们发动叛乱的目的，第一步是想赶走人民解放军，把我们吓走。他们根本不了解我们的方针、政策和人民解放军的战斗力。这次平息在拉萨发生的叛乱，只用了十个连，两天两夜就把叛乱平息了。在山南，只用了四个团。现在人民解放军在西藏增加两个半师，一个师在山南，一个师在昌都，半个师维护青藏路的交通。

打完仗以后，要组织同原藏军根本不同的人民自卫武装。有了人民自卫武装，就不需要驻这样多的军队了，免得印度政府害怕。

你们对西藏的改革问题，有什么意见？西藏是不是需要改革？（班禅：我认为西藏要改革是肯定的，不实行改革，西藏无法发展。至于怎样改革，周总理曾经讲过，要结合西藏的实际情况进行。我希望快点实行改革。）改革的具体政策需要商谈，而且需要确定下来。建议你们在北京同民委和张经武〔4〕同志先商量一下，回到拉萨以后，再更具体地商量。

我看西藏可以分成左、中、右、叛四种人。所谓“右”，指的是那些并未拿起枪参加叛乱，也没有跑到印度，但是态度很顽固，反对我们、反对改革的人。对这四种人，在政策上应当有所不同。

你们站在爱国、进步方面，是左派，不要怕丧失你们的庄园以后没有饭吃。对左派和中间派，要采取赎买的政策，保证改革以后生活水平不会降低。对你们要同对上海、北京、天津、武汉、广州、西安、兰州、成都等全国所有大城市的资本家一样，同对荣毅仁〔5〕一样。今天在座的就有全国工商业联合会、民主建国会的人。他们开始接受社会主义改造时，也有些不舒服，但是慢慢就习惯了，现在生活过得很好。我们对他们采取的是稳固地团结的政策。

除了资本家，还有民主人士，过去国民党政府的文官和武官，甚至像刘文辉〔6〕那样的大地主，只要是愿意跟我们合作的上层人士，我们绝不会丢掉他们，也不会暂时同他们合作将来不要他们。对全国所有民主党派、知识分子和开明人士，我们都是团结的政策。道理很简单，只有采取这样的政策，才对全国人民有利。

这次的全国人民代表大会和全国政协会议，你们都参加了。同一九五四年的会议[7]比起来,这两个会特别是政协会议增加了好多人,参加的人的范围扩大了。有些人我们还准备继续安排进去。

你们和索康他们不同,采取了同他们相反的政治态度。索康等到过北京,我见过他们。这些人和英国人搞在一起太久了,已经陷在里边了,一心想搞独立。他们计划很久了,调动西康的叛乱分子在山南建立根据地就是他们计划的。这也是为着准备退路,准备叛乱失败后,他们好从那里跑。

他们调动西康的叛乱分子,我们知道。他们要叛乱,我们也知道。过去他们闹事,我们没有去平息,请他们平息,他们认为我们害怕。我记得一九五六年就曾经有过一个风潮,那时他们就想搞叛乱。铁棒喇嘛[8]要进城,我就说,让他们进城,要打就让他们打。这次西康的叛乱分子进城,铁棒喇嘛进城,我们的态度是要干就干。有什么办法呢?每天同他们讲和,他们不干嘛!两种对立的政治态度嘛!

你们和他们不同,站在我们方面。还有中间派,是动动摇摇的。还有右派,没有同我们打。只要不同我们打,就还留有余地,你们就要对他们做工作。你们对中间派、右派做工作,比我们讲话好。

脱离人民是不好过日子的,站在人民方面是不会吃亏的。农民,藏语怎么讲?(翻译:藏语叫"米赛"。)米赛起来斗你们,你们怕不怕?只要你们站在人民方面,我们可以给米赛讲清楚,不要斗了。刘文辉就没有斗。我们可以叫米赛顾全大局,不要算历史上的旧账。这样可以使许多人安心。右派,是否要斗一下,很难说。我们把你们当作左派,你们可以劝中间派,告诉他们世界要变，要他们对米赛的态度好一点。他们这样做有三条好处：第一，政治上有地位；第二，生活上不降低；第三，免于被斗争。

现在，你们都是国家干部、人民代表，还分别是人大副委员长、政协副主席、政协常委，在西藏你们还有职务和工作。只要同西藏人民合作，讲民主，一定有你们的政治地位，生活上不降低，同过去一样，这一点由中央来保证。过去同米赛关系不好的，要改好一点，像刘文辉，工人、农民就不斗他了。这是第一步，走民主的道路。第二步是走社会主义的道路，汉族地区和内蒙古、新疆等少数民族地区，都走了这两步。你们那里先走民主的道路，打完仗以后，就搞和平改革。

关于宗教，我们的政策很明白，就是宗教信仰自由的政策。看来，宗教寺庙也需要进行改革。寺庙中有些人参加了叛乱，同叛乱分子合作，西藏、青海、甘肃、四川等地都有这样的情况。

青海有个地方，大概是香日德，改革中有个庙被群众砸了，干部去阻止，群众同干部还起了冲突。其他地方的寺庙，我们都保护下来了。对宗教寺庙，过去人民政府就是保护的。五台山有些喇嘛庙，在土地改革中农民要砸，我从那里经过，给制止了。现在，被砸过的寺庙，当地人民政府正在组织重修。

你们在精神上要有准备。改革以后，有一个时期喇嘛可能要减少。有些喇嘛要回家，但他们不是不信佛教了。当然年老的还是愿意留在寺庙。你们要把工作范围放广大一点，在寺庙和不在寺庙的佛教徒都是归你们领导的。宗教寺庙如何改革，我想你们应该考虑一个办法。达赖〔9〕上次来北京时，我同他谈过话,谈得很好。他向我保证,回去一定走社会主义道路,实行改革,但看来他还是处在一种矛盾当中。在他下面的索康、赤江〔10〕、帕拉这些人都是很坏的。达赖有那样一个很不好的环境。这些人是把他向外、向反对中央的方向拉的;另一方面,他又是一个聪明人,他能够想到,他离开西藏、离开人民、离开祖国之后,下面的文章不好做。他写给谭冠三的三封信〔11〕就流露了这个思想。

达赖,现在一个可能是回来,一个可能是不回来。最近印度报纸放出来的空气是他要回来。但是,达赖的两个声明〔12〕,完全是反对中央,反对祖国大家庭,要求西藏独立的。这样,回来的路,达赖就自己堵塞了。据我看,达赖的声明是索康、帕拉等人的作品,同时得到印度某些人的同意。达赖如果赞成这两个声明,就不能回来,要回来就要改变态度,站在反对这两个声明的立场,拥护中央。要达赖从那个环境出来,离开索康、赤江、帕拉等人,办法很难想,这全靠他个人的意志,个人想办法。我们是留有余地的,还选举他做人大副委员长,自治区筹委会主任委员的位子也给他留着。留有余地,我们的态度就很主动。其他的叛国分子,他们也可以回来,但是要改变态度。回来也不能再当噶伦〔13〕,要不然和你们就没有区别了。

赤江等人是犯了罪的,是叛乱的领导分子。我们不准备采取杀的办法,保留他们的生命,慢慢地改变他们的脑筋。但办事是不能让他们再办下去了,因为他们是叛国分子。你们要同阿旺嘉措、喜饶嘉措、黄正清〔14〕等很好地团结起来,为着共同目的,把西藏的事情搞好。西藏要发展,人口、文化、经济和政治都要发展。

西藏工委和军区的全部工作经费，完全由中央负责，不从西藏地方财政收入中开支。西藏无力举办的事，中央还可以帮助。西藏还是要收税的，豁卡、宗、基恰〔15〕和自治区政府的经费要由人民来维持。

藏族人民是聪明、勤劳的。社会制度进行改革之后，西藏可能很快发展。你们的事业是有希望、有前途的。跑到印度去的人，是没有希望、没有前途的。

全国各地你们都可以参观，有的人可以先回去，有的人可以迟一些回去。总之，国家年年在变化，发展很大。今年是建国十周年，再有十年，会建设得更好一些。

你们是国家干部，不要只管西藏的事，也要关心北京、天津、上海、成都、西安、兰州的事，关心全国的事。你们在中央有职务，经常工作在西藏，以后可以经常来北京，来一次不要久住，几个礼拜就行了。交通方便可以多往来。

达赖对我们的同志说，他担心他的生命有危险。他对陈毅〔16〕同志说，他主要怕的是索康和帕拉。达赖知道，共产党不会整死他。他怕索康，因为索康等人把他的父亲毒死了。有他们这些人，达赖的生命是没有保证的。

跑到印度的万把人，我看是要分化的。一部分会坚决反对祖国，一部分会感到没有出路，希望回来。当然，这是需要时间的，比如十年后，其中年纪轻的、被欺骗的，就会要回来的。对他们，要采取欢迎态度。

根据中央档案馆保存的谈话记录稿刊印。

注　　释

〔1〕这是毛泽东同全国人大常委会副委员长、西藏自治区筹备委员会代理主任委员班禅额尔德尼·确吉坚赞，政协全国委员会副主席、西藏自治区筹备委员会副主任委员兼秘书长阿沛·阿旺晋美和政协全国委员会委员、西藏自治区筹备委员会常务委员詹东·计晋美等的谈话。

〔2〕索康，即索康·旺清格勒，见本卷第46页注〔8〕。帕拉，即帕拉·土登为登，曾任西藏自治区筹备委员会委员，一九五九年西藏上层反动集团武装叛乱的策动者之一。

〔3〕西康，即西康省，一九五五年撤销。撤销时，原辖区划归四川省。

〔4〕张经武（一九〇六——一九七一），湖南酃县（今炎陵县）人。当时任中共西藏工委书记、西藏军区第一政治委员。

〔5〕荣毅仁，一九一六年生，江苏无锡人。原为上海申新纺织印染公司总管理处总经理。当时任上海市副市长、上海工商业联合会副主任委员。

〔6〕刘文辉（一八九五——一九七六），四川大邑人。解放前曾任国民党西康省政府主席兼省党部主任等职。一九四九年十二月在四川彭县宣布起义。一九五九年时任林业部部长。

〔7〕指一九五四年九月十五日至二十八日在北京召开的第一届全国人民代表大会第一次会议和同年十二月二十一日至二十五日在北京召开的中国人民政治协商会议第二届全国委员会第一次全体会议。

〔8〕铁棒喇嘛，是藏传佛教寺院僧职格贵的俗称。

〔9〕达赖，即达赖喇嘛·丹增嘉措，见本卷第46页注〔4〕。

〔10〕赤江，即赤江·罗桑益西，曾任西藏自治区筹备委员会委员。一九五九年西藏上层反动集团武装叛乱的策动者之一。

〔11〕见本卷第47页注〔11〕。

〔12〕指以达赖名义一九五九年四月十八日和二十二日在印度发表的两个声明，主要内容都是鼓吹西藏独立。

〔13〕噶伦，藏语，原西藏地方政府主管官员。

〔14〕阿旺嘉措（一八九四——一九六八），四川甘孜人，当时任中国佛教协会

副会长、四川省甘孜藏族自治州副州长。喜饶嘉措(一八八三——一九六八),青海循化人,当时任中国佛教协会会长。黄正清(一九〇三——一九九七),四川理化(今理塘)人,藏名洛桑泽旺,当时任甘肃省副省长、甘南藏族自治州州长。

〔**15**〕 谿卡,藏语,原西藏地方政府宗(相当于县一级地方行政区划)以下或相当于宗的农村基层组织名。基恰,藏语,原西藏地方政府的一级地方行政官职,主管所属各宗事务,辖区相当于地区。

〔**16**〕 陈毅(一九〇一——一九七二),四川乐至人。当时任国务院副总理兼外交部部长。

关于西藏问题和台湾问题[1]

（一九五九年五月十日）

我们有两个问题没有解决，西藏问题和台湾问题。现在开始解决西藏问题。西藏面积不小，有一百二十万平方公里，相当于十二个民主德国。可是西藏地区的人口只有一百二十万。有人问中国共产党为什么长久不解决西藏问题，这主要是因为我们党过去很少与藏族接触，我们有意地把西藏的社会改革推迟。过去我们和达赖喇嘛[2]达成的口头协议是，在一九六二年以后再对西藏进行民主改革。过早了条件不成熟，这也和西藏的农奴制有关。西藏劳动群众占百分之九十五，剥削者占百分之五，也就是说有六万人是剥削者。我们要分化他们，争取一部分。现在条件成熟了，不要等到一九六三年了。这就要谢谢尼赫鲁[3]和西藏叛乱分子。他们的武装叛乱为我们提供了现在就在西藏进行改革的理由。叛乱分子拿起枪来打我们，这样就可以看清，他们谁是站在我们这边的，谁是搞叛乱的。

全部藏族人口不是一百二十万，而是三百万。一百二十万在西藏，一百八十万分布在川西、甘南、云南及青海北部。这一百八十万人中也有过叛乱，我们进行了平叛，现在已经基本上解决了问题。外国人武装了藏族反动统治者，很多喇嘛庙都曾经是叛乱者的根据地。现在在这一百八十万藏民聚居的地区建立了党组织，进行了土地改革，解放了农奴，建立了农业生产合作社。过去喇嘛不参加生产，现在百分之九十的喇嘛都参加生产了。人民组织了武装自卫队。

现在西藏问题好解决了，第一步是民主革命，把农奴主的土地分给农奴，第二步再组织合作社。六万农奴主中约有一万人逃到印度了，其余没有走的可分为左、中、右三派，我们将根据他们不同的政治态度来区别对待。对有些人，还要看他们究竟如何，我们可以在斗争中观察他们。总之，我们要争取多数人，使他们赞成改革。

我们在西藏的农村和城市中建立了党组织。藏族人民很好，很勤劳，和人民解放军一起同叛乱分子斗争，很快就能组织起来。我们已培养了近万名藏族干部。过去十年中，我们培养了青年藏族干部，他们学了汉语。在西藏工作的汉族的干部也学了藏语。在西藏，马列主义者和劳动者可以合作，而且合作得很好。

再谈谈台湾问题。

台湾问题暂时不能解决，问题是美国霸占着。

台湾人民很不喜欢美国人，也不喜欢蒋介石。但是要蒋介石好呢，还是不要他好？现在要他好，他是亲美派，但他还想自己统治。另外一批人也是亲美派，但想完全投降美国。

现在的一个具体问题是，蒋介石明年还做不做总统。美国不想让他做，但我们认为他应该做。他想要有自己的军队。你们知道，一九五七年五月二十四日台湾人民打烂了美国“使馆”〔4〕。美国人怀疑是蒋介石的儿子蒋经国搞的，他们认为蒋经国不可相信,因为他去苏联住了十来年,娶了苏联老婆。

去年打金门[5],那里没有美国军队,只有美国一个工作组,十几个人。这个地方和美国没有条约关系,而台湾却和美国有条约关系[6]。我们打金门是内战问题。杜勒斯[7]的方针是叫我们和蒋介石都不打。我们说,你们管不着,这是我们中国的地方,我们打不打是我们的事,你们不要多管;我们和你们美国只在一点上有关系,就是要求你们从台湾撤军。正因为这样,我们才在日内瓦、华沙同美国谈判[8]。美国要签订一个声明,要蒋介石不打我们,要我们也不打蒋介石。我们说不行,金、马、台、澎[9]问题是我们的内政,你们管不着,唯一的问题就是请你们搬家。

看来我们和美国还得谈下去。它不赞成我们,我们也不赞成它,谈多久我们不知道。已经谈了三年半,恐怕还会谈十年,这是世界上最长的谈判。你们不要怕我们会打台湾。我们打金、马是为了帮助蒋介石,因为美国想把金、马让给我们,自己占据台湾。我们放弃金、马,都给蒋介石。蒋介石一困难,我们就打金、马,美国就可以让蒋介石继续做总统。

美国有"战争边缘政策"[10],主要是为台湾问题而想出来的。去年我们也采取"边缘政策"。我们打金、马和蒋介石的增援船只,蒋介石就请美国帮助。美国人来了,但只在十二海里以外。我们光打蒋介石的船,不打美国船。美国船升起国旗,叫我们不要打它。美国一炮也没有打我们,我们也没有打它。所以大家都在战争边缘上。

美国空军很守规矩,它总是和我们的海岸保持一定的距离。有一次我们打下一架美国飞机,因为它越了境,但美国不做声，不要我们赔。美国是强国，霸占的地区太宽，它的十个指头按着十个跳蚤动不了啦，一个跳蚤也都抓不住。力量一分散，事情就难办了。

根据中央档案馆保存的谈话记录稿刊印。

注　　释

〔1〕这是毛泽东同德意志民主共和国人民议院代表团谈话的主要部分。

〔2〕达赖喇嘛，即达赖喇嘛·丹增嘉措。见本卷第46页注〔4〕。

〔3〕尼赫鲁，当时任印度总理。

〔4〕一九五七年五月二十日，驻台湾美军士兵雷诺将路过美军住宅的中国人刘自然枪杀。二十三日，雷诺被美军顾问团军事法庭宣判无罪释放。二十四日，台北等地数万民众举行反美示威游行，要求惩办凶手。示威群众冲击并捣毁美国驻台“大使馆”和新闻处，包围美国军事顾问团总部和台北市警察局。

〔5〕见本卷第23页注〔2〕。

〔6〕指美国和台湾当局签订《共同防御条约》。一九五〇年六月朝鲜战争爆发后，美国总统杜鲁门在公开宣布武装干涉朝鲜内战的同时，命令其海军第七舰队侵入台湾海峡。美国为使侵略中国领土的行为“合法化”，一九五四年十二月二日与台湾当局签订了《共同防御条约》。该条约规定：美国帮助台湾当局维持并发展武装部队；台湾遭到“武装攻击”时，“美国将采取行动”，对付“共同危险”；美国有在台湾、澎湖及其附近部署陆、海、空军的权利，还可扩及到经双方协议所决定的“其他领土”。一九五五年三月三日条约生效。一九七八年十二月十五日，美国政府就美利坚合众国和中华人民共和国建交发表的声明宣布，美台《共同防御条约》将予以终止。一九八〇年一月一日起该条约正式废除。

〔7〕杜勒斯，一九五三年一月至一九五九年四月任美国国务卿。

〔8〕指中美大使级会谈。一九五五年四月二十三日，周恩来总理在亚非会议八国代表团团长会议上声明：中国政府愿意同美国政府谈判，讨论和缓远东紧张

局势问题，特别是和缓台湾地区紧张局势问题。同年七月二十五日，中美双方就举行大使级会谈达成协议，并于八月一日在瑞士日内瓦进行首次会谈。此后由于美方缺乏诚意，会谈中断。一九五八年八月对金门炮击开始后，美国政府公开表示准备恢复会谈，双方随即于九月十五日在波兰华沙恢复会谈。迄至一九七〇年二月二十日，中美大使级会谈共举行了一百三十六次。由于美方坚持干涉中国内政的立场，会谈在和缓和消除台湾地区紧张局势问题上未取得任何进展。

〔**9**〕金、马、台、澎，指金门、马祖、台湾和澎湖。

〔**10**〕参见本卷第24页注〔5〕。

印度不是中国的敌对者，是中国的朋友[1]

（一九五九年五月十三日）

总的说来，印度是中国的友好国家，一千多年来是如此，今后一千年一万年，我们相信也将是如此。中国人民的敌人是在东方，美帝国主义在台湾、在南朝鲜、在日本、在菲律宾，都有很多的军事基地，都是针对中国的。中国的主要注意力和斗争方针是在东方，在西太平洋地区，在凶恶的侵略的美帝国主义，而不在印度，不在东南亚及南亚的一切国家。尽管菲律宾、泰国、巴基斯坦参加了旨在对付中国的东南亚条约组织[2]，我们还是不把这三个国家当作主要敌人对待，我们的主要敌人是美帝国主义。印度没有参加东南亚条约，印度不是我国的敌对者，而是我国的朋友。中国不会这样蠢，东方树敌于美国，西方又树敌于印度。西藏叛乱的平定和进行民主改革，丝毫也不会威胁印度。你们看吧，“路遥知马力，事久见人心”（中国俗语），今后三年、五年、十年、二十年、一百年……中国的西藏地方与印度的关系，究竟是友好的，还是敌对的，你们终究会明白。我们不能有两个重点，我们不能把朋友当敌人，这是我们的国策。几年来，特别是最近三个月，我们两国之间的吵架，不过是两国千年万年友好过程中的一个插曲而已，值不得我们两国广大人民和政府当局为此而大惊小怪。我们在本文前面几段所说的那些话〔3〕，那些原则立场，那些是非界线，是一定要说的，不说不能解决目前我们两国之间的分歧。但是那些话所指的范围，不过是暂时的和局部的——即属于西藏一个地方我们两国之间的一时分歧而已。印度朋友们，你们的心意如何呢？你们会同意我们的这种想法吗？关于中国主要注意力只能放在中国的东方，而不能也没有必要放在中国的西南方这样一个观点，我国的领导人毛泽东主席，曾经和前任印度驻中国大使尼赫鲁先生谈过多次，尼赫鲁大使很能明白和欣赏这一点。不知道前任印度大使将这些话转达给印度当局没有？朋友们，照我们看，你们也是不能有两条战线的，是不是呢？如果是这样的话，我们双方的会合点就是在这里。请你们考虑一下吧。请让我借这个机会，问候印度领袖尼赫鲁〔4〕先生。

根据中央文献出版社、世界知识出版社一九九四年出版的《毛泽东外交文选》刊印。

注　释

〔1〕这是毛泽东在审阅中国外交部对印度外交部外事秘书杜德一九五九年四月二十六日谈话的答复稿时加写的一段文字。

〔2〕一九五四年九月八日，在美国策动下，由美国、英国、法国、澳大利亚、新西兰、菲律宾、泰国和巴基斯坦在菲律宾首都马尼拉签订了《东南亚集体防务条约》，又称《马尼拉条约》。这是一个军事同盟条约，条约声明要用“自助和互助的办

法”“抵抗武装进攻”。条约附有美国提出的“谅解”，对“侵略和武装进攻的意义”解释为“只适用于共产党的侵略”。条约还以议定书的形式，把柬埔寨、老挝和南越划为它的“保护地区”。一九五五年二月十九日条约生效时成立了东南亚条约组织。一九六二年七月日内瓦会议通过的《关于老挝中立的宣言》，不承认它对老挝的所谓保护。一九六七年起法国拒绝派正式代表团参加该组织的部长级理事会。一九七二年十一月八日巴基斯坦宣布退出。一九七七年六月该组织宣布解散。

〔**3**〕这几段话的主要内容是：杜德先生把中印关系最近出现的不正常现象的责任推到中国方面，这是中国政府完全不能同意的；西藏地方是中国领土不可分割的一部分，中国政府在那里平定叛乱，进行西藏人民所渴望的民主改革，完全是中国的内政，别的国家没有任何权利可以以任何名义、任何方式进行干涉；西藏叛乱发生前后，印度出现了大量诽谤中国和干涉中国内政的言论和行动，不论用“言论自由”或其他什么“自由”来辩解，其严重干涉中国内政和破坏中印友谊的性质是无法改变的；印度政府的负责人公开怀疑中国正式公布的文件，指责中国政府，以及隆重欢迎达赖喇嘛等言行，不管主观意图是什么，客观上都无疑地起了鼓励西藏叛乱分子的作用。

〔**4**〕尼赫鲁，当时任印度总理。

发展商业和副食品生产[1]

（一九五九年五月、七月）

一

工农商并举，提得很好，一定要这样做。贬低商业，商不挂帅，工农两业是不会发展的。

（五月二十二日）

二

为要流通，交通运输必须相应地办起来。城市当然以工业为重点，但现在是处于副食品严重不足的时期，必须强调郊区的农业。所谓农者，指的农林牧副渔五业综合平衡。蔬菜是农，猪牛羊鸡鸭鹅兔等是牧，水产是渔，畜类禽类要吃饱，才能长起来，于是需要生产大量精粗两类饲料，这又是农业，牧放牲口需要林地、草地，又要注重林业、草业。由此观之，为了副食品，农林牧副渔五大业都牵动了，互相联系，缺一不可。

（七月四日）

根据毛泽东手稿刊印。

三

无产阶级专政的国家，一定可以做到有菜吃，有油吃，有猪吃，有鱼吃，有菜牛吃，有羊吃，有鸡鸭鹅兔吃，有蛋吃。我们应当有志气、有决心做到这一项在政治上经济上都有伟大意义的社会主义事业，也应当有信心做到这一项事情。一切为了人民利益，望各级党委接到这个指示以后，精心筹划，立即动手办起来。不但大中城市，县城及四乡集镇都要照此办起来。各级党委要有一个专门管副食品的书记或精心从事的干部。

（七月四日）

根据中央档案馆保存的原件刊印。

注释

〔1〕本篇一是毛泽东在中共中央书记处书记、国务院副总理李先念一九五九年五月三日在全国财贸书记会议上关于粮食问题的报告上写的批注。本篇二、三是毛泽东在审阅李先念一九五九年七月为中共中央起草的关于大中城市郊区发展副食品生产的指示稿时加写和改写的两段文字。

经济建设是科学，要老老实实学习[1]

（一九五九年六月十一日）

中国是个经济不发达的国家，工农业水平不高，有许多人是文盲。我们现在正在积极组织自己的经济，积极做提高人民文化水平的工作，发展我们的工业，使农业用机器装备起来。现在工作才开始做，仅仅是开始。至于做出成绩来，那需要时间，需要朋友的帮助，不是很短时间内所能做到的。我们这样一个大国要提高经济、文化水平，建设现代化的工业、农业和文化教育，需要一个过程。我们现在提出了“多、快、好、省”这个建设经济、文化的口号。可以快一点，但不可能很快，想很快是吹牛皮，你们不会相信，我也不相信。比如走路，总要花些时间。我们已经干了十年了，但是如你们所知道的，我们工业才这么一点，农业还是手工业式的，也许再有十年才会有些进步。中国不仅要自己料理自己，自己过生活，还应该对别的国家和民族进行帮助，对世界有些益处。同别的国家一样，不仅要为自己而且还要对世界做些贡献。和别的国家互相帮助，发展经济关系，尤其是我们亚洲、非洲、拉丁美洲国家之间互相了解、交流经验，很有必要。搞经济关门是不行的，需要交换。

中美、南美有二十个国家，同亚洲的国家例如中国发生经济联系是可能的，文化上的联系也是可能的，互相交换有益的东西。日本是亚洲国家，是我们的邻国，我们同他们打过仗，最近关系也不大好，但是人民间的交往还是有的，现在还有日本民间代表团在中国访问。虽然中国和日本没有外交关系，日本政府对我们不友好，但两国人民还是互相来往，人民间互相来往很自由、很自然。有可能的话，我们还会派代表团去南美洲访问你们国家的。

过去干的一件事叫革命，现在干的叫建设，是新的事，没有经验。怎么搞工业，比如炼铁、炼钢，过去就不大知道。这是科学技术，是向地球开战，当然这只是向地球上的中国部分开战，不会向你们那里开战。如果对自然界没有认识，或者认识不清楚，就会碰钉子，自然界就会处罚我们，会抵抗。比如水坝，如修得不好，质量不好，就会被水冲垮，将房屋、土地都淹没，这不是处罚吗？

可以告诉你们，我们真正认真搞经济工作，是从去年八月才开始的〔2〕。我就是一个。去年八月前，主要不是搞建设，而是搞革命。许多同志都是这样，把重点放在革命、社会改革上，而不是放在改造自然界方面。在与自然界作斗争方面，我们的第一个先生是苏联，我们首先要学习苏联，但是美国也是我们的先生。美国炼的钢含硫量是百分之零点零四，我们只有个别地方炼的钢含硫量达到百分之零点零三七，大部分地方炼的钢质量不好。这是新问题，不能调皮，要老老实实学习。如果粗心大意、调皮、充好汉，一定会跌跤子的。革命事业是不容易的，是科学，经济建设也是科学。

搞社会主义建设，很重要的一个问题是综合平衡。比如社会主义建设需要钢、铁等种种东西，缺一样就不能综合平衡。我们有些人办事时总是忘了一两个条件。比如炼铁，没有耐火砖不行，于是他们就把原来做盘子用的陶土拿去搞耐火砖，这样盘子就不够了，因此就要到另外地方去找耐火材料，把原来的陶瓷生产恢复起来。这个事情是很复杂的，每个行业都会有这样的事情。工业、农业、商业、交通事业都可能碰到。农业也要综合平衡，农业包括农、林、牧、副、渔五个方面。

中国有希望就是了。这还要靠你们帮助，靠世界上爱好和平人民的帮助，最主要的是保持和平环境，这是大家的最大利益。你们要和平，我们也是这样。

根据中央档案馆保存的谈话记录稿刊印。

注释

〔1〕这是毛泽东同秘鲁议员团谈话的节录。

〔2〕一九五八年八月十七日至三十日在北戴河召开的中共中央政治局扩大会议主要讨论了一九五九年的国民经济计划以及工业生产、农业生产、农村工作和商业工作等问题。会议作出《中共中央关于一九五九年计划和第二个五年计划问题的决定》和《中共中央关于在农村建立人民公社问题的决议》。

如实公开报道灾情

（一九五九年六月二十日）

乔木、冷西〔1〕同志：

广东大雨，要如实公开报道。全国灾情，照样公开报道，唤起人民全力抗争。一点也不要隐瞒。政府救济，人民生产自救，要大力报道提倡。工业方面重大事故灾害，也要报道，讲究对策。此件〔2〕阅后退回。

毛　泽　东

六月二十日上午四时

根据人民出版社一九八三年出版的《毛泽东书信选集》刊印。

注　　释

〔1〕乔木，即胡乔木（一九一二——一九九二），江苏盐城人，当时任中共中央书记处候补书记、毛泽东的秘书。冷西，即吴冷西，一九一九年生，广东新会人，当时任新华通讯社社长、《人民日报》总编辑。

〔2〕指新华通讯社一九五九年六月十八日编印的《内部参考》第二八〇一期。这一期登载了《广东水灾继续发展，全省工作中心转入抗洪救灾》和《广州市人民极度关心汛情的发展》两篇报道。

庐山会议讨论的十八个问题[1]

（一九五九年六月二十九日、七月二日）

一、读书。有鉴于去年许多领导同志，县、社干部，对于社会主义经济问题还不大了解，不懂得经济发展规律，有鉴于现在工作中还有事务主义，所以应当好好读书。八月份用一个月的时间来读书，或者实行干部轮训。不规定范围，大家不会读。中央、省、市、地委一级委员，包括县委书记，要读苏联《政治经济学教科书》（第三版）[2]。时间三至六个月，或者一年。去年郑州会议提出读三本书[3]，问读了没有，说是读了一点，读得不多，有的自己也没有读。对县、社干部，山东、河北的想法，是给他们编三本书：一本是好人好事的书，收集去年大跃进中敢于坚持真理、不随风倒，工作有前进的，不说谎、不浮夸、实事求是的例子，例如河北王国藩[4]，山东菏泽一个生产队。一本是坏人坏事的书，收集专门说假话的、违法乱纪的或工作中犯了严重错误的例子。每省要找几个，各省编各省的，每本不超过二万五千字。第三本是中央从去年到现在的各种指示文件（加上各省的），有系统地编一本书。三本书大体十万字左右，每天读一万多字，一星期可以读完。读完后讨论，不仅读，还要考试。县、社党委成员能读政治经济学的也可以读。设法给县、社党委每年有一个系统思考问题的时间。我们提倡读书，使这些同志不要像热锅上的蚂蚁，整年整月陷入事务主义，搞得很忙乱，要使他们有时间想想问题。现在这些人都是热锅上的蚂蚁，要把他们拿出来冷一下。去年有了一年的实践，再读书会更好些。学习苏联，要读《政治经济学教科书》，教科书有缺点，但比较完整。缺点如第一章讲和平过渡，通过议会夺取政权，哪有那回事？在西藏都不可能，一定要有武装。他们的缺点我们不要去学，但在去年，把苏联一些好的经验也丢了。

二、形势。国内形势是好是坏？大形势还好，有点坏，但还不至于坏到“报老爷，大事不好”的程度。八大二次会议[5]的方针对不对？我看要坚持。总的说来，像湖南省一个同志所说的，是两句话：“有伟大的成绩，有丰富的经验。”“有丰富的经验”，说得很巧妙，实际上是：有伟大的成绩，有不少的问题，前途是光明的。基本问题是：（一）综合平衡；（二）群众路线；（三）统一领导；（四）注意质量。四个问题中最基本的是综合平衡和群众路线。要注意质量，宁肯少些，但要好些、全些，各种各样都要有。农业中，粮、棉、油、麻、丝、烟、茶、糖、菜、果、药、杂都要有。工业中，要有轻工业、重工业，其中又要各样都有。去年“两小无猜”（小高炉、小转炉）的搞法不行，把精力集中搞这“两小”，其他都丢了。去年大跃进、大丰收，今年是大春荒。现在形势在好转，我看了四个省，河北、河南、湖南、湖北，大体可以代表全国。今年夏收估产普遍偏低，这是一个好现象。

今年这时的形势和去年这时的形势比较，哪个形势好？去年这时很快地刮起了“共产风”，今年不会刮，比去年好。明年“五一”可以完全好转。去年人们的热情是宝贵的，只是工作中有些盲目性。有人说，你大跃进，为什么粮食紧张？为什么买不到头发夹子？现在讲不清楚，促进派也讲不清楚。说得清楚就说，说不清楚就硬着头皮顶住，去干。明年东西多了，就说清楚了。

去年许多事情是一条腿走路，不是两条腿走路。我们批评斯大林一条腿走路，可是在我们提出两条腿走路以后，反而搞一条腿了。在大跃进形势中，包含着某些错误，某些消极因素。现在虽然存在一些问题，但是包含着有益的积极因素。去年形势本来很好，但是带有一些盲目性，只想好的方面，没有想到困难。现在形势又好转了，盲目性少了，大家认识了。

三、今年任务。

四、明年任务。

五、四年任务。工、农、轻、重、商、交方面，过去是两条腿，后来丢掉了一条腿，重工业挤掉了农业和轻工业，挤掉了商业。如果当时重视一下农业、轻工业就好了。这几方面到底如何搞法？建设如何安排？

今年钢的产量是否定一千三百万吨？能超过就超过，不能超过就算了。今后应由中央确定方针，再交业务部门算账。粮食有多少？去年增产有无三成？今后是否每年增加三成？每年增加一千亿斤，搞到一万亿斤，要好几年。明年钢增加多少？增加四百万吨，是一千七百万吨。后年再增加四百万吨。十五年内主要工业产品的数量赶上和超过英国的口号还要坚持。总之，要量力而行，留有余地，让下面超过。人的脑子是逐渐变实际的，主观主义减少了。去年做了一件蠢事，就是要把好几年的指标在一年内达到，像粮食的指标一万零五百亿斤，恐怕要到一九六四年才能达到。

过去安排是重、轻、农，这个次序要反一下，现在是否提农、轻、重？要把农、轻、重的关系研究一下。过去搞过十大关系，就是两条腿走路，多快好省也是两条腿，现在可以说是没有执行，或者说是没有很好地执行。过去是重、轻、农、商、交，现在强调把农业搞好，次序改为农、轻、重、交、商。这样提还是优先发展生产资料，并不违反马克思主义。重工业我们是不会放松的，农业中也有生产资料。如果真正重视了优先发展生产资料，安排好了轻、农，也不一定要改为农、轻、重。重工业要为轻工业、农业服务。过去陈云〔6〕同志提过：先市场，后基建，先安排好市场，再安排基建。有同志不赞成。现在看来，陈云同志的意见是对的。要把衣、食、住、用、行五个字安排好，这是六亿五千万人民安定不安定的问题。安排好了之后，就不会造反了。怎么才会不造反？就是要使他们过得舒服，少说闲话，不骂我们。这样有利于建设，同时国家也可以多积累。赞成成立第三机械工业部，来管农业机械，搞农业机械设计院。现在这些事谁也不管，这么大个国家，没有人管不行。过去在土地革命战争时期反"左"倾时我曾说过，"炮是要打死人的，人是要吃饭的，路是要脚走的"。现在炮没有了，第二条、第三条还有，如果忘记了这些，不好办事。现在讲挂帅，第一应该是农业，第二是工业。

饲料要有单独的政策。现在是人吃一斤，牲口吃半斤；过一段，要人吃一斤，牲口吃一斤；再过一段，要人吃一斤，牲口吃两斤，牲口吃的要逐渐比人多。

农业问题：一曰机械，二曰化肥，三曰饲料。农、轻、重问题，把重放到第三位，放四年，不提口号，不作宣传。工业要支援农业，明年需要多少化肥、多少钢材支援农业，这次会议要定一下。粮食去年说增产三成，是否达到四千八百亿斤，我还有怀疑。今年说不增加了，我看增点还是可能的。以后每年增一千亿斤，一九六二年达到八千亿斤。

明年钢的指标是一千七百万吨，形成一个马鞍形。今年是一千三百万吨，比去年多四百多万吨。后年二千万吨，大后年二千一百万吨到二千三百万吨，可以赶上英国。一九六二年二千五百万吨，可能少点，也可能多点，多了到二千八百万吨，少了到二千三百万吨也好。赶上英国，说的是主要产品，钢太多了不一定好。

积极性有两种：一种是实事求是的积极性，一种是盲目的积极性。红军的三大纪律，现在有两条还有用："一切行动听指挥"，即统一领导，反对无政府主义；"不拿群众一针一线"，即不搞一平二调[7]。总的说来，群众生活提高了，文化水平也提高了。共产主义风格有两种：一种是真要搞共产主义；另一种，这种占多数，是事情归他办，权力都归他，他就说是"共产主义"，归人家就是"资本主义"。山东曹县出现抢粮现象，这很好，抢得还少了，抢多了可以引起我们的注意。对那些摧残人民积极性的官僚主义就是要整一下。我们的国家是不会亡的，社会主义是亡不了的，蒋介石是回不来的。美国打来，我们最多退到延安，将来还会回来的。

六、宣传问题。去年有些虚夸，四大指标定高了，弄得今年不好宣传，现在有些被动。如何转为主动？上海会议[8]时，有人提出，利用开人民代表大会的机会，把指标改了，后来没有这么做。现在看来失掉了点时机，但不要紧。指标改不改？看来改一下好。但改成多少，还拿不准。是否人大常委会开个会，把指标改过来。粮食是否以后不公布绝对数字，可以学习苏联，不宣传粮食指标。今后钢不算小转炉的，铁不算土铁。

七、综合平衡问题。大跃进的重要教训之一、主要缺点是没有搞平衡。说了两条腿走路、并举，实际上还是没有兼顾。在整个经济中，平衡是个根本问题，有了综合平衡，才能有群众路线。

有三种平衡：农业内部农、林、牧、副、渔的平衡；工业内部各个部门、各个环节的平衡；工业和农业的平衡。整个国民经济的比例关系是在这些基础上的综合平衡。

八、群众路线问题。群众路线有没有？有多少？

九、工业管理问题。特别要强调质量问题，能否在很短时间内解决？应该争取在一二年内解决。

十、体制问题。“四权”〔9〕下放多了一些，快了一些，造成混乱，有些半无政府主义。要强调一下统一领导、集权问题。下放的权力，要适当收回，收回来归中央、省市两级。对下放要适当控制。反对无政府主义，不是说现在是完全无政府主义，而是说有些半无政府主义。说得过死不好，过活也不好。现在看来，不可过活。

十一、协作关系。划区协作，倒把原来的协作关系打乱了，搞了大的，挤了小的。搞体系，工厂要综合发展，公社要工业化。

十二、公共食堂。要积极办好。按人定量，分粮到户，自愿参加，节余归己。吃饭基本上要钱。在这几项原则下，把食堂办好，不要一轰而散，都搞垮了，保持百分之二十也好。

办食堂全国有两种办法：一为河南的积极维持，一为湖北的提倡自愿。湖北的基本解散了，有的未散，暂时回去了。湖北拟从少到多，开始百分之三十至百分之五十，将来达到百分之八十。食堂要小，形式要多种，供给部分要少些，三七开或四六开，可以灵活些。食堂和供给制是两回事。

十三、学会过日子。包括农村、城市，要留有余地，富日子当穷日子过，增产节约。湖北是穷日子当富日子过了，农民批评有些干部，一不会生产，二不会过日子。应当把富日子当穷日子过。有些地方生产不见得比别处多多少，但只要安排得好，日子好过。今年不管增产多少，估计增产一点，还是按去年四千八百亿斤或者再少一些的标准安排过日子。口号是：富日子当穷日子过。

十四、三定政策。定产、定购、定销，群众要求恢复，看来是非恢复不可。政策三年不变，定多少，这次会议要定一下。增产部分四六开，征四留六，有灾照减。自留地不征税。

十五、恢复农村初级市场。

十六、使生产小队成为半核算单位。四川省的同志说，生产、分配在一个核算单位较好，现在改，影响生产，如何办？

十七、农村党的基层组织领导作用问题。基层党的活动削弱了，党不管党，只管行政。

十八、团结问题。要统一思想，对去年的估计是：有伟大成绩，有不少问题，前途是光明的。缺点只是一、二、三个指头的问题。许多问题是要经过较长的时间才看得出来的。过去一段时间的积极性中带有一定的盲目性。这样看问题，就能鼓起积极性来。

根据中央档案馆保存的谈话记录稿刊印。

注 释

〔1〕这是根据毛泽东一九五九年六月二十九日去庐山出席中共中央政治局扩大会议途中在船上同协作区主任委员的谈话和七月二日在庐山中央政治局常委扩大会上的讲话整理的。

〔2〕指苏联科学院经济研究所编写的《政治经济学教科书》修订第三版下册(人民出版社1959年版)。

〔3〕一九五八年十一月郑州会议期间,毛泽东写信给中央、省市自治区、地、县四级党委委员,建议读斯大林《苏联社会主义经济问题》、《马克思恩格斯列宁斯大林论共产主义社会》,同时提出也可以读苏联《政治经济学教科书》。

〔4〕王国藩,一九一九年生,河北遵化人。当时是河北省遵化县建明人民公社管理委员会主任。

〔5〕八大二次会议,即中国共产党第八次全国代表大会第二次会议,一九五八年五月五日至二十三日在北京召开。

〔6〕陈云(一九〇五——一九九五),江苏青浦(今属上海市)人。当时任中共中央副主席、国务院副总理。

〔7〕一平二调,参见本卷第33页注〔1〕。

〔8〕指一九五九年三月二十五日至四月一日在上海召开的中共中央政治局扩大会议。

〔9〕四权,指人权、财权、商权、工权。

粮食问题[1]

（一九五九年七月五日）

此两件[2]印发各同志。陈国栋同志的报告是一个重要文件。请各大区区长主持讨论，细致地讨论，讨论两次至三次。我基本上同意这个文件所述的意见。但觉：（一）假定今年年成比去年确实好的情况之下，征购一千一百亿斤，力争办到，这是变被动为主动的第一着。今年年成如果在秋收以后确实较去年好、确实证明无妄的时候，为什么不能征购到这个数目字呢？（二）下年度销售计划，我感觉不但一千零二十亿斤是太多了，这个文件上调整为八百五十五亿斤，似乎也略为多了一点。是否可以调整为八百亿斤，或者八百一十、二十亿斤呢？告诉农民，恢复糠菜半年粮，可不可以呢？苦一年、两年、三年，就翻过身来了。多储备，少食用，以人定量，粮食归户，食堂吃饭，节余归己，忙时多吃，闲时少吃，有稀有干，粮菜混吃，仍然可以吃饱吃好，可不可以这样做呢？（三）多产粮，是上策。田头地角，零星土地，谁种谁收，不征不购，主要为了解决饲料，部分为了人用。恢复私人菜园，一定要酌给自留地。凡此种种，可以多收。既已多收，可以多吃（主要猪吃，部分人吃，例如菜）。（四）好好地精细地安排过日子。是否可以按照一九五七年的实际产量安排过日子呢？一九五七年的日子不是过得还不错吗？这样做，农民的粮食储备就可以增得较多了。手里有粮，心里不慌，脚踏实地，喜气洋洋。(五)在今年秋收确实知道粮食比去年增产的情况之下，一定要划出牲口饲料、猪饲料两种，一定要比过去多些，是否可以有人粮的一半？人粮一斤，饲料半斤。各地情况不同，势必有多有少，但一定要下决心注意这个问题。除灾地外，饲料一定要比过去多些。增加饲料，极为有利。牲口是动力。一部分牲口是肉食奶食(老牛、菜牛、奶牛)。粪可肥田。皮、毛、骨、角，大有用处。吃肉多，吃粮少，动物蛋白优于植物蛋白，人的体格会更发展，会更健康。猪是肉食，又有肥料。在三、五、七年以内，力争做到一亩田一头猪。一头猪就是一个小型有机化肥工厂。肥料的主要出路是猪，是一亩田一头猪。以上几点意见，只供同志们此次讨论的参考，切勿下传。不对之处，准备修改。

毛　泽　东

七月五日上午六时

根据手稿刊印。

注　　释

〔1〕这是毛泽东在一九五九年七月庐山政治局扩大会议期间为印发粮食部副部长陈国栋一九五九年七月四日《关于一九五九年至一九六〇年度粮食分配和粮食收支计划调整意见的报告》写的批语。

〔2〕指陈国栋的报告和中共中央书记处书记、国务院副总理李先念一九五九年七月五日为报送这个报告给毛泽东的信。陈国栋的报告建议，在城市中继续执行粮食以人定量的办法，在农村中继续执行粮食定产、定购、定销的办法，只是将粮食产量、购量、销量和农村留粮标准，根据生产和消费变化的情况，作必要的和

可能的调整。每年在定产基础上增产的粮食，国家只增购百分之四十，农民得百分之六十。如果减产，则相应地减少征购数字。报告认为，原定的粮食征购指标一千一百五十五亿斤，只要做好工作，还是可以办到的。原定的粮食销售指标九百七十五亿斤，则偏大了一些，可以调整为八百五十五亿斤。只有这样，补充国家库存才有保证，才能把粮食工作的被动局面扭转过来。

《人民日报》要多登科学讨论文章

（一九五九年八月二十三日）

航送伯达、乔木、冷西、家英[1]四同志：

此版右角甘薯问题[2]，很有兴趣，可以一看。这种讨论，是非常之好的。科学讨论，《人民日报》要多起来，要多得占篇幅五分之一左右，岂不是很好吗？请你们于衣食住行用五大要政讨论一下。一塘死水，需要搅动一下了。你们八月二十一日的信收到，做得好，写得好，我看后非常之高兴。

毛　泽　东

八月二十三日上午六时，倚枕。

根据手稿刊印。

注　　释

〔1〕伯达，即陈伯达（一九〇四——一九八九），福建惠安人，当时任中共中央政治局候补委员、中央政治研究室主任、毛泽东的秘书。乔木，即胡乔木，当时任中共中央书记处候补书记、毛泽东的秘书。冷西，即吴冷西，当时任新华通讯社社长、《人民日报》总编辑。家英，即田家英（一九二二——一九六六），四川成都人，当时任中共中央政治研究室副主任、毛泽东的秘书。

〔2〕指一九五九年八月二十一日《人民日报》第三版刊登的《关于甘薯翻藤问题的讨论》一文。

关于特赦一批罪犯的建议

（一九五九年九月十四日）

全国人民代表大会常务委员会：

中国共产党中央委员会向全国人民代表大会常务委员会建议：在庆祝伟大的中华人民共和国成立十周年的时候，特赦一批确实已经改恶从善的战争罪犯、反革命罪犯和普通刑事罪犯。

我国的社会主义革命和社会主义建设已经取得了伟大胜利。我们的祖国欣欣向荣，生产建设蓬勃发展，人民生活日益改善。人民民主专政的政权空前巩固和强大。全国人民的政治觉悟和组织程度空前提高。国家的政治经济情况极为良好。党和人民政府对反革命分子和其他罪犯实行的惩办和宽大相结合、劳动改造和思想教育相结合的政策，已经获得伟大的成绩。在押各种罪犯中的多数已经得到不同程度的改造，有不少人确实已经改恶从善。根据这种情况，中国共产党中央委员会认为，在庆祝伟大的中华人民共和国成立十周年的时候，对于一批确实已经改恶从善的战争罪犯、反革命罪犯和普通刑事罪犯，宣布实行特赦是适宜的。采取这个措施，将更有利于化消极因素为积极因素，对于这些罪犯和其他在押罪犯的继续改造，都有重大的教育作用。这将使他们感到在我们伟大的社会主义制度下，只要改恶从善，都有自己的前途。

中国共产党中央委员会提请全国人民代表大会常务委员会考虑上述建议，并且作出相应的决议。〔1〕

中国共产党中央委员会主席 毛泽东

一九五九年九月十四日

根据一九五九年九月十八日
《人民日报》刊印。

注 释

〔1〕第二届全国人大常委会第九次会议一九五九年九月十七日通过了《关于特赦确实改恶从善的罪犯的决定》。同日，刘少奇签发了《中华人民共和国主席特赦令》。

不能把台湾问题上的国际问题同国内问题混淆起来[1]

（一九五九年十月五日）

台湾问题很复杂，又有国内问题，又有国际问题。就美国说，这是一个国际问题。国际问题只能通过和平道路解决，不能用武力解决。我们还在同美国谈判[2]，可是美国没拿出名堂来。以前我们在日内瓦谈，现在在华沙谈，问题没有解决。我们要求美军撤出台湾，他们不干，我们只能等，他们要多少时间撤出，我们就等多少时间。我们不会首先同美国打起来的，同志们放心好了。就蒋介石说，台湾是一个国内问题。是否一定要用武力解决呢？也不是，我们准备同蒋介石谈判，但他不干。我们没有办法，可能有一天会打起来的。国内问题有两个解决办法，和平解决或武力解决。有人把台湾问题上的国际问题同国内问题混淆了起来。台湾只有一千万人口，几年不收回台湾（包括金门在内）也不要紧。

在台湾问题上，美国企图搞“两个中国”，一个大中国，一个小中国。他们说，德国有东德、西德两个，为什么不能有两个中国？我们说德国是战败国，第二次世界大战时是我们的敌人，按照波茨坦协定的规定分为两个[3]。中国在第二次世界大战时是个同盟国。按丘吉尔、罗斯福、蒋介石参加的开罗会议〔4〕的规定，台湾从日本手里归还中国。台湾本来就是中国的，日本人暂时占领了，日本失败后应归还中国。蒋介石失败后跑到台湾，在台湾建立政府。全世界还有许多国家同台湾当局有外交关系。我们反对“两个中国”，蒋介石也反对“两个中国”，我们有一致之处，有共同点。

根据中央文献出版社、世界知识出版社一九九四年出版的《毛泽东外交文选》刊印。

注 释

〔1〕这是毛泽东同巴西、阿根廷、古巴、委内瑞拉等拉美十七国共产党代表团谈话的一部分。

〔2〕指中美大使级会谈，见本卷第64页注〔8〕。

〔3〕第二次世界大战结束后，苏、美、英三国于一九四五年八月二日签订柏林（波茨坦）会议议定书和柏林（波茨坦）会议公报，这两个文件通称为波茨坦协定。协定提出了战后对德国的处置办法。其中，根据克里米亚协定，规定由苏、美、英、法四国分别在德国各自占领区内实行最高权力，并共同处理有关全德事宜。一九四七年，美、英占领区合并成两国占领区。一九四八年，两国占领区同法国占领区合并成三国占领区。一九四九年九月，美、英、法为了分裂德国，在三国占领区建立了德意志联邦共和国，通称西德。同年十月，在苏联占领区建立了德意志民主共和国，通称东德。

〔4〕开罗会议，指一九四三年十一月二十二日至二十六日中、美、英三国首脑蒋介石、罗斯福、丘吉尔在埃及首都开罗举行的会议。会议商讨了联合对日作战计划及击败日本后如何处置日本的问题。同年十二月一日发表的《开罗宣言》中规定：剥夺日本自第一次世界大战以来在太平洋地区夺取或占领的一切岛屿，把日本侵占的中国领土如东北、台湾、澎湖列岛归还中国。

争取比较长的和平时间是可能的〔1〕

（一九五九年十月十八日）

整个国际形势是在好转。西方的高压政策、实力地位政策，或者说是冷战政策，已难以继续下去了。西方统治集团，比如美国集团、英国集团的大部分，都对打第三次世界大战抱有恐惧。如果说冷战形势有所缓和，那是因为以往的冷战政策对他们不利了，所以才有些改变，才使形势缓和下来。但情况并不是那么简单的，他们有两手：使形势有所缓和，这是一手；另外一手，当缓和对他们不利的时候，又挑起紧张局势。这就是资产阶级的两面性。他们的“爱好和平”和我们的爱好和平是不完全一致的。比如美国垄断资本同日本垄断资本，日本垄断资本同日本人民，都是有区别的。垄断资本本身也有区别，有卖国部分和其他部分的区别。即便一个集团内部，例如艾森豪威尔〔2〕集团内部，也不那么简单，也有两面性。我们有困难，他们也有，他们的困难比我们更多。我们利用他们的困难争取和平是可能的，而且和平时间不会是很短的。就是说，争取比较长的和平时间是可能的。你们应当利用他们内部的矛盾。他们是一定有困难的，正因为有困难才要缓和，否则何必缓和呢？西方国家之间也不一致。西方国家内爱好和平的人同他们的政府之间是有区别的，无产阶级同资产阶级之间也有区别。此外，亚洲、非洲和拉丁美洲国家的人民都是反对帝国主义控制的。当然，也有帝国主义的走狗，但广大人民是反对帝国主义的。

社会主义国家是团结的，阵营加强了。帝国主义发动战争已不是那么容易。苏联加强了，社会主义国家都靠在一块儿，而且巩固了。这样，帝国主义要发动战争就不能不考虑。

我们历来是这样估计的，整个国际形势是向好发展，不是向坏。只是有个情况也要估计到，那就是疯子要打第三次世界大战怎么办？所以，战争的情况也要估计到。和平有可能被破坏，缓和之后又会搞紧张，搞突袭，打大战，等等。对这些情况都估计到了之后，我们说总的看来，形势是向好的方面发展的。从总的情况来看，争取到十年至十五年的和平时间是可能的。假如这种情况实现了，那时要打世界大战，他们就比现在更加困难了。那时社会主义阵营的力量要比现在大得多。西方国家的矛盾，日美矛盾，由基地和条约而造成的许多矛盾，都很难解决。

如果反对修改日美“安全条约”〔3〕未能取得成功，条约修改了，那末，十年后这个条约还将提到日本人民的面前，那将会教育日本人民更进一步地团结起来进行斗争。

一般讲，美、英、法同德、日是有区别的。就是说，美、英、法有不少殖民地或半殖民地。它们要守卫的地方很多，从台湾和南朝鲜到土耳其，都要守。从这一点上说，它们很富。美国没有殖民地，但有很多半殖民地，这样一些国家和地区，包括南朝鲜和台湾，要保守，要维持现状，以便继续控制下去。西德和日本就不同了。德国在第一次世界大战时殖民地被搞掉了，第二次世界大战时未搞到殖民地。日本经过第一次世界大战殖民地扩大了，第二次世界大战后殖民地全被剥夺了。它们很不甘心，想继续侵占殖民地，但现在受美国的控制，还未准备好。它们想摆脱美国，再搞扩张。这些看法是否对，愿同你们交换意见。

对冒险集团要有个估计。最强大的就是美国冒险集团。他们在目前发动侵略战争还是有困难的，因为他们还未准备好。西德和日本处在美国的控制之下，要发动战争不那么容易。岸信介〔4〕要修改宪法第九条，是因为第九条束缚了他进行扩张，他要复活军国主义。你们党的纲领中有和平和独立的口号，这是最合乎实际情况的。

根据中央文献出版社、世界知识出版社一九九四年出版的《毛泽东外交文选》刊印。

注　释

〔1〕这是毛泽东同日本共产党代表团谈话的一部分。

〔2〕艾森豪威尔（一八九〇——一九六九），美国共和党人，当时任美国总统。

〔3〕日美“安全条约”，即《日美共同合作和安全条约》，是一九五一年九月八日在旧金山签订的军事同盟条约。条约以维持日本“安全”为由，规定美国有权在日本驻扎军队和建立军事基地。一九六〇年一月，日美修改了该条约，重新签订了《日美共同合作和安全条约》。主要内容是：发展日本“抵抗武装进攻的能力”；在“应付共同危险”时，日本负有保护驻日美军的义务；美国继续有权在日本驻军和使用军事基地；“鼓励两国经济合作”等。

〔4〕岸信介（一八九六——一九八七），当时任日本内阁首相。

同澳共总书记夏基的谈话

（一九五九年十月二十六日）

你写的材料提出了如何过渡到社会主义的问题，说是同意中国同志对这个问题的看法。这是重大问题。这里有两个问题，一个是战略问题，一个是策略问题。作为战略问题来说，从长远看，用和平手段能够消灭资产阶级政权是不可想像的。资产阶级怎么能够让工人阶级用和平手段来推翻资产阶级政权，消灭阶级，建设社会主义和共产主义呢！从策略上讲，首先可以说无产阶级愿意用和平手段取得政权，表明我们不是好战的。但是如果资产阶级使用暴力，无产阶级就被迫不得不使用暴力。不要散布幻想，不要在精神上解除自己的武装。不作精神准备，就无法教育人民，无产阶级自己也就没有革命干劲。用和平手段也是要斗争的。其实，革命的大量日常工作都是通过和平手段进行的。但作为革命家，在用和平手段进行日常工作的同时，要想到革命时机到来时怎么办？这个问题，不要每天去讲。在重要时机才提这个问题，提两条，一定要有两条：第一，无产阶级愿意用和平手段取得政权；第二，假使资产阶级使用暴力，无产阶级被迫也得使用暴力。

马克思主义者知道，阶级斗争不经过战争是不能最后解决问题的。自古以来都是这样。明知如此，为何又要提和平手段?因为广大人民群众还不觉悟,资产阶级就利用这一点恐吓人民群众,说共产党专讲暴力和战争。

列宁在一九一七年二月以后的一段时间内,曾经指出俄国存在用和平手段夺取政权的可能性。当时俄国有两个政权并存,列宁根据那时特有的一些条件,设想布尔什维克〔1〕通过在苏维埃中取得多数来夺取政权。后来到了七月就不行了,资产阶级政府用武力镇压群众的革命运动,于是列宁和布尔什维克决定准备武装起义的方针,用暴力夺取政权。

在十月革命以前,列宁对全党讲得很清楚,写了许多文章,说明革命要建立无产阶级专政,不用暴力是不行的。他极力反对孟什维克〔2〕主张通过议会斗争进行革命的论调。

我们在一九五五年和英共波立特〔3〕谈过这个问题,他不赞成我们的意见。他要修改中国同志的著作,要在我的选集的英文版中删掉两段讲革命一定要用暴力的话。〔4〕我们不赞成他的这个意见,但结果他还是把那两段挖掉了。

一九五七年十一月莫斯科会议宣言〔5〕又提到这个问题,也是提两条:无产阶级愿意用和平手段取得政权;但是如果资产阶级使用暴力时,无产阶级被迫也要使用暴力。这是一个原则问题。法共、意共对这个问题都提两条,日共、印尼共也提两条,大多数党提两条。讲清楚两条,可使资产阶级被动。我们并不是提倡武力,我们只是说你使用武力我们才使用武力。

但是在从理论上讲问题时,就要把这个问题讲清楚,讲彻底。国家是暴力机关,无论奴隶制度的国家、封建制度的国家或资本主义制度的国家都是暴力机关。无产阶级专政的社会主义国家，也不例外。离开了暴力还叫什么国家。也有人拿中国和平改造资本主义工商业的政策作为和平过渡的例子，其实我们是经过了几十年的战争，打倒了国民党政府，建立了强大的无产阶级领导的人民政权，发展到几百万军队，这才有了和平改造的可能。

革命用战争手段和用和平手段也是两条腿走路。实际上大量工作是用和平手段通过日常工作进行的，战争时间并不长，但最后解决问题还是要靠战争。不用两条腿走路，就不能夺取政权。

我们在一九四五年也努力争取过国内的和平，并参加了国民党召开的政治协商会议。同时我们准备了另一面，发展了武装力量，有了一年的准备。一九四六年夏打起来以后，我们也不说绝对不要和平。一九四九年春天国民党曾提出要“和平”。那时他们只有长江以南，他们在长江以北的主力已经被消灭。美国劝他们谈判，以保住江南，准备力量再来打我们。

我们说，你们派代表团到北京来谈。代表团派来了，达成了协议，然后把协议送往南京签字，但他们不肯签。这样很好，拒绝和平的责任就完全在他们身上了。他们第一天拒绝，我们第二天就过长江，一百万大军一夜渡过长江，到九月全国大陆基本解放，十月一日成立了中华人民共和国。

蒋介石跑到台湾去了。我们也还不放弃和平手段，我们提出了和平解放台湾的口号，主张同他们正式谈判。但他们害怕谈判，美国更是害怕蒋介石同我们谈判。在这种情况下，和平口号就很有用了。

现在在一些资本主义国家里，斗争通常是不流血的，但是当事物要发生质变时，就要流血了。经过长期的量变就要发展到质变。要是没有这种质变，旧的上层建筑是不会改变的。上层建筑主要指政权和军队、警察、法院等国家机器，也包括意识形态方面的东西。上层建筑是保护经济基础的。所以首先要用暴力把国家机器这些主要的上层建筑夺取过来，加以粉碎。至于意识形态方面的上层建筑，不能用武力解决，而是要经过长期的改造。

上层建筑是建立在经济基础上的，是用来保护经济基础的，当经济基础失掉保护的时候，我们就可以改变生产关系，即旧的所有制等。当然这也要经过斗争，但不一定要经过战争。

下面谈谈对国际形势的看法。

国际紧张局势是帝国主义制造的，但走向了它的反面。紧张局势的一部分或大部分使他们觉得对他们不利了，不利于他们保存资本主义和消灭社会主义的目的了。杜勒斯〔6〕的那一套对他们所要达到的这个目的是不利的，他们想走出这条很窄的路。如果紧张局势有利于他们达到保存资本主义和消灭社会主义的目的，就不能想像他们会有所改变。看来他们了解到这种不利，要有些改变，而且他们害怕战争。大家知道两次世界大战对他们都不利，第三次世界大战对他们将更加不利。像美国这样的国家，战争打起来对它是很不利的。

缓和对社会主义国家和资本主义国家的人民都有利，这是社会主义国家、各国兄弟党以及世界和平力量斗争的结果。再有十年和平是很好的，中国和苏联能再搞几个五年计划那好得很。

但是还要看到另一面，帝国主义为了维持军火工业和夺取外国的利益，需要一定程度的紧张局势。例如在赫鲁晓夫访美〔7〕以后，美国就在一些国家建立了火箭基地，又在联合国大叫大嚷西藏问题，可见他们还要制造紧张局势。所以我们要警惕。

根据中央档案馆保存的谈话记录稿刊印。

注　释

〔1〕布尔什维克，指布尔什维克党，原苏联共产党的前身，一九一二年正式建立。

〔2〕孟什维克，是一九〇三年在俄国社会民主工党内形成的与布尔什维克对立的机会主义派别。

〔3〕波立特（一八九〇——一九六〇），当时任英国共产党中央执行委员会主席。

〔4〕一九五四年三月二十九日，波立特给中共中央来信，提出他们在翻译《毛泽东选集》第二卷时，准备将《战争和战略问题》一文的头两段从英译本中删去。在这两段中，毛泽东指出："革命的中心任务和最高形式是武装夺取政权，是战争解决问题。这个马克思列宁主义的革命原则是普遍地对的，不论在中国在外国，一概都是对的。""但是在同一个原则下，就无产阶级政党在各种条件下执行这个原则的表现说来，则基于条件的不同而不一致。"同年八月二十三日，中共中央复信波立特，明确表示：我们不能同意在《毛泽东选集》英译本中把《战争和战略问题》的头两段删去的提议，"因为毛泽东同志在该文件中所说到的原则，是马列主义的普遍真理，并不因为国际形势的变化，而须要作什么修正。而且《毛泽东选集》已经出版俄文版及其他外国文版，都没有作什么修改"。

〔5〕指一九五七年十一月十四日至十六日在莫斯科召开的社会主义国家共

产党和工人党代表会议通过的《社会主义国家共产党和工人党代表会议宣言》(通称《莫斯科宣言》)。宣言总结了国际共产主义运动的经验,提出了各国共产党争取和平和社会主义的斗争任务,规定了社会主义国家和政党之间关系的准则,并要求各国共产党创造性地运用马克思列宁主义。

〔**6**〕杜勒斯,见本卷第24页注〔5〕。

〔**7**〕一九五九年九月十五日至二十七日,苏联共产党中央委员会第一书记、苏联部长会议主席赫鲁晓夫访问美国,在美国总统别墅戴维营同艾森豪威尔就德国问题、柏林问题、裁军、核试验、双边关系等举行了会谈。

关于发展畜牧业问题

（一九五九年十月三十一日）

吴冷西[1]同志：

此件[2]很好，请在新华社《内部参考》发表。看来，养猪业必须有一个大发展。除少数禁猪的民族以外，全国都应当仿照河北省吴桥县王谦寺人民公社的办法办理。在吴桥县，集资容易，政策正确，干劲甚高，发展很快。关键在于一个很大的干劲。拖拖沓沓，困难重重，这也不可能，那也办不到，这些都是懦夫和懒汉的世界观，半点马克思主义列宁主义的雄心壮志都没有，这些人离一个真正共产主义者的风格大约还有十万八千里。我劝这些同志好好地想一想，将不正确的世界观改过来。我建议，共产党的省委（市委、自治区党委）、地委、县委、公社党委，以及管理区、生产队、生产小队的党组织，将养猪业，养牛养羊养驴养骡养马养鸡养鸭养鹅养兔等项事业，认真地考虑、研究、计划和采取具体措施，并且组织一个畜牧业家禽业的委员会或者小组，以三人、五人至九人组成，以一位对于此事有干劲、有脑筋而又善于办事的同志充当委员会或小组的领导责任。就是说，派一个强有力的人去领导。大搞饲料生产。有各种精粗饲料。看来包谷是饲料之王。美国就是这样办的。苏联现在也已开始大办。中国的河北省吴桥县，也已在开始办了，使人看了极为高兴。各地公社养猪不亚于吴桥的，一定还有很多。全国都应大办而特办。要把此事看得和粮食同等重要，看得和人吃的大米、小麦、小米等主粮同等重要，把包谷升到主粮的地位。有人建议，把猪升到六畜之首，不是“马、牛、羊、鸡、犬、豕（豕即猪）”，而是“猪、牛、羊、马、鸡、犬”。我举双手赞成，猪占首要地位，实在天公地道。苏联伟大土壤学家和农学家威廉氏〔3〕强调地说，农、林、牧三者互相依赖，缺一不可，要把三者放在同等地位。这是完全正确的。我认为农、林业是发展畜牧业的祖宗，畜牧业是农、林业的儿子。然后，畜牧业又是农、林业（主要是农业）的祖宗，农、林业又变为儿子了。这就是三者平衡地互相依赖的道理。美国的种植业与畜牧业并重。我国也一定要走这条路线，因为这是证实了确有成效的科学经验。我国的肥料来源第一是养猪及大牲畜。一人一猪，一亩一猪，如果能办到了，肥料的主要来源就解决了。这是有机化学肥料，比无机化学肥料优胜十倍。一头猪就是一个小型有机化肥工厂。而且猪又有肉，又有鬃，又有皮，又有骨，又有内脏（可以作制药原料），我们何乐而不为呢？肥料是植物的粮食，植物是动物的粮食，动物是人类的粮食。由此观之，大养而特养其猪，以及其他牲畜，肯定是有道理的。以一个至两个五年计划完成这个光荣伟大的任务，看来是有可能的。用机械装备农业，是农、林、牧三结合大发展的决定性条件。今年已经成立了农业机械部，农业机械化的实现，看来为期不远了。

毛　泽　东

一九五九年十月三十一日

根据手稿刊印。

注 释

〔1〕吴冷西，当时任新华通讯社社长、《人民日报》总编辑。

〔2〕指天津市畜牧局一九五九年九月《大干一年翻了身，魁星庄生产队养猪积肥改变贫困面貌》一文。这篇文章说，河北省吴桥县王谦寺公社魁星庄生产队由于土质沙性大，肥料不足，历来粮食产量低，群众生活贫困。一九五八年以来，他们不甘贫困，为了增产粮食，下决心多养猪。他们克服种种困难，干部带头，集资买猪，盖简易圈棚，并对公养私养、育肥打菜等统一领导，全面安排，采取“男女老少，人人动手，谁打归谁，多余出售，队里不足，现款收购”等办法解决饲料问题，大干一年翻了身。不仅解决了吃肉问题，而且解决了肥料问题。以猪为纲，“六畜”兴旺，粮食产量一年也翻了一番多，穷队变成了富队，缺粮队变成了余粮队。

〔3〕威廉氏，即威廉斯（一八六三——一九三九），苏联土壤学家、苏联科学院院士，著有《土壤学——农作学及土壤学原理》等。

读苏联《政治经济学教科书》的谈话[1]（节选）

（一九五九年十二月——一九六〇年二月）

一　关于世界观和方法论

人们的主观运动的规律和外界的客观运动的规律是同一的。辩证法的规律，是客观所固有的，是客观运动的规律，这种客观运动的规律，反映在人们的头脑中，就成为主观辩证法。这个客观辩证法和主观辩证法是同一的。这是恩格斯多次阐明的论点。说思维和存在没有同一性，势必走到反对恩格斯的论点。当然，思维和存在不能划等号。说二者同一，不是说二者等同，不是说思维等同于存在。思维是一种特殊物质的运动形态，它能够反映客观的性质，能够反映客观的运动，并且由此产生科学的预见，而这种预见经过实践又能够转化成为事物。恩格斯举了这方面的例子。也可以拿我们的人民大会堂作一个例子。人民大会堂现在是事物，但是在它没有开始建设以前，只是一个设计的蓝图，而蓝图则是思维。这种思维又是设计工程师们集中了过去成千成万建筑物的经验，并且经过多次修改而制定出来的。许多建筑物转化成人民大会堂的蓝图——思维，然后蓝图——思维交付施工，经过建设，又转化为事物——人民大会堂。这就说明蓝图能够反映客观世界，又能够转化为客观世界；说明客观世界可以被认识，人们的主观世界可以同客观世界相符合，预见可以变为事实。

存在是第一性的，思维是第二性的，只要肯定了这一条，我们就同唯心主义划清界限了。然后还要进一步解决客观存在能否认识、如何认识的问题。还是马克思说的那些话对，思维是“移入人的头脑并在人的头脑中改造过的物质的东西”〔2〕。说思维和存在不能等同，是对的，但是因此就说思维和存在没有同一性，则是错误的。

教科书说，随着生产资料社会主义公有化，“人们成为自己社会经济关系的主人”，“能够完全自觉地掌握和利用规律”。〔3〕把事情说得太容易了。这要有一个过程。规律，开始总是少数人认识，后来才是多数人认识。就是对少数人说来，也是从不认识到认识，也要经过实践和学习的过程。任何人开始总是不懂的，从来也没有什么先知先觉。斯大林自己还不是对有些东西认识不清楚？他曾经说过，搞得不好，社会主义社会的矛盾可以发展到冲突的程度；搞得好，就可以不致发生冲突。〔4〕斯大林的这些话，讲得好。教科书比斯大林退了一步。认识规律，必须经过实践，取得成绩，发生问题，遇到失败，在这样的过程中，才能使认识逐步推进。要认识事物发展的客观规律，必须进行实践，在实践中必须采取马克思主义的态度来进行研究，而且必须经过胜利和失败的比较。反复实践，反复学习，经过多次胜利和失败，并且认真进行研究，才能逐步使自己的认识合乎规律。只看见胜利,没有看见失败,要认识规律是不行的。

教科书不承认现象和本质的矛盾。本质总是藏在现象的后面,只有通过现象才能揭露本质。教科书没有讲人们认识规律要有一个过程,先锋队也不例外。

看来,这本书没有系统,还没有形成体系。这也是有客观原因的,因为社会主义经济本身还没有成熟,还在发展中。一种意识形态成为系统,总是在事物运动的后面。因为思想、认识是物质运动的反映。规律是在事物的运动中反复出现的东西,不是偶然出现的东西。规律既然反复出现,因此就能够被认识。例如资本主义的经济危机,过去是八年到十年出现一次,经过多次的反复,就有可能使我们认识到资本主义社会中经济危机的规律。在土地改革中要实行平分土地的政策,也是经过反复多次以后才能认识清楚的。第二次国内战争的后期,当时的中央曾经主张按劳力分配土地,不赞成按人口平分土地。当时"左"倾冒险路线的同志认为按人口平分土地是阶级观点不明确,群众观点不充分,对发展生产不利。实践证明错的不是按人口平分土地,而是按劳动力分配土地。因为按劳动力分配土地,对富裕中农最有利。当时,他们还主张地主不分田。既然地主不杀掉,却不给谋生之道,地主有劳动力,却不分给他们土地,这种政策,是破坏社会、破坏社会生产力的政策。富农分坏田,也是这种性质的政策。中国的农民是寸土必争的。土地改革中贫农总是打富裕中农的主意,他们的办法是给富裕中农戴上富农的帽子,把富裕中农多余的土地拿出来。这个问题经过反复争论和实践，结果证明，按人口平分土地是符合我国民主革命阶段中彻底解决土地问题的客观规律的。我们在土地改革中实际上消灭了富农经济，在这点上带有社会主义革命的性质。

规律自身不能说明自身。规律存在于历史发展的过程中。应当从历史发展过程的分析中来发现和证明规律。不从历史发展过程的分析下手，规律是说不清楚的。

很有必要写出一部中国资本主义发展史来。研究通史的人，如果不研究个别社会、个别时代的历史，是不能写出好的通史来的。研究个别社会，就是要找出个别社会的特殊规律。把个别社会的特殊规律研究清楚了，那末整个社会的普遍规律就容易认识了。要从研究特殊中间，看出一般来。特殊规律搞不清楚，一般规律是搞不清楚的。例如要研究动物的一般规律，就必须分别研究脊椎动物、非脊椎动物等等的特殊规律。

绝对真理包括在相对真理里面。相对真理的积累，就使人们逐步地接近于绝对真理。不能认为相对真理只是相对真理，不包含任何绝对真理的成分，而到了一天人们忽然找到了绝对真理。

世界上没有不能分析的事物，只是：一、情况不同；二、性质不同。许多基本范畴，特别是对立统一的法则，对各种事物都是适用的。这样来研究问题、看问题，就有了一贯的完整的世界观和方法论。这本教科书就没有运用这样一贯的、完整的世界观和方法论来分析事物。

两重性，任何事物都有，而且永远有，当然总是以不同的具体的形式表现出来，性质也各不相同。例如，保守和进步，稳定和变革，都是对立的统一，这也是两重性。生物的代代相传，就有而且必须有保守和进步的两重性。稻种改良，新种比旧种好，这是进步，是变革。人生儿子，儿子比父母更聪明粗壮，这也是进步，是变革。但是，如果只有进步的一面，只有变革的一面，那就没有一定相对稳定形态的具体的动物和植物，下一代就和上一代完全不同，稻子就不成其为稻子，人就不成其为人了。保守的一面，也有积极作用，可以使不断变革中的植物、动物，在一定时期内相对固定起来，或者说相对地稳定起来，所以稻子改良了还是稻子，儿子比父亲粗壮聪明了还是人。但是如果只有保守和稳定，没有进步和变革一方面，植物和动物就没有进化，就永远停顿下来，不能发展了。

量变和质变是对立的统一。量变中有部分的质变，不能说量变的时候没有质变；质变是通过量变完成的，不能说质变中没有量变。质变是飞跃，在这个时候，旧的量变中断了，让位于新的量变。在新的量变中，又有新的部分质变。

在一个长过程中，在进入最后的质变以前，一定经过不断的量变和许多的部分质变。这里有个主观能动性的问题。如果我们在工作中，不促进大量的量变，不促进许多的部分质变，最后的质变就不能来到。

打垮蒋介石，这是一个质变。这个质变是通过量变完成的。例如，要有三年半的时间，要一部分一部分地消灭蒋介石军队和政权。而这个量变中，同样有若干的部分质变。在解放战争期间，战争经过几个不同的阶段，每个新的阶段同旧的阶段比较，都有若干性质的区别。

社会主义一定要向共产主义过渡。过渡到了共产主义的时候，社会主义阶段的一些东西必然是要灭亡的。就是到了共产主义阶段，也还是要发展的。它可能要经过几万个阶段。能够说到了共产主义，就什么都不变了，就一切都“彻底巩固”下去吗？难道那个时候只有量变而没有不断的部分质变吗？

一切事物总是有“边”的。事物的发展是一个阶段接着一个阶段不断地进行的，每一个阶段也是有“边”的。不承认“边”，就是否认质变或部分质变。

这一段〔5〕很有问题，不如斯大林讲得好。教科书说，社会主义制度下的矛盾不是不可调和的矛盾，这个说法不合乎辩证法。一切矛盾都是不可调和的，哪里有什么可以调和的矛盾？只能说有对抗性的和非对抗性的矛盾，不能说有不可以调和的矛盾和可以调和的矛盾。资本主义制度是没落的，社会主义制度不是没落的，所以社会主义制度的矛盾，是前进道路上的矛盾，这点教科书是说得对的。

社会主义制度下，虽然没有一个阶级推翻另一个阶级的革命，但是还有革命，技术革命，文化革命，也是革命。从社会主义过渡到共产主义是革命，从共产主义的这一个阶段过渡到另一个阶段,也是革命。共产主义一定会有很多的阶段,因此也一定会有很多的革命。

我们党里有人说,学哲学只要读《反杜林论》、《唯物主义和经验批判主义》就够了,其他的书可以不必读。这种观点是错的。马克思这些老祖宗的书,必须读,他们的基本原理必须遵守,这是第一。但是,任何国家的共产党,任何国家的思想界,都要创造新的理论,写出新的著作,产生自己的理论家,来为当前的政治服务,单靠老祖宗是不行的。只有马克思和恩格斯,没有列宁,不写出《两个策略》[6]等著作,就不能解决一九〇五年和以后出现的新问题。单有一九〇八年的《唯物主义和经验批判主义》,还不足以对付十月革命前后发生的新问题。适应这个时期革命的需要,列宁就写了《帝国主义论》[7]、《国家与革命》等著作。列宁死了,又需要斯大林写出《论列宁主义基础》和《论列宁主义的几个问题》这样的著作,来对付反对派,保卫列宁主义。我们在第二次国内战争末期和抗战初期写了《实践论》、《矛盾论》,这些都是适应于当时的需要而不能不写的。现在,我们已经进入社会主义时代,出现了一系列的新问题,如果单有《实践论》、《矛盾论》,不适应新的需要,写出新的著作,形成新的理论,也是不行的。

无产阶级哲学的发展是这样,资产阶级哲学的发展也是这样。资产阶级哲学家都是为他们当前的政治服务的,而且每个国家,每个时期,都有新的理论家,提出新的理论。英国曾经出现了培根和霍布斯这样的资产阶级唯物论者;法国曾经出现了百科全书派[8]这样的唯物论者;德国和俄国的资产阶级也有他们的唯物论者。他们都是资产阶级唯物论者，各有特点，但都是为当时的资产阶级政治服务的。所以，有了英国的，还要有法国的；有了法国的，还要有德国的和俄国的。

二 关于民主革命和社会主义革命

中国和俄国的历史经验证明：要取得革命的胜利，就要有一个成熟的党，这是一个很重要的条件。俄国布尔什维克党〔9〕积极地参加了俄国的民主革命，在一九〇五年提出了同资产阶级相区别的民主革命纲领，这个纲领不只是要解决推翻沙皇的问题，而且要解决在推翻沙皇的革命斗争中如何同立宪民主党〔10〕争夺领导权的问题。我们常说中国共产党在一九二七年的时候是幼年的党，从主要意义上来说，就是指我们党在同资产阶级联盟的时候，没有看到资产阶级会叛变革命，而且也没有做好应付这种叛变的准备。

我们为什么能够坚持长期战争而又取得了胜利呢？主要是我们对农民采取了正确的政策，例如征收公粮和收购粮食的经济政策，在不同时期实行不同的土地改革政策，在战争中紧紧依靠了农民。

这里说，中国无产阶级和资产阶级的联盟，是“在地主阶级和买办资产阶级被粉碎的条件下产生的”，〔11〕这个说法不对。在第一次大革命的时候，我们就和孙中山建立了这种联盟。大革命失败以后，大资产阶级背叛了这个联盟。但是，我们同民族资产阶级联盟的因素还存在,如宋庆龄、何香凝[12]坚持同我们合作。九一八事变[13]后,杨杏佛、史量才[14]也转过来靠近我们了。抗战时,我们同民族资产阶级又建立了抗日的联盟;三年解放战争,我们同他们是反蒋反美联盟。

中国的资产阶级和俄国的资产阶级不同。我们历来把中国资产阶级分为两部分,一部分是官僚资产阶级,一部分是民族资产阶级。我们把官僚资产阶级这个大头吃掉了,民族资产阶级这个小头,想反抗也没有力量。他们看到中国无产阶级力量强大,同时我们又采取适当的政策对待他们,所以在民主革命胜利后,他们就有可能接受社会主义改造。

第三国际[15]在中国第一次国内革命战争失败以后的一个决议中说,在反帝反封建的同时要反对资产阶级。[16]这个决议没有区别中国资产阶级的两个部分,甚至认为中间派比蒋介石更危险。当时的"左"倾冒险分子执行了这条错误路线,结果把自己完全孤立起来。这个决议也没有区别民主革命和社会主义革命,所以立三路线[17]就提出,一省或数省胜利之日,就是社会主义革命的开始。他们不懂得,民主革命在全国胜利之日,才是社会主义革命的开始。

这一段有问题。这里讲"某些资本主义国家和过去的殖民地国家中,工人阶级通过议会和平地取得政权是有现实的可能性的。"[18]这里说"某些"究竟是哪一些呢?欧洲的主要国家,北美洲的国家,现在都武装到了牙齿,他们能让你和平地取得政权吗?我们认为,每一个国家的共产党和革命力量都要有两手准备：一手是和平方法取得胜利，一手是暴力斗争取得政权，缺一不可。而且要看到，总的趋势来说，资产阶级不愿意让步，不愿意放弃政权，他们要挣扎。资产阶级在要命的时候，他们为什么不用武力？十月革命，是准备了两手的。俄国一九一七年七月以前，列宁也曾经想用和平的方法取得胜利。七月事件〔19〕说明，把政权和平地转到无产阶级手里已经不可能，布尔什维克转过来进行了三个月的武装准备，举行武装起义，才取得了十月革命的胜利。十月革命以后，列宁还想用和平的方法，用赎买的方法，实行社会主义改造，消灭资本主义。但是，资产阶级勾结十四个国家，发动了反革命的武装暴动和武装干涉。在俄国党的领导下，进行了三年的武装斗争，才巩固了十月革命的胜利。至于中国革命，我们是用了革命的两手政策来对付反动派的反革命两手政策的。

说中国的阶级斗争不尖锐，这不合乎实际。中国革命可尖锐呢。我们连续打了二十二年的仗。我们用战争推翻了国民党的统治，接着没收了在整个资本主义经济中占百分之八十的官僚资本，这样才使我们有可能对占百分之二十的民族资本，采取和平的方式，逐步地进行社会主义改造，并且利用他们的经济、文化来为社会主义建设服务。在改造过程中，还经过了“三反”、“五反”〔20〕那样激烈的斗争。

列宁指出的那句话很对。一直到现在，社会主义革命成功的国家，资本主义发展水平比较高的，只有东德和捷克；其他的国家，资本主义发展水平都比较低。西方资本主义发展水平很高的国家,革命都没有革起来。列宁曾经说过,革命首先从帝国主义世界的薄弱环节突破〔21〕。十月革命时的俄国是这样的薄弱环节,十月革命后的中国也是这样的薄弱环节。俄国和中国的共同点是:都有相当数量的无产阶级,都有大量的农民群众,都是大国。

这一段〔22〕值得研究,对民主革命转变到社会主义革命没有讲清楚。十月革命是社会主义革命,它附带地完成了民主革命遗留下来的任务。十月革命一开始,就宣布了土地国有令,但是完全解决农民土地问题,在革命胜利以后还用了一段时间。我国资本主义发展水平,同十月革命以前的俄国差不多,而封建经济则是更大量地存在。我们经过解放战争,赢得了民主革命的胜利。一九四九年中华人民共和国建立,标志着新民主主义革命阶段的基本结束和社会主义革命阶段的开始。我们立即没收了占全国工业、运输业固定资产百分之八十的官僚资本,转为全民所有。同时,用了三年的时间,完成全国的土地改革。如果因此说全国解放以后,"革命在最初阶段主要是资产阶级民主革命性质的,只是后来才逐渐地发展成为社会主义革命",这是不对的。

中国新民主主义革命的任务,长时期内是反帝反封建。在解放战争时期,我们又提出了反对官僚资本主义。反对官僚资本主义的斗争,包含着两重性:一方面,反官僚资本就是反买办资本,是民主革命的性质;另一方面,反官僚资本就是反对大资产阶级,又带有社会主义革命的性质。过去有一种说法,民主革命和社会主义革命可以毕其功于一役。这种说法，混淆了两个革命阶段，是不对的；但只就反对官僚资本来说，是可以的。官僚资本和民族资本的比例，是八比二。我们在解放后没收了全部官僚资本，就把中国资本主义的主要部分消灭了。

解放以后，民族资产阶级走上社会主义改造的道路，这是逼出来的。我们打倒了蒋介石，没收了官僚资本，完成了土地改革，进行了“三反”、“五反”，实现了合作化，从一开始就控制了市场。这一系列的变化，一步一步地逼着民族资产阶级不能不走上接受改造的道路。另一方面，《共同纲领》〔23〕规定了各种经济成分各得其所，使资本家有利可图的政策；宪法又给了他们一张选票、一个饭碗的保证，这些又使他们感到接受改造就能保持一定的地位，并且能够在经济上、文化上发挥一定的作用。

现在，在公私合营企业中，资本家实际上已经成了国家的雇员，对企业没有实际上的管理权。我们对民族资产阶级是拉住它，又整住它。中国民族资本家从来没有统一过，解放前有什么上海帮、广东帮、天津帮之类行会性的组织，解放以后我们帮助他们成立全国工商业联合会，把他们统一起来，又对资本家区别不同情况，分而治之。这几年每年还给他们一亿二千万元定息〔24〕，实行大规模的收买，收买整个阶级，收买他们整个阶级的几百万人，包括家属在内。

教科书关于中国的资本主义所有制转变为全民所有制的问题，说得不对。它只说了我们对民族资本的改造政策，没有说我们对官僚资本的没收政策。对于民族资本,也没有说我们是经过了三个步骤,即加工定货、统购包销、公私合营,来实现对它的社会主义改造。就每个步骤来讲,如加工定货,也是逐步前进的。公私合营也经过了从单个企业的公私合营到全行业公私合营的过程。由于我们的国家一方面掌握了原料,另一方面又控制着市场,同时又对资本家贷给流动资金,这样就使民族资本家不能不接受改造。实行这样的改造政策,不仅生产没有受到破坏,而且有些私营工厂在过去几年中还进行了部分的扩建。资本家由于在过去几年中有利可图,有些人也还自愿地向工厂进行投资。我们在处理资产阶级的问题上,有很丰富的经验,创造了许多新的经验。例如,公私合营以后给资本家定息,就是一个新经验。

教科书的这个提法〔25〕不妥当。中国民主革命胜利以后,能够走上社会主义的道路,主要是由于我们推翻了帝国主义、封建主义、官僚资本主义的统治。国内的因素是主要的。已经胜利了的社会主义国家对我们的帮助,是一个重要条件。但是,它不能决定我们能不能够走社会主义道路的问题,只能影响我们在走上社会主义道路以后是前进得快一点还是慢一点的问题,有帮助可以快一些,没有帮助会慢一些。所谓帮助,包括他们经济上的援助,同时也包括我们对他们成功和失败的、正面和反面的经验的学习。

教科书承认我们搞国家资本主义是对的,但是,它没有写清楚我国的国家资本主义的发展过程和阶段,它也没有吸收我们所说的公私合营是四分之三的社会主义这个意思。现在来说，已经不是四分之三，而是十分之九，甚至更多了。

我们是联合农民来反对资本家。而列宁在一个时期曾经说过，宁愿同资本家打交道，想把资本主义变成国家资本主义，来对付小资产阶级的自发势力〔26〕。这种不同的政策，是由不同的历史条件所决定的。

三　关于社会主义建设

社会主义这个阶段，又可能分为两个阶段，第一个阶段是不发达的社会主义，第二个阶段是比较发达的社会主义。后一阶段可能比前一阶段需要更长的时间。经过后一阶段，到了物质产品、精神财富都极为丰富和人们的共产主义觉悟极大提高的时候，就可以进入共产主义社会了。

建设社会主义，原来要求是工业现代化，农业现代化，科学文化现代化，现在要加上国防现代化。在我们这样的国家，完成社会主义建设是一个艰巨任务，建成社会主义不要讲得过早了。

“每一个”国家都“具有自己特别的具体的社会主义建设的形式和方法”，〔27〕这个提法好。一八四八年有一个《共产党宣言》，在一百一十年以后，又有一个“共产党宣言”，这就是一九五七年各国共产党的莫斯科宣言〔28〕。在这个宣言中，就讲到了普遍规律和具体特点相结合的问题。

我们的情况和他们不同,一条是有苏联的存在和帮助,这是一个很大的因素。但是,主要是国内的因素。我们搞了二十二年的根据地政权工作,积累了根据地管理经济的经验,培养了一批管理经济的干部,同农民建立了联盟,从他们那里得到了粮食和原料。所以,在全国解放以后,很快地进行和完成了经济的恢复工作。接着,我们就提出了过渡时期的总路线〔29〕,把主要力量放在社会主义革命方面,同时开始了第一个五年计划〔30〕的建设。由于我们没有管理全国经济的经验,所以第一个五年计划的建设,不能不基本上照抄苏联的办法。到生产资料所有制的社会主义改造基本完成以后,我们就提出了建设社会主义的两种方法的问题,在一九五八年正式形成了社会主义建设的总路线〔31〕。

解放后,三年恢复时期,对搞建设,我们是懵懵懂懂的。接着搞第一个五年计划,对建设还是懵懵懂懂的,只能基本上照抄苏联的办法,但总觉得不满意,心情不舒畅。一九五六年,基本完成生产资料所有制的三大社会主义改造。一九五六年春,同三十几个部长谈话,一个问题一个问题凑,提出了《论十大关系》〔32〕。当时还看了斯大林一九四六年选举演说〔33〕,苏联在一九二一年产钢四百多万吨,一九四〇年增加到一千八百万吨,二十年中增加了一千四百万吨。当时就想,苏联和中国都是社会主义国家,我们是不是可以搞得快点多点,是不是可以用一种更多更快更好更省的办法建设社会主义。后来提出了建设社会主义的两种方法的问题,提出了多快好省,提出了

“促进委员会”，要当社会主义的促进派，不当促退派。还搞了一个农业发展纲要四十条〔34〕。此外没提其他的具体措施。

恩格斯说，在社会主义制度下，“按照预定计划进行社会生产就成为可能”，〔35〕这是对的。资本主义社会里，国民经济的平衡是通过危机达到的。社会主义社会里，有可能经过计划来实现平衡。但是也不能因此就否认我们对必要比例的认识要有一个过程。教科书说“自发性和自流性同生产资料公有制的存在是不相容的”〔36〕，可以这样说。但是不能认为社会主义社会里就没有自发性和自流性。我们对规律的认识，不是一开始就是完善的。实际工作告诉我们，在一个时期内，可以有这样的计划，也可以有那样的计划；可以有这些人的计划，也可以有那些人的计划。不能说这些计划都是完全合乎规律的。实际上是，有些计划合乎规律，或者基本上合乎规律，有些计划不合乎规律，或者基本上不合乎规律。

认为对比例关系的认识，不要有个过程，不要经过成功和失败的比较，不要经过曲折的发展，这都是形而上学的看法。自由是对必然的认识并根据对必然的认识成功地改造客观世界。这个必然不是一眼就能看穿看透的。世界上没有天生的圣人。到了社会主义社会，也还是没有什么“先知先觉”。为什么教科书过去没有出版，为什么出版了以后要一次又一次地修改，还不是因为过去认识不清楚，现在也还认识不完善吗？拿我们自己的经验来说，开始我们也不懂得搞社会主义，以后在实践中逐步有了认识。认识了一些，也不能说认识够了。如果认识够了，那就没有事做了。

计划是意识形态。意识是实际的反映,又对实际起反作用。过去我们计划规定沿海省份不建设新的工业,一九五七年以前没有进行什么新建设,整整耽误了七年的时间。一九五八年以后,才开始在这些省份进行大的建设,两年中得到很快的发展。这就说明,像计划这类意识形态的东西,对经济的发展和不发展,对经济发展的快慢,有着多么大的作用。

这段〔37〕讲得好。“社会主义计划化建立在严格的科学基础上”,这个当作任务来提,是对的。问题在于能否掌握有计划发展的规律,掌握到什么程度;在于是否善于利用这个规律,能利用到什么程度。

社会主义国家的经济能够有计划按比例地发展,使不平衡得到调节,但是不平衡并不消失。“物之不齐,物之情也。”〔38〕因为消灭了私有制,可以有计划地组织经济,所以就有可能自觉地掌握和利用不平衡是绝对的、平衡是相对的这个客观规律,以造成许多相对的平衡。

不以规律为计划的依据,就不能使有计划按比例发展的规律的作用发挥出来。

要经常保持比例,就是由于经常出现不平衡。因为不成比例了,才提出按比例的任务。平衡了又不平衡,按比例了又不按比例,这种矛盾是经常的、永远存在的,教科书不讲这个观点。

社会主义经济发展过程中,经常出现不按比例、不平衡的情况，要求我们按比例和综合平衡。例如，经济发展了，到处感到技术人员不够，干部太少，于是就出现干部的需要和干部的分配的矛盾，这就促进我们多办学校，多培养干部，来解决这个矛盾。

这段[39]写得不对，既否认了资本主义制度下的某种平衡，也否认了社会主义制度下的某种不平衡。资本主义技术的发展，有不平衡的方面，也有平衡的方面。问题是这种平衡和不平衡，同社会主义制度下的平衡和不平衡，在性质上不同。在社会主义制度下，技术发展有平衡，也有不平衡。例如解放初期，我们的地质工作人员只有二百来人，地质勘探情况同国民经济发展的需要极不平衡，经过几年来努力加强工作，这种不平衡已经走向平衡。但是，技术发展的新的不平衡又出现了。我国目前手工劳动还占很大比重，同发展生产、提高劳动生产率的需要不平衡，因此有必要广泛开展技术革新和技术革命，来解决这个不平衡。特别值得注意的，新的技术部门出现以后，技术发展不平衡的状况更加显著，例如，我们现在要搞尖端技术，就感到许多东西不相适应。

技术的发展是这样，经济的发展也是这样。教科书没有接触到社会主义生产发展的波浪式前进。说社会主义经济的发展一点波浪也没有，这是不可能设想的。任何事物的发展都不是直线的，而是螺旋式地上升，也就是波浪式发展。我们读书也是波浪式的，读书之前要做别的事情，读了几个钟头以后，要休息，不能无日无夜地读下去。今天读得多，明天读得少；而且每天读的时候，有时议论多，有时议论少。这些都是波浪，都是起伏。平衡是对不平衡来说的，没有了不平衡，还有什么平衡？事物的发展总是不平衡的，因此有平衡的要求。平衡和不平衡的矛盾，在各方面、各部门、各个部门的各个环节都存在，不断地产生，不断地解决。有了头年的计划，又要有第二年的计划；有了年度的计划，又要有季度的计划；有了季度的计划，还要有月计划。一年十二个月，月月要解决平衡和不平衡的矛盾。计划常常要修改，就是因为新的不平衡的情况又出来了。

生产资料优先增长的规律，是一切社会扩大再生产的共同规律。资本主义社会如果不是生产资料优先增长，它的社会生产也不能不断增长。斯大林把这个规律具体化为优先发展重工业。斯大林的缺点是过分强调了重工业的优先增长，结果在计划中把农业忽略了。前几年东欧各国也有这个问题。我们把这个规律具体化为：在优先发展重工业的条件下，工农业同时并举。我们实行的几个同时并举，以工农业同时并举为最重要。统计局的材料，说我国日用品销于农村的占百分之六十三左右。不实行工农业并举，这怎么能行？我们在一九五六年提出工农业并举，到现在已经四年了，真正实行是在一九六〇年。

我国人民现在还要像苏联那个时候一样，忍受一点牺牲，但是只要我们能够使农业、轻工业、重工业都同时高速度地向前发展，我们就可以保证在迅速发展重工业的同时，适当改善人民的生活。苏联和我们的经验都证明，农业不发展，轻工业不发展，对重工业的发展是不利的。

关于工农业的关系问题，要说工业向农业要求扩大市场，也要说农业向工业要求增加各种工业品的供应。要保证农民得到更多的工业品，保证农民提高自己的文化水平。

多发展农业和轻工业，多为重工业创造一些积累，从长远来看，对人民是有利的。只要农民和全国人民了解到，国家在买卖农产品和轻工业品方面赚的钱是用来干什么的，他们就会赞成，不会反对。农民自己已经提出了农业支援工业的口号，就是证明。当然，赚钱不能过分，工农业产品的交换不能够完全等价，但要相当地等价。

这里说到一九二五年到一九五七年苏联的生产资料生产增长了九十三倍，消费资料生产增长了十七点五倍，问题是，九十三同十七点五的比例，是否对发展重工业有利。这么多年来，消费品生产只增长了那么一些，为什么在这个问题上又不讲“物质刺激”呢？要使重工业迅速发展，就要大家都有积极性，大家都高兴。而要这样，就必须使工业和农业同时并举，轻重工业同时并举。

在农业区，我们也要搞工业。

这一段〔40〕的说法，原则上对。工业的发展当然要快于农业。但是，提法要适当，不能把工业强调到不适当的地位，否则一定会发生问题。拿我们的辽宁来说，这个省的工业很多，城市人口已经占全省人口的三分之一。过去因为总是把工业放在第一位，没有同时注意大力发展农业，结果本省的农业不能给城市保证粮食、肉类、蔬菜的供应,总是要中央从外省往那里运粮,运肉类,运蔬菜。主要的问题是农业劳动力紧张,没有必要的农业机械,使农业生产的发展受到限制,增长较慢。过去我们因为看到这里的工业多,在给他们任务的时候,总是要他们多抓工业。没有了解到,恰恰是因为那里的工业比重大,更应该注意好好地抓农业、发展农业,不能只强调抓工业。工业发展了,城市人口增加了,对农业的要求也就更多了。因此就必须使农业能够和工业得到相适应的发展。在农村劳动力减少的情况下,必须对农业进行技术改造,提高劳动生产率,更多地增加农产品的生产。

我们的提法是在优先发展重工业的条件下,发展工业和发展农业同时并举。所谓并举,并不否认重工业优先增长,不否认工业发展快于农业;同时,并举也并不是要平均使用力量。例如,一九六〇年估计可生产钢材一千三四百万吨,拿出十分之一的钢材来搞农业技术改造和水利建设,其余十分之九的钢材,主要还是用于重工业和交通运输的建设,在目前的条件下,这就是工农业并举了。这样做怎么会妨碍优先发展重工业和加快发展工业呢?

这里说,“列宁的社会主义建设计划是以尽力发展国营工业和农民经济之间的经济联系为前提的”〔41〕,说得好。我们在长期战争中曾经打断了城乡的旧的经济联系,在解放初期,全国普遍召开物资交流会,在新的基础上恢复城乡的经济联系,包括恢复过去的牙行、经纪等。

这段话[42]说得对。资本主义长期着重发展轻工业。我们把生产资料优先增长的公式具体化为：在优先发展重工业的条件下，实行几个同时并举；每一个并举中间，又有主导的方面。例如，中央和地方，以中央为主导；工业与农业，以工业为主导。农业上不去，许多问题得不到解决。东欧各国过去几年都是这样的。从一九六○年起，我们要增加农业所需要的钢材。

现在我国工业化速度也是一个很尖锐的问题。原来的工业越落后，速度问题也越尖锐，不但国与国之间比较起来是这样，就是一个国家内部，这个地区和那个地区比较起来也是这样。例如，我国的东北和上海，因为那里的工业基础比较好，国家对这些地区的投资增长速度相对地较慢一些。而另外一些工业基础薄弱，而又迫切需要发展的地区，国家在这些地区的投资增长速度却快得多。上海解放后十年共投资二十二亿元，其中包括资本家投资二亿元。上海原有工人五十多万，现在全市工人除了已调出几十万人外，还有一百多万，只比过去增加一倍。这同一些职工大量增加的新城市相比较，就可以明显地看到工业基础差的地区的速度问题更加尖锐。

苏联的工农业劳动生产率，现在还没有超过美国，我们则差得更远。人口虽多，但是劳动生产率远远比不上人家，还要继续紧张地努力若干年，分几个阶段，把我们的国家搞强大起来，使我们的人民进步起来。

提高劳动生产率，一靠物质技术，二靠文化教育，三靠政治思想工作。后两者都是精神作用。

社会主义竞赛这一节，一般写得不错。引用的斯大林的话也好。斯大林讲了先进者给予落后者以帮助，求得普遍的提高。普遍提高之后，仍然有先进和落后的矛盾，又要求进一步的普遍提高。

苏联在第一个五年计划完成以后，大工业总产值占工农业总产值的百分之七十，就宣布实现了工业化。根据统计，我国一九五八年工业总产值占工农业总产值的百分之六十六点六；一九五九年计划完成后，估计一定会超过百分之七十。即使这样，我们还可以不宣布实现了工业化。我们还有五亿多农民从事农业生产。如果现在就宣布实现了工业化，不仅不能确切地反映我国国民经济的实际状况，而且可能由此产生松劲情绪。

我们现在还不一般地提自动化。机械化要讲，但也不要讲得过头。机械化、自动化讲得过多了，会使人们看不起半机械化和土法生产。过去就曾经有过这样的偏向，大家都片面追求新技术、新机器，追求大规模、高标准，看不起土的、半洋半土的，看不起中小的。提出洋土并举、大中小并举后，这个偏向才克服。

我们要实现全盘机械化，第二个十年还不行，恐怕要第三个十年以至更长的时间。在一个时期内因为机器不够，要提倡半机械化和改良农具。最近苏北发明一种挖泥的新技术，大大提高了劳动生产率。这样的办法，应该大大提倡。

资本主义各国，苏联，都是靠采用最先进的技术，来赶上最先进的国家，我国也要这样。拿汽车来说，我们这样的大国，最少应该有三四个像长春汽车厂那样的制造厂。就是在搞大的、洋的方面，我们也不能指靠人家。一九五八年提破除迷信，自己动手。经过一九五九年春夏的一段反复，证明自己来搞，是可以做好的。

反对分散建设资金，如果是说建设单位搞得过多，因而都不能按期竣工，这当然是要反对的。如果因此就反对建设中小型企业，那就不对。我国新的工业基地，主要是在一九五八年大量发展中小型企业的基础上建立起来的。今后钢铁工业在建设一些大型基地的同时，还要建设一批中型和小型的钢铁基地。过去的中小型企业对钢铁工业的发展起了很大的作用，拿一九五九年来说，全国全年生产的生铁是二千多万吨，其中一半是由中小型企业生产的。今后中小型钢铁企业对钢铁工业的发展还要起很大的作用。许多小的会变成中的，许多中的会变成大的，同落后的会变成先进的、土法的会变成洋法的一样，这是客观发展的规律。

都是全民所有制的企业，实行不实行中央和地方分权，哪些企业由谁去管，这些都是有关建设的重大问题。中央不能只靠自己的积极性，还必须同时依靠地方的积极性。过去中央有些部门，把地方办的事业不当作自己的，只把直属的企业看成自己的，这种看法妨碍了充分发挥地方的积极性。中央和地方都要注意发挥企业的积极性。去年有些基本建设单位实行了投资包干制,就大大发挥了这些单位的积极性。

我们在《关于农业合作化问题》[43]中曾经说到,要用四个五年计划到五个五年计划来实现农业机械化。一九五九年以前,我们的农业生产,主要靠兴修水利。一九五九年我国七个省遇到很大的旱灾,如果没有过去几年的水利建设,要不减产而能增产,是不能设想的。

一九五九年冬,全国参加搞水利的人有七千七百多万。我们要继续搞这样大规模的运动,使我们的水利问题基本上得到解决。从一年、二年或者三年来看,花这么多的劳动,粮食单位产品的价值当然很高,单用价值规律来衡量,好像是不合算的。但是,从长远来看,粮食可以增加得更多更快,农业生产可以稳定增产。那末,每个单位产品的价值也就更便宜,人民对粮食的需要也就更能够得到满足。

级差地租不完全是由客观条件形成的。"事在人为",在土地改良里是很重要的。自然条件相同,经济条件相同,一个地方"人为"了,结果就好;一个地方"人不为",结果就不好。例如,在河北省内,京汉路沿线的机井很多,津浦路沿线的机井却很少,同样是河北平原,同样是交通方便,但是土地的改良却各不相同。这里可能有土地利于或不利于改良的原因,也可能有不同的历史原因,但是,最主要的原因是"事在人为"。同在上海,有的养猪养得好,有的却养不好。崇明县,原来说那里芦苇多，不利于养猪，现在却看到芦苇多的条件下不但不妨碍养猪，反而有利于养猪。这些说明养猪多少、好坏这件事，同世界观是密切相关的，同“事在人为”是密切相关的。北京昌平县过去常闹水旱灾害，修了十三陵水库，情况改善了，还不是“事在人为”吗？河南省计划在一九五九、一九六〇年以后再用几年，治理黄河，完成几个大型水利工程的建设，也都是“事在人为”。实际上，精耕细作，机械化，集约化，都是“事在人为”。

这最后一句话[44]讲得不对。拿我国来说，粮食不能说已经建立了必要的后备，苏联也同样有这个问题。应该改成社会主义国家必须建立必要的后备。这是一个任务，不能说是所有的社会主义国家都已经解决了。

在社会主义工业化过程中，随着农业机械化的发展，农业人口会减少。如果让减少下来的农业人口，都拥到城市里来，使城市人口过分膨胀，那就不好。从现在起，我们就要注意这个问题。要防止这一点，就要使农村的生活水平和城市的生活水平大致一样，或者还好一些。

这里把厉行节约，积累大量的物力和财力，当成只是在极为困难的情况下要做的事情，这是不对的。难道困难少了，就不需要厉行节约了吗？

在国与国的关系上，我们主张，各国尽量多搞，以自力更生、不依赖外援为原则。自己尽可能独立地搞，凡是自己能办的,必须尽量地多搞。只有自己实在不能办的才不办。特别是农业,更应当搞好。吃饭靠外国,危险得很,打起仗来,更加危险。他们和我们相反,不提倡各国尽量搞,而提倡"可以不必生产能靠其他国家供应来满足需要的产品"〔45〕。似乎想用经济力量来控制别的国家。他们不懂得,这样"管"起来,对他们自己也不见得有利。

列宁这句话,"社会主义是生气勃勃的,创造性的,是人民群众本身的创造"〔46〕,讲得好。我们的群众路线,就是这样的。是不是合乎列宁主义呢?教科书在引用这句话以后,讲要吸收广大劳动群众"直接地和积极地参加生产管理,参加国家机关的工作,参加国家社会生活的一切部门的领导",也讲得好。但是,讲是讲,做是做,做起来并不容易。

这里讲到苏联劳动者享受的各种权利时,没有讲劳动者管理国家、管理军队、管理各种企业、管理文化教育的权利。实际上,这是社会主义制度下劳动者最大的权利,最根本的权利。没有这种权利,劳动者的工作权、休息权、受教育权等等权利,就没有保证。

这段〔47〕的最后一句话讲得好。要达到这个目的,就要做工作。我们的经验,如果干部不放下架子,不同工人打成一片,工人就往往不把工厂看成自己的,而看成干部的。干部的老爷态度使工人不愿意自觉地遵守劳动纪律,而且破坏劳动纪律的往往首先是那些老爷们。不能以为,在社会主义制度下,不用做工作，就自然会出现劳动者和企业领导人员的创造性合作。

我很担心我们的干部子弟，他们没有生活经验和社会经验，可是架子很大，有很大的优越感。要教育他们不要靠父母，不要靠先烈，要完全靠自己。

反对平均主义，是正确的；反过头了，会发生个人主义。过分悬殊也是不对的。我们的提法是既反对平均主义，也反对过分悬殊。

历史的规律是，只有经过革命战争才能消灭阶级，只有消灭了阶级才能永远消灭战争。不进行革命战争，要消灭阶级，我们不相信。没有消灭阶级，要消灭战争武器，这不可能。世界上从有历史以来，没有不搞实力地位的事情。任何阶级、任何国家，都是要搞实力地位的。搞实力地位，这是历史的必然趋势。国家是阶级统治的机关，军队是阶级的实力。只要有阶级，就不能不搞军队。当然我们是希望不打世界大战的，我们是希望和平的。我们赞成用极大的努力来禁止原子战争，并且争取两个阵营签订互不侵犯协定。争取十年、二十年的和平，是我们最早提出的主张。如果能够实现这个主张，对整个社会主义阵营，对我国的社会主义建设，都是很有利的。

四　关于政治经济学的一些问题

我们要以生产力和生产关系的平衡和不平衡，生产关系和上层建筑的平衡和不平衡，作为纲，来研究社会主义社会的经济问题。政治经济学研究的对象主要是生产关系，但是要研究清楚生产关系，就必须一方面联系研究生产力，另一方面联系研究上层建筑对生产关系的积极作用和消极作用。这本书提到了国家，但没有加以研究，这是这本书的缺点之一。当然，在政治经济学的研究中，生产力和上层建筑这两方面的研究不能太发展了。生产力的研究太发展了，就成为自然科学、技术科学了；上层建筑的研究太发展了，就成为阶级斗争论、国家论了。马克思主义三个组成部分中的科学社会主义部分所研究的，是阶级斗争学说、国家论、党论、战略策略，等等。

生产力和生产关系之间、生产关系和上层建筑之间的矛盾和不平衡是绝对的。上层建筑适应生产关系，生产关系适应生产力，或者说它们之间达到平衡，总是相对的。平衡和不平衡这个矛盾的两个侧面，不平衡是绝对的，平衡是相对的。如果只有平衡，没有不平衡，生产力、生产关系、上层建筑就不能发展了，就固定了。矛盾、斗争、分解是绝对的，统一、一致、团结是相对的，有条件的。有了这样的观点，就能够正确认识我们的社会和其他事物；没有这样的观点，认识就会停滞、僵化。

从世界的历史来看，资产阶级工业革命〔48〕，不是在资产阶级建立自己的国家以前，而是在这以后；资本主义的生产关系的大发展，也不是在上层建筑革命以前，而是在这以后。都是先把上层建筑改变了，生产关系搞好了，上了轨道了，才为生产力的大发展开辟了道路，为物质基础的增强准备了条件。

当然，生产关系的革命，是生产力的一定发展所引起的。但是，生产力的大发展，总是在生产关系改变以后。拿资本主义发展的历史来说，正如马克思所说的，简单的协作就创造了一种生产力〔49〕。手工工场就是这样一种简单协作，在这种协作的基础上，就产生了资本主义发展第一阶段的生产关系。手工工场是非机器生产的资本主义。这种资本主义生产关系产生了一种改进技术的需要，为采用机器开辟了道路。在英国，是资产阶级革命（十七世纪）以后，才进行工业革命（十八世纪末到十九世纪初）。法国、德国、美国、日本，都是经过不同的形式，改变了上层建筑、生产关系之后，资本主义工业才大大发展起来。

首先制造舆论，夺取政权，然后解决所有制问题，再大大发展生产力，这是一般规律。在无产阶级革命夺取政权以前，不存在社会主义的生产关系，而资本主义的生产关系，在封建社会中已经初步成长起来。在这点上，无产阶级革命和资产阶级革命有所不同。但是，这个一般规律，对无产阶级革命和资产阶级革命都是适用的，基本上是一致的。

这里讲发展大工业是对经济进行社会主义改造的基础，说得不完全。一切革命的历史都证明，并不是先有充分发展的新生产力，然后才改造落后的生产关系，而是要首先造成舆论，进行革命，夺取政权，才有可能消灭旧的生产关系。消灭了旧的生产关系，确立了新的生产关系，这样就为新的生产力的发展开辟了道路。

教科书在这里承认社会主义社会中生产关系和生产力的矛盾的存在,也讲要克服这个矛盾,但是不承认矛盾是动力。

这一段[50]说批评和自我批评是社会主义社会发展的强大动力,这个说法不妥当。矛盾才是动力,批评和自我批评是解决矛盾的方法。

这一段[51]只说社会主义社会的特点是“团结一致,十分稳定”,不说社会主义社会内部的矛盾;说精神上政治上的一致,是社会主义国家强大的社会发展动力,不说社会矛盾是社会发展的动力。这样一来,矛盾的普遍性这个规律,在他们那里被否定了,辩证法在他们那里就中断了。没有矛盾就没有运动。社会总是运动发展的。在社会主义时代,矛盾仍然是社会运动发展的动力。因为不一致,才有团结的任务,才需要为团结而斗争。如果总是十分一致,那还有什么必要不断进行团结的工作呢?

“决定因素之一”、“根本方法之一”[52],这个提法可以赞成。但是当作决定性动力,就不对了。要保证人们吃饱饭,然后人们才能继续生产。没有这一条是不行的。物质利益是一个重要原则,但总不是唯一的原则,总还有另外的原则,教科书中不也是常说“精神鼓励”原则吗?同时,物质利益也不能单讲个人利益、暂时利益、局部利益,还应当讲集体利益、长远利益、全局利益,应当讲个人利益服从集体利益,暂时利益服从长远利益,局部利益服从全局利益。他们现在强调的是个人、暂时、局部的利益，不强调集体、长远和全局的利益。

我们要教育人民，不是为了个人，而是为了集体，为了后代，为了社会前途而努力奋斗。要使人民有这样的觉悟。教科书对于为前途、为后代总不强调，只强调个人物质利益。常常把物质利益的原则，一下子变成个人物质利益的原则，有一点偷天换日的味道。他们不讲全体人民的利益解决了，个人的利益也就解决了；他们所强调的个人物质利益，实际上是最近视的个人主义。这种倾向，是资本主义时期无产阶级队伍中的经济主义、工团主义〔53〕在社会主义时期的表现。历史上许多资产阶级革命家英勇牺牲，他们也不是为个人的眼前利益，而是为他们这个阶级的利益，为这个阶级的后代的利益。

公是对私来说的，私是对公来说的。公和私是对立的统一，不能有公无私，也不能有私无公。我们历来讲公私兼顾，早就说过没有什么大公无私，又说过先公后私。个人是集体的一分子，集体利益增加了，个人利益也随着改善了。

关于劳动生产中人与人的关系问题，苏联教科书只有一句空洞的话，即社会主义制度下人与人的关系是“同志式的互助合作的关系”〔54〕。这句话是对的，但是没有展开，没有分析，没有接触到实质问题。教科书没有写这方面的文章。所有制问题基本解决以后，最重要的问题是管理问题，即全民所有的企业如何管理的问题，集体所有的企业如何管理的问题，这也就是人与人的关系问题。这方面是大有文章可做的。当然全民所有制的企业,集体所有制的企业,在所有制方面还要有它的变化,有它的发展。但是所有制的变革,在一定时期内总是有底的,总是不能没有限度的。例如,集体所有制过渡到全民所有制之后,在相当长的时期内,它的性质总还是社会主义全民所有制。当然将来还会从社会主义全民所有制过渡到共产主义全民所有制,达到了这一步,它的性质,在一定时期内又会没有多大变化。可是在一定时期内,即所有制性质相对稳定的时期内,在劳动生产中人与人的关系,却不能不是不断变革的。例如我们的国营企业,解放以后,一直是社会主义全民所有制的性质,而在这十年中间,人与人在劳动生产中的关系,变化却是很大的。在这方面,我们做了很多文章。要领导者采取平等态度待人;一年、两年整一次风;进行大协作;对企业的管理,采取集中领导和群众运动相结合,工人群众、领导干部和技术人员三结合,干部参加劳动,工人参加管理,不断改革不合理的规章制度,等等。这些方面都是属于劳动生产中人与人的关系。这种关系是改变还是不改变,对于推进还是阻碍生产力的发展,都有直接的影响。

在劳动生产中人与人的关系,也是一种生产关系。在这里,例如领导人员以普通劳动者姿态出现,以平等态度待人,改进规章制度,干部参加劳动,工人参加管理,领导人员、工人和技术人员三结合,等等,有很多文章可做。生产关系包括生产资料所有制、劳动生产中人与人的关系、分配制度这三个方面。所有制方面的革命,在一定时期内是有底的,例如集体所有制过渡到全民所有制,整个国民经济变成了单一的全民所有制以后，在相当长的时期内，它还是全民所有制。但是，人们在劳动生产和分配中的相互关系，总要不断地改进，这方面很难说有什么底。原始社会的公有制度，时间很长，多少万年都是同样性质的，但是人们在劳动生产中的相互关系却有很多变化。可以设想，将来全世界实现共产主义以后，人们在劳动生产和分配中的相互关系，还会有无穷的变化，但是所有制方面不会有多大变化。

关于产品分配，苏联教科书写得最不好，要重新另写，换一种写法。应当强调艰苦奋斗，强调扩大再生产，强调共产主义前途、远景，要用共产主义理想教育人民。要强调个人利益服从集体利益，局部利益服从整体利益，眼前利益服从长远利益。要讲兼顾国家、集体和个人，把国家利益、集体利益放在第一位，不能把个人利益放在第一位。不能像他们那样强调个人物质利益，不能把人引向“一个爱人，一座别墅，一辆汽车，一架钢琴，一台电视机”那样为个人不为社会的道路上去。“千里之行，始于足下”，如果只看到足下，不想到前途，不想到远景，那还有什么千里旅行的兴趣和热情呢？

人民的需要是逐步满足的。

共产主义社会，实行按需分配了，也不能一下子完全满足需要，因为需要是不断被创造的。拿过去来说，没有文字，人们就没有对文具的需要，文字产生了，人们对文具的需要也随着创造出来了。拿现在来说，因为发明了电视机，所以人们对于它的需要也随着提出来了。

人们生活的需要，是不断增长的。需要刺激生产的不断发展，生产也不断创造新的需要。人们对粮食的需要，在数量方面总不能是无限制的，但是在品种方面也会变化。

社会主义社会里面的按劳分配、商品生产、价值规律等等，现在是适合于生产力发展的要求的，但是，发展下去，总有一天要不适合生产力的发展，总有一天要被生产力的发展所突破，总有一天它们要完结自己的命运。能说社会主义社会里面的经济范畴都是永久存在的吗？能说按劳分配这些范畴是永久不变的，而不是像其他范畴一样都是历史范畴吗？

写出一本社会主义共产主义政治经济学教科书，现在说来，还是一件困难的事情。有英国这样一个资本主义发展成熟的典型，马克思才能写出《资本论》。社会主义社会的历史，至今还不过四十多年，社会主义社会的发展还不成熟，离共产主义的高级阶段还很远。现在就要写出一本成熟的社会主义共产主义政治经济学教科书，还受到社会实践的一定限制。

社会主义政治经济学教科书，究竟怎样写才好？从什么地方开始写起？这个问题很值得研究。

如果我们写社会主义政治经济学，也可以从所有制出发。先写生产资料私有制变革为生产资料公有制，把官僚资本主义私有制和民族资本主义私有制变为社会主义公有制；把地主土地私有制变为个体农民私有制，再变为社会主义集体所有制；把个体的手工业变为社会主义集体所有制。然后，再写两种社会主义公有制的矛盾，以及这个矛盾发展的趋势和解决的办法，社会主义集体所有制如何过渡到社会主义全民所有制。集体所有制本身有个变化、变革的过程，全民所有制本身也有变化、变革的过程，如体制下放、分级管理、企业自治权等。在我们这里，同是全民所有制的企业，但是有的由中央部门直接管，有的由省、市、自治区管，有的由地区管，有的由县管。都是全民所有制，归谁管，归哪级管，只要一个积极性还是要两个积极性，这是个很大的问题，是整个社会主义时期进行社会主义建设过程中要经常注意解决的很关重要的问题。人民公社管的企业，有的具有半全民半集体的性质。中央部门管的和地方各级管的企业，都在统一领导和统一计划下，具有一定的自治权。有没有这种自治权，对促进生产的发展，还是阻碍生产的发展，关系很大。

不能说这本书完全没有马克思主义，因为书中有许多观点是马克思主义的；也不能说完全是马克思主义的，因为书中有许多观点是离开马克思主义的。特别是写法不好，不从生产力和生产关系的矛盾、经济基础和上层建筑的矛盾出发，来研究问题，不从历史的叙述和分析开始自然得出结论，而是从规律出发，进行演绎。

这本教科书，只讲物质前提，很少涉及上层建筑，即：阶级的国家，阶级的哲学，阶级的科学。政治经济学研究的对象主要是生产关系，但是，政治经济学和唯物史观难得分家。不涉及上层建筑方面的问题,经济基础即生产关系的问题不容易说得清楚。

这本书的另一个缺点,是先下定义,不讲道理。定义是分析的结果,不是分析的出发点。研究问题应该从历史的分析开始。但是,搞出了一本社会主义政治经济学,总是一个大功劳,不管里面有多少问题。

这本书的写法很不好,总是从概念入手。研究问题,要从人们看得见、摸得到的现象出发,来研究隐藏在现象后面的本质,从而揭露客观事物的本质的矛盾。《资本论》对资本主义经济的分析,就是用这种方法,总是从现象出发,找出本质,然后又用本质解释现象,因此,能够提纲挈领。教科书对问题不是从分析入手,总是从规律、原则、定义出发,这是马克思主义从来反对的方法。原理、原则是结果,这是要进行分析,经过研究才能得出的。人的认识总是先接触现象,通过现象找出原理、原则来。而教科书与此相反,它所用的方法,不是分析法,而是演绎法。形式逻辑说,人都要死,张三是人,所以张三要死。这里,人都要死是大前提。教科书对每个问题总是先下定义,然后把这个定义作为大前提,来进行演绎,证明他们所要说的道理。他们不懂得,大前提也应当是研究的结果,必须经过具体分析,才能够证明是正确的。

教科书的写法,不是高屋建瓴,势如破竹,没有说服力,没有吸引力,读起来没有兴趣,一看就可以知道是一些只写文章、没有实际经验的书生写的。这本书说的是书生的话,不是革命家的话。他们做实际工作的人没有概括能力，不善于运用概念、逻辑这一套东西；而做理论工作的人又没有实际经验，不懂得经济实践。两种人，两方面——理论和实践没有结合起来。同时作者们没有辩证法。没有哲学家头脑的作家，要写出好的经济学来是不可能的。马克思能够写出《资本论》，列宁能够写出《帝国主义论》，因为他们同时是哲学家，有哲学家的头脑，有辩证法这个武器。

根据中央档案馆保存的谈话记录稿刊印。

注释

〔**1**〕一九五八年十一月第一次郑州会议期间，为了使各级领导干部更多地了解马克思主义基本经济理论，以更好地认识与纠正当时出现的一些错误倾向，毛泽东给中央、省区、地、县四级党委委员写信，建议读斯大林《苏联社会主义经济问题》和《马克思、恩格斯、列宁、斯大林论共产主义社会》，同时提出也可以读苏联《政治经济学教科书》。随后在中共八届六中全会上，毛泽东又重申了这一要求。一九五九年庐山会议召开时，毛泽东拟定讨论的十八个问题，第一个问题“读书”，就包括要求各级领导干部读苏联《政治经济学教科书》。一九五九年冬至一九六○年春，毛泽东、刘少奇、周恩来分别组织了读书小组。毛泽东组织的读书小组有陈伯达、胡绳、邓力群、田家英等参加。这个读书小组从一九五九年十二月十日至一九六○年二月九日，先后在杭州、上海和广州，采取边读边议的方法，通读苏联科学院经济研究所编的《政治经济学教科书》修订第三版下册（人民出版社 1959 年版），毛泽东发表了许多谈话。

〔**2**〕见马克思《资本论》第一卷第二版跋。原文是：“观念的东西不外是移入人的头脑并在人的头脑中改造过的物质的东西而已。”（《马克思恩格斯选集》第 2 卷，人民出版社 1995 年版，第 112 页）

〔**3**〕《教科书》中包含这个引文的那段话是：“随着资本主义的消灭和生产资

料的社会主义公有化,人们成为自己社会经济关系的主人。人们认识了客观规律以后,能够完全自觉地掌握和利用这些规律来为整个社会谋福利。”(苏联《政治经济学教科书》修订第三版下册,人民出版社 1959 年版,第 446 页)

〔4〕见斯大林《苏联社会主义经济问题》。原文是:“在社会主义制度下,通常不会弄到生产关系和生产力发生冲突,社会有可能及时使落后了的生产关系去适合生产力的性质。社会主义社会有可能做到这点,是因为在这个社会中没有那些能够组织反抗的衰朽的阶级。当然,就是在社会主义制度下,也会有落后的惰性的力量,它们不了解生产关系有改变的必要,但是这种力量,当然不难克服,不致把事情弄到冲突的地步。”(《斯大林选集》下卷,人民出版社 1979 年版,第 577 页)

〔5〕指《教科书》中以下一段话:“然而,同以剥削为基础的社会形态不同,在社会主义制度下,这种矛盾不是对抗性的、不可调和的矛盾。因此,事情不会弄到发生经济危机、阶级斗争和社会革命这类冲突的地步。这些矛盾是发展中的矛盾,是社会在社会主义向共产主义逐步过渡的前进道路上的矛盾。充分认识社会经济发展规律的社会主义国家,依靠群众——共产主义建设者的积极活动,能够及时克服产生的矛盾,因为在社会主义制度下,没有力图保存腐朽的经济关系的阶级,对社会发展进行着有意识的有计划的领导。”(苏联《政治经济学教科书》修订第三版下册,人民出版社 1959 年版,第 444 页)

〔6〕即《社会民主党在民主革命中的两种策略》。

〔7〕即《帝国主义是资本主义的最高阶段》。中国出版的中译本,曾有将书名译为《帝国主义论》的。

〔8〕百科全书派,是十八世纪法国一部分启蒙思想家在编纂《百科全书》的过程中形成的派别。其核心是以主编狄德罗为首的唯物主义者,他们的基本政治倾向是反对封建特权制度和天主教会,主张一切制度和观念要在理性的审判庭上受到批评和衡量。

〔9〕布尔什维克党,原苏联共产党的前身,一九一二年正式建立。

〔10〕立宪民主党,又称人民自由党,俄国自由资产阶级政党,一九〇五年成立。主张君主立宪,支持沙皇政权。

〔11〕《教科书》中包含这个引文的那两段话是:“中国共产党创造性地运用马克思列宁主义的原则,巧妙地运用了国内现有的通过广泛利用国家资本主义作为过渡措施,并同民族资产阶级结成联盟,来实行和平的社会主义经济改造的客观

可能性。”“这个联盟是由中国革命的特点、中国革命的反封建反帝国主义的性质以及关心反对国际帝国主义及其在中国的走狗的统治的斗争的中国民族资产阶级的地位决定的。这个联盟是在地主阶级和买办资产阶级被粉碎的条件下产生的。”(苏联《政治经济学教科书》修订第三版下册，人民出版社 1959 年版，第 419—420 页)

〔12〕宋庆龄(一八九三——一九八一)，广东文昌(今属海南)人，国民党左派政治活动家、孙中山夫人。一九二五年孙中山逝世后，继续坚持联俄、联共、扶助农工的三大政策。一九二七年蒋介石叛变革命后，发表声明严厉谴责蒋介石的叛变行为。何香凝(一八七八——一九七二)，广东南海人，国民党左派政治活动家，廖仲恺夫人。一九二四年任国民党中央执行委员兼妇女部长。一九二七年蒋介石叛变革命后，辞去国民党政府的一切职务，同国民党反动派进行了不懈的斗争。

〔13〕一九三一年九月十八日，日本驻在中国东北境内的所谓“关东军”进攻沈阳，中国人民习惯上称日本这次侵略行动为九一八事变。事变发生后，驻沈阳及东北各地的中国军队执行蒋介石的不准抵抗的命令，使日军得以迅速地占领辽宁、吉林、黑龙江三省。

〔14〕杨杏佛(一八九三——一九三三)，江西清江(今樟树)人。一九二五年随孙中山北上，任秘书。后任东南大学工学院院长、国民党政府中央研究院总干事等职。九一八事变以后积极参加抗日救亡活动。一九三二年同宋庆龄、蔡元培、鲁迅等在上海发起组织中国民权保障同盟，任总干事，进行反蒋抗日的进步活动。一九三三年六月十八日，被国民党特务暗杀。史量才(一八八〇——一九三四)，江苏青浦(今属上海市)人。一九一三年起任《申报》总经理，在蒋介石统治初期采取拥蒋立场，九一八事变以后政治态度逐步改变。上海一二八抗战时，曾捐款支持抗日，并任抗日群众组织上海地方协会会长，后来又积极支持中国民权保障同盟。一九三四年十一月十三日，被国民党特务暗杀。

〔15〕第三国际，即共产国际，一九一九年三月在列宁领导下成立。一九二二年中国共产党参加共产国际，成为它的一个支部。一九四三年五月，共产国际执行委员会主席团通过决定，提议解散共产国际，六月共产国际正式宣布解散。

〔16〕见《共产国际执行委员会第八次全体会议关于中国问题决议案》(一九二七年五月)。原文是：“中国革命的危机与社会阶级力量目前的组合说明并证实，反对封建制度的资产阶级民主革命(农民革命属之，只有这样，才可说到反帝国主义

的斗争)是只有在反对已经反革命的资产阶级的斗争中,才可完成。彻底的民族自由斗争不仅与发展工农群众运动或土地革命的要求毫无冲突,而且要直接以下层广大民众奋起推翻帝国主义之革命运动的扩大为前提。”

〔**17**〕立三路线,指第二次国内革命战争时期以李立三为代表的“左”倾冒险主义错误。一九三〇年六月十一日,中共中央政治局在李立三主持下通过了《新的革命高潮与一省或几省首先胜利》的决议,形成了以他为代表的“左”倾冒险主义错误。不久,李立三又制订了组织以武汉为中心的全国中心城市武装起义和集中全国红军进攻中心城市的冒险计划,随后又将党、青年团、工会的各级领导机关,合并为准备武装起义的各级行动委员会,使一切经常工作陷于停顿。同年九月,中国共产党召开六届三中全会,纠正了李立三的“左”倾冒险主义错误。

〔**18**〕《教科书》中包含这个引文的那段话是:“在现代条件下,在强大的社会主义阵营已经形成,资本主义总危机进一步深刻化,殖民体系进一步瓦解,社会主义、民主和和平的思想对于全体劳动人类具有极大的吸引力的情况下,在某些资本主义国家和过去的殖民地国家中,工人阶级通过议会和平地取得政权是有现实的可能性的。在这些国家中,工人阶级如果把绝大多数的人民——劳动农民、小资产阶级、知识分子的广大阶层、国内的一切爱国力量——在自己的领导下团结起来,并且给机会主义分子以坚决的回击,就可能击败反动的反人民的势力,在议会中取得稳定的多数,把议会从资产阶级政权的机关变成人民的、工人的政权的机关,变成劳动者的民主的工具。这样依靠着无产阶级和劳动群众的革命运动的真正人民的议会,将能够顺利地解决社会主义革命的根本任务,其中包括把基本生产资料变成人民的财产的任务。”(苏联《政治经济学教科书》修订第三版下册,人民出版社 1959 年版,第 330 页)

〔**19**〕一九一七年俄国二月革命后,出现了资产阶级临时政府和工兵代表苏维埃两个政权并存的局面。临时政府奉行反革命、反人民的政策。七月十六日,革命群众举行示威游行,要求工兵代表苏维埃正式夺取政权。布尔什维克党认为武装夺取政权的时机还不成熟,经极力劝阻无效,决定参加示威。七月十七日,彼得格勒五十万工人、士兵和水兵举行示威游行,要求全部政权归苏维埃。临时政府出动军队,屠杀示威群众,死伤约四百多人,同时逮捕和杀害布尔什维克党人,封闭《真理报》,解除赤卫队武装。这一事件称七月事件。此后,两个政权并存的局面结束。

〔**20**〕“三反”,指一九五一年十二月至一九五二年十月在国家机关、部队和国

营企业等单位中开展的反对贪污、反对浪费、反对官僚主义的斗争。“五反”，指一九五二年在全国资本主义工商业中开展的反对行贿、反对偷税漏税、反对盗骗国家财产、反对偷工减料、反对盗窃经济情报的斗争。

〔**21**〕参见列宁《第三国际及其在历史上的地位》（《列宁选集》第 3 卷，人民出版社 1995 年版，第 789—797 页）。

〔**22**〕指《教科书》中以下一段话：“在某些国家中，随着推翻剥削阶级的政治统治，革命立刻具有社会主义的性质。1917 年 10 月俄国的情况就是如此，当时在无产阶级革命的过程中同时彻底解决了资产阶级民主革命的任务。在另外一些脱离了资本主义体系的国家中，最初主要是解决一般民主主义的任务，同时，在许多情况下，革命在最初阶段主要是资产阶级民主性质的，只是后来才逐渐地发展成为社会主义革命。这要由每个国家资本主义发展的水平、有没有资本主义前的形式存在、阶级力量的对比和政治情况等等来决定。”（苏联《政治经济学教科书》修订第三版下册，人民出版社 1959 年版，第 330—331 页）

〔**23**〕《共同纲领》，即《中国人民政治协商会议共同纲领》，一九四九年九月二十九日由中国人民政治协商会议第一届全体会议通过。一九五四年《中华人民共和国宪法》颁布以前，它起了临时宪法的作用。

〔**24**〕定息，见本卷第 46 页注〔5〕。

〔**25**〕指《教科书》中以下一段话：“社会主义革命要在俄国取得胜利，至少要有中等的资本主义发展水平，这是因为俄国是无产阶级专政的唯一的国家。现在，当社会主义已经在苏联取得了胜利，世界社会主义经济体系已经形成的时候，在资本主义不发达的、资本主义前经济形式占优势的国家里，由于先进的社会主义国家的帮助，也可以胜利地解决社会主义革命的任务。”（苏联《政治经济学教科书》修订第三版下册，人民出版社 1959 年版，第 331 页）

〔**26**〕参见列宁《论粮食税》（《列宁选集》第 4 卷，人民出版社 1995 年版，第 488—525 页）。

〔**27**〕《教科书》中包含这个引文的那段话是：“同时必须注意到，各国的社会主义革命虽然在主要方面和基本方面是一致的，但是它在每一个脱离了帝国主义体系的国家中必然具有自己特别的具体的社会主义建设的形式和方法，这些形式和方法是由每一个国家发展的历史、民族、经济、政治和文化条件，人民的传统，以及某一个时期的国际环境产生的。”（苏联《政治经济学教科书》修订第三版下册，人

民出版社 1959 年版,第 329 页)

〔**28**〕莫斯科宣言,见本卷第 98 页注〔5〕。

〔**29**〕过渡时期的总路线是中共中央按照毛泽东的建议于一九五二年提出的。一九五三年十二月中共中央批准的《关于党在过渡时期总路线的学习和宣传提纲》对总路线作了以下的表述:"从中华人民共和国成立,到社会主义改造基本完成,这是一个过渡时期。党在这个过渡时期的总路线和总任务,是要在一个相当长的时期内,逐步实现国家的社会主义工业化,并逐步实现国家对农业、对手工业和对资本主义工商业的社会主义改造。这条总路线是照耀我们各项工作的灯塔,各项工作离开它,就要犯右倾或'左'倾的错误。"

〔**30**〕第一个五年计划,是一九五三年至一九五七年中华人民共和国发展国民经济的第一个五年计划的简称。这个计划的编制,从一九五一年开始进行,历时四年,五易其稿,于一九五五年七月由第一届全国人民代表大会第二次会议正式通过。执行的结果是,到一九五六年,基本上完成了对农业、手工业和资本主义工商业的社会主义改造,建立了社会主义的基本经济制度;到一九五七年,计划规定的各项建设任务也胜利实现,许多指标超额完成,这就为国家工业化打下了初步基础,同时人民生活也得到了很大改善。

〔**31**〕指一九五八年五月五日至二十三日在北京召开的中国共产党第八次全国代表大会第二次会议通过的"鼓足干劲、力争上游、多快好省地建设社会主义"的总路线。

〔**32**〕《论十大关系》,见本书第七卷第 23—44 页。

〔**33**〕指斯大林《在莫斯科市斯大林选区选举前的选民大会上的演说》(《斯大林选集》下卷,人民出版社 1979 年版,第 488 页)。

〔**34**〕指《一九五六年到一九六七年全国农业发展纲要(草案)》。这个草案是中共中央提出的,一九五六年一月公布。一九五七年十月公布修正草案。后又经修改,于一九六〇年四月第二届全国人民代表大会第二次会议通过后作为正式文件颁发。纲要全文共四十条,提出了我国农业、畜牧业、林业、渔业、副业以及农村商业、信贷、交通、邮电、广播、科学、文化、教育、卫生等方面的发展规划。

〔**35**〕见恩格斯《社会主义从空想到科学的发展》。原文是:"无产阶级革命,矛盾的解决:无产阶级将取得公共权力,并且利用这个权力把脱离资产阶级掌握的社会生产资料变为公共财产。通过这个行动,无产阶级使生产资料摆脱了它们迄

今具有的资本属性，使它们的社会性有充分的自由得以实现。从此按照预定计划进行的社会生产就成为可能的了。”（《马克思恩格斯选集》第3卷，人民出版社1995年版，第759页）

〔**36**〕《教科书》中包含这个引文的那段话是：“由于生产资料的公有化，社会主义国民经济各部门间生产资料和劳动力分配的必要比例是有计划地实现的。自发性和自流性是同生产资料公有制的存在不相容的。”（苏联《政治经济学教科书》修订第三版下册，人民出版社1959年版，第465页）

〔**37**〕指《教科书》中以下一段话：“社会主义计划化建立在严格的科学基础上，它要求经常总结共产主义建设的实践，利用科学技术的一切成就。用计划来指导国民经济，这就是预见。科学的预见基于对客观的经济规律的认识，并根据社会物质生活发展的业已成熟的需要。”（苏联《政治经济学教科书》修订第三版下册，人民出版社1959年版，第472页）

〔**38**〕见《孟子·滕文公上》。原文是：“夫物之不齐，物之情也。”

〔**39**〕指《教科书》中以下一段话：“在资本主义制度下，技术的发展极不平衡，必然加深生产中的比例失调现象，与此相反，社会主义计划经济保证根据国民经济的需要有计划地发展科学和技术。”（苏联《政治经济学教科书》修订第三版下册，人民出版社1959年版，第482页）

〔**40**〕指《教科书》中以下一段话：“生产资料生产的优先增长意味着工业的发展快于农业。在社会主义制度下，工业和农业间的比例，要在更迅速地发展工业的基础上，保证农业生产的不断增长。”（苏联《政治经济学教科书》修订第三版下册，人民出版社1959年版，第623页）

〔**41**〕《教科书》中包含这个引文的那段话是：“列宁的社会主义建设计划是以尽力发展国营工业和农民经济之间的经济联系为前提的。从小农经济的性质看来，农民迫切需要的同城市进行经济联系的形式是通过买卖的交换。在过渡时期，国营工业和小农经济之间的商业结合是经济的必然性。”（苏联《政治经济学教科书》修订第三版下册，人民出版社1959年版，第346页）

〔**42**〕指《教科书》中以下一段话：“国家的工业化是在生产资料的生产比消费品的生产优先增长的规律作用的基础上实现的。生产资料生产的发展为制造消费品部门的发展、为提高人民的福利创造前提。”（苏联《政治经济学教科书》修订第三版下册，人民出版社1959年版，第365页）

〔43〕《关于农业合作化问题》,见本书第六卷第418—442页。

〔44〕指《教科书》中以下一句话:"为了防止和消除国民经济中的个别比例失调现象,社会主义国家建立了必要的后备。"(苏联《政治经济学教科书》修订第三版下册,人民出版社1959年版,第627页)

〔45〕《教科书》中包含这个引文的那段话是:"同时,社会主义的分工可以使各个国家作为世界社会主义体系的平等成员,彼此取长补短,因而有可能节约财力和人力,消除国民经济中个别部门的不必要的平行发展,以加快各国经济发展的速度。每个国家都可以集中自己的人力财力来发展在本国有最有利的自然条件和经济条件、有生产经验和干部的部门。而且个别国家可以不必生产能靠其他国家供应来满足需要的产品。这样就可以在工业中达到合理的生产专业化和协作化,在粮食和原料生产上达到最适当的分工。"(苏联《政治经济学教科书》修订第三版下册,人民出版社1959年版,第659页)

〔46〕见列宁《全俄中央执行委员会会议文献》中的《答左派社会革命党人的质问》。新的译文是:"生气勃勃的创造性的社会主义是由人民群众自己创立的。"(《列宁全集》第33卷,人民出版社1985年版,第53页)

〔47〕指《教科书》中以下一段话:"由于剥削的消灭,脑力劳动者和体力劳动者之间的关系根本改变了。资本主义所特有的工人和企业领导人员间的利益对立消失了。在社会主义制度下,体力劳动者和企业领导人员是统一的生产集体的成员,他们都极其关心生产的发展和改进。由此就产生出体力劳动者和脑力劳动者旨在不断改进生产的创造性的合作。"(苏联《政治经济学教科书》修订第三版下册,人民出版社1959年版,第500页)

〔48〕资产阶级工业革命,即产业革命。指十七至十八世纪英国资本主义从以手工技术为基础的手工业工场过渡到采用机器的工厂制度的过程。

〔49〕见马克思《资本论》。原文是:"通过协作提高了个人生产力,而且是创造了一种生产力,这种生产力本身必然是集体力。"(《马克思恩格斯全集》第23卷,人民出版社1972年版,第362页)

〔50〕指《教科书》中以下一段话:"批评和自我批评是社会主义制度下新旧斗争的基本形式之一,是社会主义社会发展的强大动力。批评和自我批评可以在发挥人民群众的积极性的基础上,揭露和消灭工作中的缺点和困难,铲除一切官僚主义现象,发现加速经济发展的新的潜力,从而克服社会主义社会的矛盾。"(苏联

《政治经济学教科书》修订第三版下册，人民出版社 1959 年版，第 453 页）

〔**51**〕指《教科书》中以下一段话："随着社会主义的胜利和人剥削人的现象的消灭，苏联没有对抗性的阶级了，没有不可调和的阶级矛盾了。社会主义社会的阶级关系是以工人阶级、农民、知识分子的牢不可破的友谊和同志式的合作为特征的。工人阶级和农民间的阶级差别，同这两个阶级和知识分子之间的差别一样，日渐消失。可是资本主义社会却被阶级对抗和民族对抗弄得四分五裂，很不稳定；而社会主义社会根本就没有阶级对抗和民族对抗，它的特点是团结一致，十分稳定。公有制和社会主义的经济体系在苏联的统治地位，是社会主义社会的精神上政治上的一致、各族人民的友谊、苏维埃爱国主义这些强大的社会发展动力赖以发挥的经济基础。而这些动力又反过来给予经济很大的影响，加速经济的发展。"（苏联《政治经济学教科书》修订第三版下册，人民出版社 1959 年版，第 413 页）

〔**52**〕《教科书》中包含这个引文的那段话是："在社会主义阶段，使工作者从个人的物质利益上关心劳动结果是刺激生产发展的决定因素之一。保证这种关心的，是工作者的报酬以他的劳动数量和质量为转移。利用每个工作者从物质利益上对劳动结果的关心是社会主义经营的根本方法之一。"（苏联《政治经济学教科书》修订第三版下册，人民出版社 1959 年版，第 487 页）

〔**53**〕经济主义，是十九世纪末二十世纪初俄国社会民主工党内的一种机会主义思潮。主要代表人物有普罗柯波维奇、库斯柯娃。经济主义反对工人阶级提出自己的政治要求，认为工人阶级只应当以罢工为手段，去进行争取改善经济状况和切身利益的斗争，否认无产阶级政党及其领导作用。工团主义，是国际工人运动中的一种小资产阶级机会主义思潮。二十世纪初在法国、意大利、西班牙、瑞士等地流传很广。主要代表人物有法国索烈尔、拉加德尔。工团主义反对政治斗争，否定无产阶级政党的领导作用，否定无产阶级革命和无产阶级专政，宣传工会高于一切和管理一切，幻想以工会代替国家机构。

〔**54**〕《教科书》中这句话的原文是："社会主义企业生产者之间的社会关系，是同志式的合作和社会主义的互助关系。"（苏联《政治经济学教科书》修订第三版下册，人民出版社 1959 年版，第 442 页）

把爱国卫生运动重新发动起来[1]

（一九六〇年三月十八日）

上海局，各协作区委员会，各省委、市委、自治区党委，中央一级各部门、各党组：

卫生工作，这两年因为忙于生产大跃进，有些放松了。现在应该立即抓紧布置，抓紧总结经验，抓紧检查、竞赛、评比。中央于今年二月二日批准卫生部党组《关于全国卫生工作山西稷山县现场会议的报告》[2]及附件《关于人民公社卫生工作几个问题的意见》[3]，早已发给你们。据我们调查，未能引起你们的重视，大多数省、市、区党委第一书记没有看这样一个很重要而又写得很好的文件，也没有发到各级党委党组和人民公社去。中央现在提醒同志们，要重视这个问题，要把过去两年放松了的爱国卫生运动重新发动起来，并且一定要于一九六〇年，一九六一年，一九六二年这三年内做出显著的成绩，首先抓紧今年的卫生运动。其办法：在省、市、地、县、社的有卫生部门及民众团体负责人参加的党委会议及党组会议上，在本年三月内，至迟四月上旬，认真讨论一次，由党委第一书记挂帅，各级党委专管书记和有关部门党组书记也要在党委第一书记领导之下挂起帅来，立即将中央二月二日批示的文件发下去，直到人民公社；各省、市、区党委迅即做出自己的指示，重新恢复爱国卫生运动委员会的组织和工作，发动群众，配合生产运动，大搞卫生工作，无论老人，小孩，青年，壮年，教员，学生，男子，女子，都要尽可能地手执蝇拍及其他工具，大张旗鼓，大造声势，大除四害；一切卫生医药人员都要振作起来，与党委、群众组成三结合，显示自己的能力，批评右倾思想。再有一事，麻雀不要打了，代之以臭虫，口号是“除掉老鼠、臭虫、苍蝇、蚊子”。至于其他严重疾病，当然要按照计划一律除掉或减少。各地除害灭病委员会的工作，各级党委必须认真抓紧和认真检查。环境卫生，极为重要，一定要使居民养成卫生习惯，以卫生为光荣，以不卫生为耻辱。凡能做到的，都要提倡做体操，打球类，跑跑步，爬山，游水，打太极拳及各种各色的体育运动。把卫生工作看作孤立的一项工作是不对的。卫生工作之所以重要，是因为有利于生产，有利于工作，有利于学习，有利于改造我国人民低弱的体质，使身体康强，环境清洁，与生产大跃进，文化和技术大革命，相互结合起来。现在，还有很多人不懂这个移风易俗、改造世界的意义。因此必须大张旗鼓，大做宣传，使得家喻户晓，人人动作起来。做这件事，并没有什么了不得的困难，事在人为，一定要争取在三年内做出大成绩，今年要轰轰烈烈地行动起来。为此，各级党委，卫生部门党组，工会党组，青年团党组，妇联党组，今年一年，要为卫生工作开会四次，每季一次，每次三四小时即够，不要太长。以后年年如此。爱国卫生运动委员会，在上述会议开过后，立即召开会议，也是一年四次，每季一次，年年如此。请同志们一体遵行，切勿贻误。

中　央

一九六〇年三月十八日

根据中共中央文件刊印。

注　释

〔1〕这是毛泽东为中共中央起草的党内指示。

〔2〕卫生部党组的这个报告是一九五九年十二月十六日上报中共中央文教小组并转中央的。报告说，这次会议解决了以下几个问题：一、进一步明确卫生工作必须从生产出发，配合生产，为生产服务的思想。二、大力做好人民公社的卫生工作，继续开展广泛深入的除害灭病运动。三、积极发展与提高农村卫生组织和卫生队伍。

〔3〕卫生部党组报告的附件提出的主要意见有：一、做好人民公社卫生工作，必须建立和健全医疗卫生组织。二、明确公社卫生院、卫生所的性质和任务。三、加强中西医的团结合作。四、人民公社社员的医疗制度和卫生机构的经费管理，目前以实行集体保健医疗制度为宜。五、贯彻“两条腿走路”的方针，大力培养农村卫生人员。

加强对技术革新和技术革命运动的领导[1]

（一九六〇年三月十八日、二十五日）

一

上海局，各协作区委员会，各省委、市委、自治区党委，中央一级各部委、各党组：

《全国总工会党组关于当前技术革新、技术革命情况的报告》[2]一件，《经济消息》第十期《关于技术革命大丰收》一件，共两件，现在发给你们，并请你们发给一切城市党委、工矿党委和农村公社党委，一律予以研究和参考。这是两个重要的总结性文件，请你们予以重视。全总总结的是上海、天津、沈阳、旅大[3]、哈尔滨、太原、重庆等七个大城市的经验。这还很不够。武汉、广州、西安、兰州，各省省城，各省中等城市，例如唐山、石家庄、青岛、洛阳、黄石、株洲、无锡、湛江、萍乡等成百个重要城市，都应当迅速作出总结，并且迅速予以推广。县办工业和公社工业也要择要作出总结，推广出去。技术革新和技术革命运动现在已经成为一个伟大的运动，急需总结经验，加强领导，及时解决运动中的问题，使运动引导到正确的、科学的、全民的轨道上去。这种调查、研究、总结的工作，在今年三、四、五三个月内要基本做完。由中央各部委党组，各级地方党委及各部门党组分头去做，并要开规模较大的现场会议。今年一月间，一机部在哈尔滨召开的现场会议，大多数城市未被邀请参加，连武汉、广州这样的大城市也不邀请，致失普遍而迅速推广出去的效果，甚为可惜。今后应请有关部门予以注意，是为至要。

中　央

一九六〇年三月十八日

根据毛泽东手稿刊印。

二

聂荣臻同志给中央的信，对于当前的技术革命运动，做了一个很好的系统的总结，发给同志们研究、参考和仿行。我国工业交通战线，农林牧副渔战线，财政贸易流通战线，文教卫生战线和国防战线的技术革命和文化革命的全民运动，正在猛烈发展，新人新事层出不穷，务请你们精心观察，随时总结，予以推广。

毛　泽　东

一九六〇年三月二十五日

根据手稿刊印。

注释

〔1〕本篇一是毛泽东为中共中央转发《全国总工会党组关于当前技术革新、技术革命情况的报告》和《技术革命运动获得大面积丰收》一文写的批语。本篇二是毛泽东为转发国务院副总理兼国家科学技术委员会主任聂荣臻一九六〇年三月十六日关于广州、重庆两市工厂技术革命群众运动的若干情况给中共中央和毛泽东的报告写的批语。

〔2〕《全国总工会党组关于当前技术革新、技术革命情况的报告》指出，一个以机械化半机械化为中心的技术革新和技术革命已成为全民性的轰轰烈烈的群众运动。机械化半机械化水平的迅速提高，在生产上已经显示了巨大的威力，提高了劳动生产率，节约了大批人力以扩大生产，职工从繁重的劳动中解放了出来。为保证这一运动获得更好的效果，还需要解决材料、企业管理、工人教育等问题。

〔3〕旅大，今大连市。

中尼边界要永远和平友好[1]

（一九六〇年三月十八日）

毛泽东：我们同印度有过一些别扭，不要紧，马上就会过去的。我们的利害相同，都是不发达的国家。说中国侵略印度，是不真实的。人家一寸土地我们都不要，我们的土地相当多，有九百六十万平方公里，大部分没有开发。自己国家的事情都搞不赢，哪里会要别人的土地？要别人的土地是犯罪的。我们侵略你们尼泊尔没有？你们尼泊尔一寸土地我们都不要。可以订个边界协定，立上界桩，是不是这样？

柯伊拉腊：是的，我已同周恩来总理谈过。

毛：你们赞成不赞成？

柯：需要正式划界。

毛：需要划一下界，划定了之后双方可以有一段地区不巡逻，这段地区多宽可以商量。印度同巴基斯坦订了这样一个条约，它们双方不巡逻的地带很小，只有一公里。我们曾向印度提议，双方不巡逻的地区为二十公里，我们不去，他们也不要去，他们不干。如果你们愿意，我们可以在条约上订一条，不巡逻地区多宽可以商量。如双方各二十公里就是四十公里，如双方各十公里就是二十公里，如双方各五公里就是十公里，这依你们之便，是不是可以这样？

柯：可以考虑。

毛：可以考虑一下。行政管理可以由双方在各自地区的民政人员管，是否可以搞一点警察、民兵，由当地人民组成。就是不要正式军队，双方正式军队隔开一段，双方都安心。划界、不巡逻等都是为了永远保持边界和平友好，使双方安心，不怕对方侵略。如果你们有兴趣，可以像我们同缅甸一样，订个友好互不侵犯条约。订了条约，如果我们破坏了，我们就输了理。我们是大国，从来不怀疑你们会侵略我们，但你们可能怀疑我们会侵略你们。如果订了条约而我们破坏了条约，那就是我们犯了错误。

柯：这次会谈中，周恩来总理提出了一个友好条约草案，我们将把它带回去同内阁商定，可能还要作个别修改。等周恩来总理四月底访问印度后到尼泊尔时在加德满都签订。

毛：很好。

我们已先后请你们两位总理来了，我们的总理也应该去，这是平等的。我们很感谢你们。今年我们就要在你们的首都建个使馆，这很好。你们在我们这里也建个使馆，人不要多，三四个人、七八个人就行了，花不了多少钱。你们八百万人中还抽不出来几个人吗？

柯：准备派的时候，人不会太多，因为派不起。

毛：听说你们修一条公路直达我们国家？

柯：没有。两年前曾要修一条路，后来没有资金，进行不下去。现在正由苏联技术人员帮助勘察，准备修一条由东到西的公路。

毛：你们来我们的国家，要经过外国。

柯:不经过,尼泊尔同西藏有山口可以通行,但不是正式公路。

毛:一年、十年、二十年,总有一天我们可以有一条直通的公路。

柯:我们国内正在修公路的地方,都是经济发展有前途的地方。全国计划修九百英里(约合一千三百公里)。

毛:很好。

柯:这次我曾邀请尼赫鲁[2]和周恩来总理去加德满都会谈,结果未能去成。

毛:因为尼赫鲁要我们总理去他们的首都新德里。开始我们主张在仰光谈,而尼赫鲁不同意。现在我们已同意去新德里,所以也不能到你们那里去。谢谢你的好意,这是很好很好的好意。缅甸总理也是这样想,要中印两国总理去仰光,而尼赫鲁说他不方便,我们也就让步同意了。

现在缅甸总理邀请我们总理去仰光,首相阁下邀请他去你们的国家。这次周恩来总理先去缅甸,后去印度同印度总理谈判,然后再去你们的国家。他要去的第四个国家是柬埔寨,人家请了几次,我们欠了人家的债。还要去一个国家,就是胡志明[3]的国家,一共五个。这样,去年反对中国的浪潮可以渐渐平息下来。

我们同印度吵了一年架,但还是朋友。朋友吵架是常有的,夫妇之间、兄弟之间都吵架。我们同你们,同缅甸、锡兰[4]、柬埔寨没吵过。真正同我们吵得厉害的国家,全世界只有一个,那就是美国。它占着我们的台湾,还封我们一个“侵略者”的称号,那我们也封它一个侵略者。我们从没有侵占过美国一寸土地，檀香山和中国还隔着中途岛，日本我们也没有去侵占过，而美国却侵占着我们的台湾。我就不知道我们怎么成了侵略者？

现在有个国家要同你们“共同防御”我们，听说你们没有答应。对此我们很高兴。你说过，中印两国关系，由他们自行解决，你们不干涉。印度说我们侵略了你们，你曾发表声明说，没有侵略。有谣言说我们的军队侵入了你们的国境，到底有没有？

柯：正因为没有，才作这个声明。

毛：我们这些国家，要以自力更生为主，争取外援为辅。对外援要争取，但哪个为主，要考虑。自力更生好办事，主动。

你们的政策同我们的差不多。我们的大企业是苏联帮助设计、安装的，这样做由一九五〇年到一九五九年已经十年。在这十年中，我们得到一些进步，现在要自力更生。第一个五年计划期间，我们是总照抄。我们不懂嘛，只好抄苏联的。到第二个五年计划，我们就不照抄了，一九五八年、一九五九年我们自己找出了一套办法。你们也要经过这个过程。在一个时期抄外国的，这是必要的，抄一个时期之后就不要再抄了。学生在学校受教育，就是抄教员的，几年毕业之后就成了教员。你们一定有些可以当教员的。真的，这不是假话，没有一百年到一千年都当学生的道理。我们过去当学生，现在还在当学生，如尖端科学，苏联、美国、英国有，我们没有，这就要向它们学习。每个民族都有长处，都有缺点。你们的国家也是这样。柬埔寨也有许多长处。所以要学习每个民族的长处，不管这些民族的大小。同这些国家互相交流经验，这样比较好。我们东方人有一种自卑感，总觉得自己不行，白种人比我们强。这是一种迷信，要破除。既要破除迷信，又要向西方学习。破除迷信与向它们学习并不矛盾，如我们可以派留学生，进口它们的设备等。

我不是反对西方的一切，而只是反对那些帝国主义压迫人、欺侮人的东西。它们的文化科学我们要学习。东方人要向西方学习，要在破除迷信的条件下学习西方。

柯：关于尼中边界问题，到现在还有分歧。以我们的观点，根据最近五十年历史情况，我们认为有四个地方有争议，现在是定下来的时候了。

毛：好。

柯：同周总理的会谈中决定了几个原则：一、以存在的传统习惯线为基础定界；二、考虑到边界双方管辖的实际状况；三、对个别有争议的地点，解决了好，解决不了，交联合委员会。

毛：好嘛！

柯：就原则来说是好的，而就个别具体地点来说，双方是有分歧的，这点使我们不是很安心。当我来杭州时，曾告诉周恩来总理，我来杭州不是以安心的心情来的。周恩来总理告诉我应该完全安心。

毛：应该完全安心。缅甸原来很怕我们，现在完全安心了。他们已知道了我们的心。

柯：我来时会见奈温〔5〕总理，他告诉我同毛主席、周恩来总理应该坦率地谈。所以我就说出这些话来。

毛：好，那些争议容易解决，那些山口人都没有。关于喜马拉雅山的一些分歧，可搞个联合委员会来解决。

柯：对你们来说，目前的争议地点是无所谓的，而对我们来说是有所谓的，是个威信问题。

毛：可以解决，不要担忧。

柯：还有一个问题，是感情的问题。我们叫做萨迦-玛塔，西方叫做额菲尔士，你们叫做珠穆朗玛。这个地方一直在我们境内，可是周恩来总理说是在你们境内。

毛：这也不要不安心。

柯：是感情的问题。

毛：可以解决，一半一半。山南边归你们，山北边归我们。

柯：山的顶峰呢？

毛：顶峰也是一半一半。不行？

如果解决不了，拖一拖也好。山很高，山可以保证我们边境的安全。你们不吃亏，我们也不吃亏。全给你们，我们感情上过不去；全给我们，你们感情上过不去。可以在上面立个界桩。

乌帕德亚亚〔6〕：谁去呀？

毛：困难啊！可以写在文字上。我们有人从你们那里爬山时，我们通知你们；你们有人从我们这里爬山时，你们通知我们。

乌：过去爬山，一直都是要拿尼泊尔的签证的。

毛：如有第三国的人爬山，从你们那边爬，签证由你们那里拿。

潘自力〔7〕：过去有人爬山是要经过西藏地方政府许可的，也有经西藏境内爬的。

罗贵波[8]：过去有些外国人爬山，是经过我国驻瑞士使馆签证的。

柯：不。

毛：长期的习惯是，从西藏爬山，就得有西藏地方的许可。

柯：还有其他一些争议。

毛：好解决。同你们好解决，同印度不同。同印度的争议是几万平方公里的问题。

柯：我们才几平方公里。

毛：这个山峰可以改个名字。不叫额菲尔士，那是西方人起的名。既不要叫什么萨迦-玛塔，也不要叫什么珠穆朗玛，就叫做"中尼友谊峰"。

这个山峰是世界第一个高峰，八千八百多公尺。美国、苏联、印度都没有，只有我们两国有。你们内部开个会商量一下，提出意见。如不同意，就拖下来，将来再解决。

柯：是的。还有其他五个争议地点，不过主要有三个地方。

乌：问题是边界线靠北一英里，还是靠南一英里的问题。

毛：那还不好解决，连人都没有，好解决！

柯：如果在北京会谈中还解决不了，怎样再向主席提出呢？

毛：不要同我谈了，仍同周恩来总理谈。在他去你们的国家时再谈，他要同我通电报的。在联合委员会里要得到双方的同意。你们不同意，就坚持。你们坚持，我们有什么办法？能打仗？我们是乐观的。

柯：我们也是乐观的。

毛：我们要得到你们的友谊，你们也要得到我们的友谊，这是问题的中心。有了这个中心，任何问题都可以解决，是不是？

柯、乌：是的。

毛：就是要安下心来，使我们可以建设我们国家现代化的工业、现代化的农业、现代化的科学文化和现代化的国防。你们也要安下心来，搞现代化的工业、农业、科学文化和国防，这不好吗？

根据中央文献出版社、世界知识出版社一九九四年出版的《毛泽东外交文选》刊印。

注释

〔1〕这是毛泽东同尼泊尔首相柯伊拉腊谈话的主要部分。

〔2〕尼赫鲁，当时任印度总理。

〔3〕胡志明（一八九〇——一九六九），当时任越南劳动党中央委员会主席、越南民主共和国主席。

〔4〕锡兰，今斯里兰卡。

〔5〕奈温，即吴奈温，一九一一年生，当时任缅甸内阁总理兼国防部长。

〔6〕乌帕德亚亚，当时任尼泊尔王国内政和司法大臣。

〔7〕潘自力（一九〇四——一九七二），陕西华县人。当时任中国驻印度大使和驻尼泊尔大使。

〔8〕罗贵波（一九〇七——一九九五），江西南康人。当时任外交部副部长。

坚决制止重刮“共产风”等违法乱纪行为

（一九六〇年三月二十三日）

各省、市、自治区党委，中央一级各部委、各党组：

此件〔1〕请各同志阅读，并请转发到县级党委。山东发现的问题，肯定各省、各市、各自治区都有，不过大同小异而已。问题严重，不处理不行。在一些县、社中，去年三月郑州决议〔2〕忘记了，去年四月上海会议十八个问题的规定〔3〕也忘记了，“共产风”、浮夸风、命令风又都刮起来了。一些公社工作人员很狂妄，毫无纪律观点，敢于不得上级批准，一平二调〔4〕。另外还有三风：贪污、浪费、官僚主义，又大发作，危害人民。什么叫做价值法则，等价交换，他们全不理会。所有以上这些，都是公社一级干的。范围多大，不很大，也不很小。是否有十分之一的社这样胡闹，要查清楚。中央相信，大多数公社是谨慎、公正、守纪律的，胡闹的只是少数。这个少数公社的所有工作人员，也不都是胡闹的，胡闹的只有其中一部分。对于这些人，应当分别情况，适当处理。教育为主，惩办为辅。对于那些最胡闹的，坚决撤掉，换上新人。平调方面的处理，一定要算账，全部退还，不许不退。对于大贪污犯，一定要法办。一些县委为什么没有注意这些问题呢？他们严重地丧失了职守，以后务要注意改正。对于少数县委实在不行的，也要坚决撤掉，换上新人。同志们须知，这是一个长期存在的问题，是一个客观存在。出现这些坏事，是必然不可避免的，是旧社会坏习惯的残余，要有长期教育工作，才能克服。因此，年年要整风，一年要开两次六级干部大会。全国形势大好，好人好事肯定占十分之九以上。这些好人好事，应该受到表扬。对于犯错误而不严重、自己又愿意改正的同志，应当采用教育方法，帮助他们改正错误，照样做工作。我们主张坚决撤掉或法办的，是指那些错误极严重、民愤极大的人们。在工作能力上实在不行、无法继续下去的人们，也必须坚决撤换。

中　央

一九六〇年三月二十三日

根据毛泽东手稿刊印。

注　释

〔1〕指山东省六级干部会议秘书处编印的《会议情况》第二期。这期简报反映的主要问题有：一、关于过渡问题。主要存在以下几种情况，1.有的公社干部存在急于过渡的苗头，有的打算明年“走到社有制”，有的打算“秋后搞过渡”；2.穷队盼过渡，富队怕过渡，生产不积极；3.对过渡的根据和一些问题的政策界限认识不清。二、关于发展社有经济问题。对于一平二调，社干部与队干部有不同看法。例如队干部批评公社无偿上调物资，公社干部却有抵触情绪，顾虑算账问题。三、干部作风问题。有些县存在虚报浮夸现象；有的地方用大量生产资金和物料搞盖大礼堂、办公大楼和宾馆等非生产性建设；干部中存在吃喝浪费和贪污行为。

〔2〕指一九五九年二月二十七日至三月五日在郑州召开的中共中央政治局扩大会议形成并下发的《郑州会议记录》。见本卷第30页注〔6〕。

〔3〕指一九五九年三月二十五日至四月一日在上海召开的中共中央政治局扩大会议形成的会议纪要《关于人民公社的十八个问题》。这个纪要于同年四月二日至五日在上海举行的中共八届七中全会上原则通过。纪要对人民公社管理体制问题作了若干原则规定，进一步明确人民公社的所有制基本上是生产队所有制；并且将《郑州会议记录》中关于人民公社化过程中平调财物的旧账一般不算的规定，改为旧账一般要算，凡是县社调用生产队的劳力、资财，或者社队调用社员的私人财物，都要进行清理，如数归还，或者折价补偿。

〔4〕一平二调，参见本卷第33页注〔1〕。

反对官僚主义,克服“五多五少”[1]

(一九六〇年三月三十日)

上海局,各协作区委员会,各省委、市委、自治区党委,中央一级各部委、各党组:

官僚主义这种旧社会遗留下来的坏作风,一年不用扫帚扫一次,就会春风吹又生了。中央在一九六〇年三月下旬将山东六级干部会议的一期情况简报[2],批发给你们,请你们对于人民公社的许多严重情况,提起充分的注意,务必在三四月间,利用省委召开的六级干部会议和县委接着召开的四级干部会议,对于那些不可允许的、极端严重的情况,务必彻底地整顿一次,到下半年再整一次。这个文件[3],谅必你们已经看见了。在这个文件中曾经提到,现在就要利用六级和四级干部大会公开指出“三反”问题的严重性,提出反贪污、反浪费、反官僚主义的任务。关于“三反”,中央将在四月上旬有一个规定范围和如何处理各类犯错误分子的指示[4],发给你们。但你们不要等候这个文件,而应利用当前正在开或准备开的六级和四级大会立即号召整风,并作典型调查,使自己心中有数。中央现在所要着重地告诉你们的,是关于官僚主义严重存在的问题。这里有一个山东省历城县的材料。历城县委在今年三月十四日报告山东省委说,他们那里有积极、消极两方面。积极方面是形势大好，这是主要的。消极方面，他们说，突出的表现是“五多五少”。就是说，会议多，联系群众少；文件、表报多，经验总结少；人们蹲在机关多，认真调查研究少；事务多，学习少；一般号召多，细致地组织工作少。他们这个文件，现在发给你们看看。其中说到会议多和文件表报多，多到什么程度呢？他们说：县委及县委各部门，自今年一月一日到三月十日，七十天中，召开了有各公社党委书记和部门负责人参加的会议，共有一百八十四次，电话会议五十六次，印发文件一千零七十四件，表报五百九十九份。同志们，这种情况是不能继续下去的，物极必反，我们一定要创设条件，使这种官僚主义走向它的反面。历城县已经定出办法〔5〕，克服“五多五少”。山东省委已将历城办法推到全省施行。同志们，这种官僚主义状态，只是存在于历城一个县，或者山东一个省吗？不见得。很可能到处都存在。请你们各自调查一个县、一个市（在大城市里调查一个区），就可知道底细了。克服“五多五少”的办法，可以仿照历城办理。这种官僚主义的来源，不能只在县，还在省与中央。关于省（市、自治区）的方面，请你们注意处理。关于中央方面，我们将采取处理办法。看来一年要对这个“五多五少”问题谈两次，至少谈一次。中央几年前曾对这个问题发过指示〔6〕，后来没有再过问（主要指“五多”中的会议多，文件表报多），自己也有官僚主义，不能只怪别人。本文及附文，应登党刊。

中　央

一九六〇年三月三十日

根据中共中央文件刊印。

注　　释

〔1〕这是毛泽东为中共中央起草的党内指示。

〔2〕见本卷第164页注〔1〕。

〔3〕指一九六〇年三月二十三日中共中央转发山东省六级干部会议情况简报的批语，收入本书时题为《坚决制止重刮“共产风”等违法乱纪行为》。见本卷第163—164页。

〔4〕一九六〇年五月十五日，中共中央发出《关于在农村中开展“三反”运动的指示》。

〔5〕山东省历城县委报告中提出的解决“五多五少”问题的具体措施是：一、县委、公社党委以及各部门的负责干部，统统走出办公室，和大队、小队干部一起在田间会合，取得经验，树立榜样，以指导和推动全面。二、干部实行“三同”、“五包”，即与社员同吃、同住、同劳动，对自己所在单位的思想发动、生产任务、技术革命、社员生活安排、社队经营管理等五个方面的工作，全面包干做好。三、采取在党委统一领导下的“条条”、“块块”、“片片”相结合的做法，分管各部门的干部，既要服从中心，做好中心工作，又要做好所分工的业务工作，取得经验，全面推广。四、精简会议，减少文件、表报，有事到下面就地解决。

〔6〕指一九五三年三月十九日《中共中央关于解决区乡工作中“五多”问题的指示》，收入本书时题为《解决区乡工作中的“五多”问题》。见本书第六卷第271—274页。

帝国主义是不可怕的[1]

（一九六〇年五月七日）

欢迎朋友们。我们是朋友，我们是站在一条战线上的，共同反对帝国主义、殖民主义。帝国主义国家大多数不承认我国。它们实际上统治了中国一百多年，使中国变得很贫穷，变成一穷二白。穷就是贫困，白就是文盲多。我们这种状况现在开始有了改变。中国过去名义上是独立国，实际上是帝国主义的半殖民地。我们经过几十年的斗争才得到解放，光武装斗争就进行了二十二年。整个中国大陆在一九四九年基本上解放了，只剩下台湾还被帝国主义霸占着。现在，美帝国主义在东方，比如在日本、台湾、南朝鲜、菲律宾、南越、泰国、巴基斯坦，建立了很多军事基地，对我们的威胁很大。

西方人说我们中国人不行，是有色人种。他们说有色人种就是不行的，是成不了事的，是不讲卫生和不高尚的。我们这个人种似乎和你们非洲人也差不多。西方人也说你们不行，但又不帮助你们发展工业，你们就是发展一点工业，也是属于帝国主义所有的。所以我们和你们的地位相同。

你们现在很好，团结起来了。整个非洲团结起来、觉悟起来了，或者正在一步步地觉悟中间。你们非洲有两亿多人口，你们团结起来、觉悟起来、组织起来，帝国主义是怕你们的。帝国主义散布恐怖情绪，它们杀人，或者经过它们的走狗杀人。在中国是经过蒋介石杀我们。你们国家也可能有这样的人，秉承帝国主义的意旨办事。这样的人很少，顶多十个人中有一个，或者不到一个。所以，你们可能团结的人，十个人中有九个，或者更多。实际上帝国主义是不可怕的。帝国主义每天都宣传它们的力量大，来恐吓我们。

从前我们中国人也曾有一个时期怕美帝国主义，怕它的走狗蒋介石。因为他们杀人，或者用各种别的方法，比如把人抓起来，关在班房里头。总而言之，要使我们怕他们，消灭我们的斗志。我们中国人也是一步一步地觉悟起来的，后来就慢慢地不怕了，跟帝国主义的走狗对打了。我们开始是手无寸铁的，又不会打仗，我们从他们那里学会了这个办法。你可以压迫我们，我们可不可以压迫你呢？十个人中间有一个人压迫我们九个人，我们九个人可不可以团结起来把那一个人赶走呢？我们得出结论说，可以。一个人压迫我们九个人，我们九个人不团结起来把他赶走，这是没有道理的。结果我们闹了几十年革命，还不是得胜了？

我们的敌人蒋介石有巨大的外国援助，是美帝国主义援助的。他的武装很强大，有兵工厂，有外国人送的武器，如有军舰，有重炮，有坦克，有飞机。这些我们都没有，也没有重炮，也没有飞机，也没有坦克，我们只有步枪和轻炮。我们那些东西是哪里来的？不是兵工厂造的，而是抢来的，是战争中得来的。美帝国主义经过蒋介石把枪炮送给我们，于是我们就有了枪炮。后来我们又有了坦克、重炮，我们就可以打大仗了。一九四九年，我们就基本上解放了大陆。那时他们的空军在我们头上轰炸，也没有把我们吓倒。后来变成他们怕我们，不是我们怕他们，不仅蒋介石怕我们，而且美国人也有点怕我们，因为我们把百分之九十以上的人都团结起来了。还是人要紧，是第一位的，武器是第二位的，是次要的。只要把人团结起来，手里掌握着武器，帝国主义者、殖民主义者就怕我们。当然不是只有打仗这一种方法，还有别的方法。

你们在座朋友的国家有些不是用打仗夺取政权的，像几内亚。阿尔及利亚现在还在打仗，这个战争帮助了几内亚，几内亚的朋友们也是这样看的，因为法国有五十万军队被阿尔及利亚人吸引在他们的国家中，法国就没有好多兵了。帝国主义占的地方太多，管得太宽了。中国俗话说，十个指头按着十个跳蚤，一个跳蚤都捉不到。因为帝国主义管得太宽，它们也就控制不住。美国现在在世界上占的地方也太多了。你看，在亚洲，还有拉丁美洲、非洲，有好多国家都有美国的军事基地；它还要控制欧洲。这几天国际形势有一些变化。南朝鲜人民没有出路了，起来反对美国的走狗李承晚〔2〕。南朝鲜人民一起来，一骂一轰，几十万人一示威，李承晚就垮台了。李承晚有七十五个师，而南朝鲜人民群众一枝枪也没有，可是他们一起来，李承晚就倒了。当然，现在问题还没有解决，美国人还在南朝鲜，又选择了新的走狗，南朝鲜人民的斗争还会发展下去。还有土耳其，人民群众也起来反对美国的走狗。所以我们这几天接连举行群众大会，支援南朝鲜人民，支援土耳其人民。还有日本人民也正在起来。再过两天，日本将有广大的群众运动，听说有几十万或几百万人起来反对岸信介〔3〕政府同美国订立的军事同盟条约〔4〕。我们也要举行群众大会支持日本人民群众。

你们可能有人会说，南朝鲜、日本、土耳其离美国很远，因此这些国家的人民不怕美国，敢于起来反对它的走狗。但是，请你们看一看古巴。古巴在什么地方？离美国很近，飞机航行距离只要半小时。古巴人民原来是手无寸铁的，古巴的统治者巴蒂斯塔〔5〕在几年中杀死古巴人两万之多。你们也可能说，中国是一个大国，人多。古巴可不是大国，只有六百多万人口，离美国那么近，巴蒂斯塔又杀死过两万人。但是，一九五六年十一月，古巴的民族英雄菲德尔·卡斯特罗〔6〕率领八十二人，从墨西哥坐了一只船，到古巴登陆。同政府军作战打了败仗，八十二人只剩下十二个人，其中有菲德尔·卡斯特罗和他的弟弟劳尔·卡斯特罗。他们只好转入山区，开始游击战争，打了两年多，抢了许多枪炮，还抢了坦克，巴蒂斯塔只好跑了。你们看，古巴人民原来是手无寸铁，而巴蒂斯塔政权是武装到牙齿的，美国那么大的国家支持它，又离得那么近，但是人民团结起来就把巴蒂斯塔赶跑了。你们有没有人到古巴去过？如果没有人去过，我建议你们到古巴走一趟。这么个小国敢于在美国身旁搞革命，所以研究古巴的经验很有必要，古巴的革命有世界意义。拉丁美洲的人民都欢迎古巴的人民政权。

非洲的反殖民主义、反帝国主义的斗争更有世界意义。不是一个国家，而是很多国家都有革命；不只是在几百万人中间，而是在几千万或者更多的人口中进行了革命的民族解放斗争。我们完全同情你们，完全支持你们。同时我们认为，你们的斗争支持了我们，帮助了我们。我们还认为，古巴的斗争帮助了我们，整个拉丁美洲的斗争帮助了我们，南朝鲜、土耳其、南越、日本这些国家的斗争也帮助了我们，整个亚洲人民都帮助了我们。当然社会主义国家首先是帮助我们的，苏联是帮助我们的。在社会主义国家之外，亚洲、非洲、拉丁美洲人民的广大的反殖民主义、反帝国主义的斗争也帮助了我们。这就分散了敌人的力量，使我们身上的压力减轻了。因为你们帮助了我们，所以我们有义务支持你们。我们是互相支持，互相帮助。

同时，我们也支持大国会议〔7〕。四国首脑会议将在法国召开，这也是一种办法。按照我们中国的说法，这就叫两条腿走路。大国会议是跟它们在桌子上谈，这是一条腿；亚洲、非洲、拉丁美洲人民反殖民主义、反帝国主义的斗争，这又是一条腿。两条腿可以站起来，走路就好走。少了一条腿就不好，就不能走路了。我们相信你们也赞成不要打世界大战，世界大战我们是反对的。但是我们同时赞成受帝国主义压迫的各国人民，有权利起来反对压迫者。要不打世界大战，就要各国人民起来反对压迫者。我可以举一些具体例子：阿尔及利亚牵制了法国五十万军队，假如打世界大战，法国参加的力量就很少了，因为它只有这么多军队。南朝鲜人民起来，就牵制着美国驻南朝鲜的军队。土耳其人民起来，将牵制着美国驻土耳其的军队。日本人民如果也起来，又可以牵制美国一部分军队。有些人说，要世界和平，就不要反对帝国主义，免得帝国主义不高兴，因此各国都不要搞反对帝国主义的斗争。我看还是两条腿走路。各国人民起来对压迫者进行反抗，这是一条腿，而且是一条重要的腿，也许是第一条腿；跟它们一起在桌面上开大国会议，讲什么裁军，解决德国问题等，这也是一条腿。两条腿走路，世界大战就难于打了。如果只有一条腿，要帝国主义不打世界大战，就没有保证。帝国主义是会搞欺骗的。帝国主义也有两条腿，有欺骗的一条腿，又有压迫的一条腿。对于帝国主义的欺骗，我们和你们一样是有怀疑的。但为什么我们又要支持大国会议呢？是借此看一看，就可以暴露它们那一条腿有病。

我赞成阿尔及利亚这位朋友刚才所讲的这种思想，像阿尔及利亚这样的国家以及大体上和它相同的国家，要准备进行长期的斗争。有这样的精神准备比较有利。困难是有的，有时是很大的。我说过，中国的斗争光是武装斗争就有二十二年，你们的斗争才进行了六年。我们在革命斗争中，还犯过几次错误，比如犯过右倾机会主义的错误两次〔8〕，犯过"左"倾机会主义的错误三次〔9〕，使我们的力量遭到很大损失。我们的军事力量在长征前曾经达到过三十万人，因为犯错误，后来剩下不到三万人，不到十分之一。重要的是在困难的时候不要动摇。三万人比三十万人哪个更强大？因为得到了教训，不到三万人的队伍，要比三十万人更强大。后来我们的军队得到机会，到一九四五年日本投降的时候，已发展到一百万人。一九四六年，美国和蒋介石向我们进攻，美国不是亲自出马，而是用帮助蒋介石的办法，支援蒋介石打我们，曾经使我们丧失很多地方，丧失许多城市。蒋介石全面向我们进攻，我们采取后退的策略，消灭敌人的有生力量。一年打十个战役，虽然我们的地方丧失很多，但是敌人的军力被我们消灭了一百多个师，这时我们开始反攻。到一九四九年，我们的军队变为优势，蒋介石的军队变成劣势，其中大部分被我们消灭，我们解放了沈阳、北平、天津、济南、郑州等许多大城市。他们的地方被我们控制，军队主力被我们消灭。这时他们要求讲和，派代表到北平。我们就用两条腿走路的办法。我们知道他们讲和是骗人的，但是我们如果不讲和，老百姓不相信，似乎是蒋介石爱好和平，而我们爱好战争了。好吧，就讲和吧，派代表来吧！这时他们派来了一个代表团，同我们谈了三个星期，我们说，你们要缴枪，把政权交给我们。他们的代表签了字，派人回到国民党政府所在地南京去，请求批准。他们说不行，不能缴枪，不能移交政权，这就撕破了他们的“和平”面目。他们今天拒绝签字，明天我们就渡过了长江，这一条腿就伸出去了。敌人经常欺骗我们，我们要看得清楚。有时需要接受谈判，在谈判中揭露他们。两条腿就是这么走的。不是投降敌人，而是要敌人投降。比如现在世界人民要裁军，我们赞成，看你美国裁不裁，你裁，那很好，不裁就证明你是欺骗。要揭露敌人，用各种方法揭露敌人。和平谈判实际上也是一种揭露敌人的方法，我们是这样看的。我们不相信艾森豪威尔〔10〕很爱和平，帝国主义者哪里会爱和平？他们爱的是殖民主义。

我们高兴地看到非洲朋友有这么多人破除了迷信。迷信的第一条就是怕帝国主义，你们破除了这一条，不怕帝国主义了。但是我相信，你们非洲两亿人口中还有一些人怕帝国主义，对帝国主义还是有迷信的，或者说是有幻想的。因此你们还要向他们做工作，经过十年八年，慢慢地人就多了，两亿人口中可以有一亿人或者一亿多的人站起来，完全破除迷信，不怕帝国主义，胜利就有把握了。人常常是有很多迷信的，迷信帝国主义是其中的一种；再有一种，是不相信自己的力量，觉得自己力量很小；认为西方世界很行，我们黄种人、黑种人、棕种人都是不行的，这也是一种迷信。我们怎么不行呢？我相信，白种人可以干的事，我们都可以干，而且可以比他们干得好些。因为他们人数很少，只有几亿。并且对白种人要加以区分，他们并不都是坏人，只有十分之一的坏人，十分之九是好人，或者他们暂时受人欺骗，不觉悟，总有一天会觉悟起来的。这主要是指无产阶级，还有其他同情无产阶级的人，比如劳动者包括农民。真正怕核战争的，白种人也有，有些资本家就怕。帝国主义国家相互之间闹矛盾，所以我们有机可乘。它们并不那么团结，美国人和英国人并不那么团结，美国人和西德人也不是那么团结的，阿登纳〔11〕同英国人也不对头。所以全世界劳动者，受帝国主义压迫的爱国人民，同盟军是很多的。

我们得出一条经验，在战略上不怕敌人。帝国主义已经削弱了，十个指头已经砍掉一个、两个、三个了。在苏联，沙皇没有了，变成列宁主义的苏联了。中国也脱离了帝国主义的统治。除了这两国以外，还有十个社会主义国家，这些国家原来的帝国主义的指头，也都砍掉了。剩下的是亚洲、非洲、拉丁美洲，有些国家已经独立，有些国家正在争取独立。可以说帝国主义剩下的这几个指头也受了伤了。比如，古巴就在美国旁边，把美国的走狗打跑了；阿尔及利亚有很大一块解放区；几内亚也独立了；非洲还有其他几个独立的国家。看来，很大的风暴正在非洲掀起来，同样的风暴也正在拉丁美洲酝酿。有人说，亚洲最近几年民族独立运动比较低落，可是一九五八年七月十四日伊拉克发生了革命〔12〕；一九五六年苏伊士运河战争〔13〕，帝国主义没有胜利，埃及得到了胜利；最近几个星期又有南朝鲜、土耳其人民起来，看来日本人民也很有希望。所以现在帝国主义睡不着觉。朋友们讲到我们有些国家有困难，有忧愁。我认为我们有高兴的一面，又有忧愁的一面。我看帝国主义只有忧愁的一面，看不见高兴的一面。你说美国能睡得着觉？我不相信。帝国主义正像中国一句俗话所说的：十五个吊桶打水，七上八下。所以我们在战略上完全有理由轻视它们，坚信帝国主义制度是要灭亡的，全世界人民是要站起来的。我们在战术上要谨慎，每一个步骤都要好好地研究，要重视它们，要认真办事。合起来就是，战略上藐视敌人，战术上重视敌人，这样才能敢想敢说敢做。

大家要看一看中国的经验，我们很欢迎。有些经验也许可以作你们的参考，包括革命的经验和建设的经验。可是我要提醒朋友们，中国有中国的历史条件，你们有你们的历史条件，中国的经验只能作你们的参考。

祝贺我们的团结，由于团结我们一定会胜利。祝贺我们的胜利，让我们团结起来取得胜利。

根据中央文献出版社、世界知识出版社一九九四年出版的《毛泽东外交文选》刊印。

注　释

〔1〕这是毛泽东同非洲十二个国家和地区的社会活动家、和平人士和工会、青年、学生代表团的谈话。

〔2〕李承晚（一八七五——一九六五），一九四八年八月至一九六〇年四月任南朝鲜即韩国总统。

〔3〕岸信介，当时任日本内阁首相。

〔4〕指《日美共同合作和安全条约》，见本卷第93页注〔3〕。

〔5〕巴蒂斯塔（一九〇一——一九七三），古巴前总统。执政期间实行独裁统治，使古巴完全从属于美国。一九五九年一月一日，其政权被卡斯特罗领导的起义军推翻。

〔6〕菲德尔·卡斯特罗，一九二六年生，一九五九年起任古巴总理。

〔7〕大国会议，指稍后于一九六〇年五月十六日苏、美、英、法四国政府首脑在巴黎举行的会议。会议讨论苏美在欧洲进一步缓和关系和寻求解决重大国际问题的途径。会议期间，赫鲁晓夫要求艾森豪威尔对一九六〇年五月一日美国U—2型高空间谍飞机侵入苏联领空事件公开道歉，遭到拒绝后退出会议，会议宣告流产。

〔8〕指第一次国内革命战争后期陈独秀的右倾机会主义错误和抗日战争初期王明的右倾机会主义错误。

〔9〕指一九二七年十一月至一九二八年四月以瞿秋白为代表的"左"倾盲动主义错误，一九三〇年六月至九月以李立三为代表的"左"倾冒险主义错误和一九三一年一月至一九三五年一月遵义会议前以王明为代表的"左"倾冒险主义错误。

〔10〕艾森豪威尔，当时任美国总统。

〔11〕阿登纳（一八七六——一九六七），当时任德意志联邦共和国总理。

〔12〕见本卷第24页注〔7〕。

〔13〕指苏伊士运河事件。见本卷第25页注〔12〕。

坚决支持日本人民反对日美军事同盟条约的斗争[1]

（一九六〇年五月十四日）

新的日美“安全条约”[2]是为了压迫日本广大人民，是以中苏为敌、以亚洲人民为敌的侵略性的军事同盟条约，它对亚洲和世界和平是严重的威胁，同时也必将把严重的灾难带来给日本人民。中日两国人民和亚洲人民以及全世界爱好和平的人民都应当反对日美军事同盟条约。

美帝国主义是中日两国人民的共同敌人，是亚洲、非洲和拉丁美洲人民的共同敌人，是全世界爱好和平人民的共同敌人。帝国主义在许多国家培养它的走狗，这些走狗是本国人民所不喜欢的。日本的岸信介[3]政府就是这样的政府，日本自由民主党的有识爱国之士，也对岸信介的反动政策表示不满。目前日本人民正在展开规模宏大的斗争，反对日美军事同盟条约。日本人民在反对日美军事同盟条约的斗争中，觉悟一天天提高，觉悟的人越来越多。日本人民是很有希望的。中国人民过去、现在和将来都坚决支持日本人民的爱国正义斗争。古巴和拉丁美洲人民支持日本人民的斗争，日本人民也支持古巴和拉丁美洲人民的斗争。

最近美国派 U—2 型飞机侵入苏联，进行间谍活动，被苏联击落，苏联人做得很正确。这件事再一次暴露出美帝国主义在虚伪和平的幌子下所进行的准备侵略战争的真面目，进一步向全世界证明了这样的真理：对帝国主义不应当存有不切实际的幻想。曾经有些人把艾森豪威尔〔4〕说成是一个十分爱好和平的人，我希望这些人能够从这样一些事实中觉悟起来。

我们支持首脑会议〔5〕的召开，不管这种会议有无成就和成就的大小。但是世界和平的取得，主要应当依靠各国人民的坚决斗争。

帝国主义最怕的是亚洲、非洲、拉丁美洲人民觉悟，怕世界各国人民的觉悟。我们要团结起来把美帝国主义从亚洲、非洲、拉丁美洲赶回它的老家去。

根据中央文献出版社、世界知识出版社一九九四年出版的《毛泽东外交文选》刊印。

注　　释

〔1〕这是毛泽东同日本日中友好协会、工会总评议会等访华代表团以及古巴、巴西、阿根廷访华代表团的谈话要点。

〔2〕日美“安全条约”，即《日美共同合作和安全条约》。见本卷第 93 页注〔3〕。

〔3〕岸信介，当时任日本内阁首相。

〔4〕艾森豪威尔，当时任美国总统。

〔5〕指苏、美、英、法四国首脑会议。见本卷第 178 页注〔7〕。

同蒙哥马利[1]的谈话

（一九六〇年五月二十七日）

蒙哥马利：请你给我讲一讲你对今天的世界局势有什么看法？

毛泽东：国际局势很好，没有什么坏，无非是全世界反苏反华。

蒙：这是很坏的。

毛：这是美国制造的，不坏。

蒙：但这是很坏的。

毛：不坏，是好的。他们如果不反对我们，我们就同艾森豪威尔、杜勒斯[2]一样了，所以照理应该反。他们这样做，是有间歇性的。去年一年反华，今年反苏。

蒙：那是美国做的，不是英国。

毛：主要是美国，它也策动在各国的走狗这样做。

蒙：因此我认为局势是坏的。

毛：现在的局势我看不是热战破裂，也不是和平共处，而是第三种：冷战共处。

蒙：困难就在这里。在冷战中相处是困难的。

毛：我们就要解决这个问题。

蒙：我们必须找到一个解决办法。

毛:但是我们要有两个方面的准备。一个是继续冷战,另一个是把冷战转为和平共处。所以你做转化工作,我们欢迎。

蒙:是的。我认为我们不能在这种紧张局势中生活下去。我们的孩子们是在冷战中长大的,这对孩子们是坏的。所以我们必须把这种情况转为和平共处。我不希望看到我的孩子长大以后认为世界必须一直存在着紧张。

毛:这要有分析。冷战有好的一面,也有坏的一面。坏的一面是它有可能转为热战。

蒙:有可能。

毛:好的一面是有可能转为和平共处。

蒙:这不能够称为是冷战的好处。

毛:我们说有好处,因为美国制造紧张局势,就制造更多反对它的人,例如在南朝鲜、日本、土耳其以及拉丁美洲,很多国家都反对美国人的控制。这是美国人自己造成的。

蒙:我不能肯定美国在西方国家集团中制造了它的反对者,在西方集团中没有发生这种情况,虽然我希望发生这种情况。

毛:我不是指欧洲,欧洲是比较平静的。我是指南朝鲜、南越、日本、土耳其、古巴以及其他拉丁美洲国家和非洲。非洲不能光责备美国,首先是要责备欧洲的殖民主义者。但是,美国要在那里取欧洲殖民主义者的地位而代之。因此,我说好的一面就在于使这些国家反对美帝国主义。这正在动摇整个资本主义世界的基础。

蒙:西方世界的领袖是美国,现在西方国家怕被这个领袖领到战争中去,这是个很奇怪的现象。因为在上两次世界大战中，美国都等到战争打到一半才参加进来。可是现在西方国家却怕美国把它们带入战争。我们必须把这样一种情况改过来：现在的情况是，西方集团的领袖跟东方集团两个最大的国家根本谈不拢。由于这个原因，美国在西方的领导受到怀疑。

毛：只要美国的领导不削弱，由英国、法国来加强，就不可能改变局势。

蒙：我相信必然产生这样的一种情况。

毛：你是英国人，你到法国跑过，你去过两次苏联，现在你来到了中国。有没有这种可能，英、法、苏、中在某些重大国际问题上取得一致意见？

蒙：是的，我想是可能的。但是，由于美国的领导，英、法会害怕这样做。

毛：慢慢来。我们希望你们的国家强大一些，希望法国强大一些，希望你们的发言权大一些，那样事情就好办了，使美国、西德、日本有所约束。

威胁你们和法国的是美国和西德，还有在远东的日本。威胁我们的也是这三个国家。我们不感到英国对我们是个威胁，也不认为法国对我们是个威胁。对我们的威胁主要来自美国和日本。

蒙：我觉得很重要的是，在这个非常复杂的局势中，我们应首先采取哪一个步骤？我觉得首先应该从别国领土上撤走一切外国军队，这是需要时间的。

毛：主要是美国的势力，一部分在欧洲，一部分在亚洲。英国在德国只有四个师。

蒙：只有三个。

毛：而美国在国外有一百五十万军队，二百五十个军事基地，包括在西德、英国、土耳其，还有在摩洛哥。在东方，美国在日本、南朝鲜、台湾、菲律宾有军事基地；美国还在南越有军事人员，在泰国和巴基斯坦有空军基地。

蒙：主要的问题是大家应该回到本国去。如果我们能做两件事，我们就有可能和缓紧张局势：第一，停止对欧洲的军事占领；第二，解决台湾问题。问题只能一个一个来。

毛：但是人民在做。南朝鲜人民、日本人民，还有土耳其人民，都在进行示威游行。土耳其刚刚发生了政变〔3〕，这总不能说是共产党搞的吧。

蒙：要同时做一切事情是没有好处的。我是个军人，我了解这一点。你也是个军人，你也应该了解这一点。

毛：你有三十五年军龄，你比我长，我只有二十五年。

蒙：我有五十二年了。

毛：可是我还是共产党军事委员会主席。

蒙：那很好。我读过你关于军事的著作，写得很好。

毛：我不觉得有什么好。我是从你们那儿学来的。你学过克劳塞维茨〔4〕，我也学过。他说战争是政治的另一种形式的继续。

蒙：我也学过成吉思汗〔5〕，他强调机动性。

毛：你没有看过两千年以前我国的《孙子兵法》吧？里面很有些好东西。

蒙：是不是提到了更多的军事原则？

毛：一些很好的原则，一共有十三篇。

蒙：我们应当从两千年以前回到现在了。

你同意不同意，我回到伦敦以后，在结束欧洲的军事占领和解决台湾这两个大问题上动员世界的舆论？你是否同意先从这两个问题开始？

毛：好，我赞成。

蒙：我可以使美国非常为难。

毛：这里也有两条：一条就是你这样做；另一条就是美国人非常自高自大，他们是寸土不让的。

蒙：我可以使美国非常为难。

毛：有可能。

蒙：我跟美国人很熟，在美国有很多朋友，他们的看法跟我一样。

毛：我们的政策也是使美国为难。

蒙：在美国，我有很多朋友会同意我的意见的。很多强大的报界人士也会同意我的。我过去从来也没有设法使美国为难，我想现在就要使它为难了。

毛：美国现在很被动。有几百条绞索把美国捆起来，它在国外有二百五十个军事基地。

蒙：我想应该对美国人讲一些不客气的老实话。

毛：美国有一半的军队都捆在基地上。它有三百万军队，其中一百五十万在海外，包括在你们的英国和中国的台湾。我们在国外没有一个军事基地，没有一个兵。

蒙：主席同意不同意我跟周恩来谈的关于美国应该遵守的那几条原则？那就是：第一，美国应该承认台湾是中国的一部分；第二，美国应该从台湾撤走；第三，台湾问题应该由中国和蒋介石谈判。

毛：我知道，我也同意。我们不要同美国用战争解决问题。同蒋介石就不同了，但是如果他不用武力，我们也不用武力。

蒙：这点我是同意的。

毛：美国声明愿意通过和平谈判解决国际问题，而不使用武力或不以武力威胁。它这个话是否可靠还是个假定，还要等着看。可是蒋介石没有发表这样的声明，他反对同中国共产党谈判，而我们早就表示我们愿意同蒋介石通过谈判解决问题。

蒙：你认不认识蒋介石？

毛：他是我的老朋友，我怎能不认识？蒋介石就是经过我们的帮助才掌权的。在他没有掌权以前，我们同孙中山打交道。

蒙：毛主席同蒋介石是否在抗日的时候合作过？

毛：抗日合作了八年。后来他又同美国合作来打我们。

过去你们英国同日本有一个同盟，对付沙皇俄国。那时候，远东是你们的天下，中国主要是你们的势力范围。这种情况是什么时候改变的呢？第一次世界大战时开始变了。第二次世界大战后，日本你们就管不了啦，由美国管了。英国还同美国订了一项君子协定，把中国让给美国。这是克里浦斯夫人到延安时告诉我的。她说，在中国问题上，英国没有发言权了。从此以后，中国人民对英国的仇恨就消除了，中国人民的仇恨转向美国。日本投降以后，在中国的美国军队有九万人。

蒙：可是过去的仇恨是针对英国的。

毛：过去是对着英国，同时也是对着日本。

蒙：我们曾经是最坏的洋鬼子。

毛：过去也有日本，后来就成为日本和美国。

蒙:你们反对美国,是不是因为美国派了马歇尔[6]将军来中国干涉中国内政?

毛:日本就是在美国的帮助下才占了大半个中国。日本没有铁,没有石油,煤也很少。这三样东西都是美国源源不断地给日本送去的。但是,美国扶植了一个力量,却造成了一个珍珠港事件[7]。

蒙:你们今天不怕日本了吧?

毛:还有点怕,因为美国扶植日本的军国主义。

蒙:日本是一个高度组织起来的工业国家。

毛:美国在东方的主要基地是日本。本月十九日,日本在国会中强行通过了同美国的军事同盟条约[8]。

蒙:日本对中国有没有什么坏的意图?

毛:我看是有。

蒙:什么样的意图?

毛:当然主要是美国。日美条约把中国沿海地区,也包括在日本所解释的远东范围之内。

我读过艾登[9]的回忆录。他讲到苏伊士问题、埃及问题和伊朗问题,也谈到东南亚条约组织[10]问题。他说,美国在组织东南亚条约组织的时候,英国希望印度参加,美国坚决反对。美国说如果英国要印度参加,美国就要蒋介石和日本参加。

蒙:印度是不会参加的。

毛:那个时候,艾登想让印度参加来对付美国。艾登在回忆录中说,他想不通蒋介石怎么能同尼赫鲁[11]相提并论。

蒙:我有一个有趣的问题想问一下主席:中国大概需要五

十年，一切事情就办得差不多了，人民生活会有大大的改善，房屋问题、教育问题和建设问题都解决了，到那时候，你看中国的前途将会怎样？

毛：你的看法是，那时候我们会侵略，是不是？

蒙：不，至少我希望你们不会。

毛：你怕我们会侵略。

蒙：我觉得，当一个国家强大起来以后，它应该很小心，不进行侵略。看看美国就知道了。

毛：对，很对，也可以看一看英国。第一次世界大战以前，世界上最强大的国家就是英帝国。一百八十年前的美国呢，只是英国的殖民地。

蒙：历史的教训是，当一个国家非常强大的时候，就倾向于侵略。

毛：要向外侵略，就会被打回来。到底是华盛顿〔12〕的北美强大，还是英帝国强大？但是，华盛顿用几枝烂枪，打了八年，把英帝国赶回去了。

蒙：美国革命是件好事。革命往往是件好事。如果不是美国革命，加拿大就不是今天的加拿大。中国的革命也是好的。所以革命可以是好的。

毛：你很开明！

蒙：我是个军人。

毛：外国是外国人住的地方，别人不能去，没有权利也没有理由硬挤进去。

蒙：我同意。

毛：如果去，就要被赶走，这是历史教训。

蒙：五十年以后中国的命运怎么样？那时中国会是世界上最强大的国家了。

毛：那不一定。五十年以后，中国的命运还是九百六十万平方公里。中国没有上帝，有个玉皇大帝。五十年以后，玉皇大帝管的范围还是九百六十万平方公里。如果我们占人家一寸土地，我们就是侵略者。实际上，我们是被侵略者，美国还占着我们的台湾。可是联合国却给我们一个封号，叫我们是“侵略者”。你在同一个“侵略者”说话，你知道不知道？在你对面坐着一个“侵略者”，你怕不怕？

蒙：革命前，你们曾遭受过我们的侵略。

毛：过去有过，现在那种仇恨没有了，只留了一点尾巴了。你们的政府只要改善一点态度，我们就可以同你们建立正式外交关系，互派大使。

蒙：我希望如此。

毛：如果英、法、苏、中四国能够比较接近，事情就会好些。

蒙：我希望看到这种情况。

毛：你们为什么不稍稍改善一点你们的态度呢？基本问题已经解决了，你们同台湾没有正式外交关系，同意北京政府代表中国，基本事情你们已经做了。只剩下个别问题，这就是：

一、在联合国讨论蒋介石代表权问题的时候，同美国站在一起；

二、在台湾你们还有领事；

三、你们的政府比较亲台湾而对中国疏远，有很多蒋介石的人从台湾到伦敦，受到你们外交部的接待。

此外，在西藏问题上，你们也同美国站在一起。西藏的一名叛乱分子到伦敦，受到你们外交部的负责人接见。

蒙：这我不知道。西藏是在中国之内的。

毛：你们外交部做的很多事情，你是不知道的。所以我看来，我们不能轻易地把正式代表权给英国，不能同英国正式互换大使。

蒙：这是需要时间和等待的。

毛：你们只要少许改善一下态度，我们的关系就会改善。

蒙：我觉得你提到的关于英、法、俄、中这一个问题是很有趣的。我同麦克米伦〔13〕和戴高乐〔14〕是很熟的。戴高乐曾要我下个月到巴黎去同他会见，我将把这一点告诉他。戴高乐是一个很好的人。

毛：我们对戴高乐有两方面的感觉：第一，他还不错；第二，他有缺点。

蒙：人人都有缺点。

毛：说他还不错是因为他有勇气同美国闹独立性。他不完全听美国的指挥棒，他不准美国在法国建立空军基地，他的陆军也由他指挥而不是由美国指挥。

蒙：海军也是这样。

毛：法国在地中海的舰队原来由美国指挥，现在他也把指挥权收回了。这几点我们都很欣赏。

另一方面他的缺点很大。他把他的军队的一半放在阿尔及利亚进行战争，使他的手脚被捆住了。

蒙：戴高乐会说，阿尔及利亚是法国的一个省份，而在法律上戴高乐这样说是对的。

毛：阿尔及利亚人可不同意，他们要求独立。

蒙：麻烦就在这里，所以必须解决。但是法律上阿尔及利亚是法国的一个省份。这个问题必须解决。

毛：阿尔及利亚问题应该解决。阿尔及利亚人告诉我，法国在阿尔及利亚有九十万军队，我觉得没有这么多，大概有五六十万。每天、每月、每年，法国都在阿尔及利亚消耗大量军费，这对法国很不利。

蒙：这个问题必须解决。

毛：是必须解决。法国军队不能打仗，在越南他们也打不过胡志明〔15〕部队。

蒙：这个问题必须解决。

毛：他们在阿尔及利亚打了六年。开头阿尔及利亚只有三千名游击队，现在已经发展到十万人的军队了。

蒙：这个问题必须解决。戴高乐的地位在很大程度上取决于他能否解决这个问题，如果他解决不了，他可能被迫下台。

毛：也会决定他是否能够同英国和美国一道在欧洲有平等的权利。

蒙：他已经得到了。他曾经坚持这一点。

毛：不完全如此，美国人不干。我们看到麦克米伦到法国访问、戴高乐到伦敦访问时受到隆重接待，我们感到很高兴。我们希望你们两个国家能够合作。

蒙：麦克米伦可能是西方世界最好的政治领袖。

毛：可能。至少他比艾森豪威尔好。

蒙：谁会比他更好呢？我是指在西方世界里。

毛：我们希望英国能够更加强大。

蒙：他在西方集团是最聪明、最老实的人了。

毛：人们可以看出，他比较有章法。

蒙：我衡量一个政治领袖的标准是看他是否会为了地位而牺牲他的原则。你同意不同意这样一种标准？如果一个领袖为了取得很高的地位而牺牲他的原则，他就不是一个好人。

毛：我的意见是这样的，一个领袖应该是绝大多数人的代言人。

蒙：但是他也不能牺牲他的原则啊！

毛：这就是原则，他应该代表人民的愿望。

蒙：他必须带领人民去做最有利的事。

毛：他必须是为了人民的利益。

蒙：但是人民并不经常知道什么对他们最有利，领袖必须带领他们去做对他们有利的事情。

毛：人民是懂事情的。终究还是人民决定问题。正因为克伦威尔〔16〕代表人民，所以国王才被迫让步。

蒙：克伦威尔只代表少数人。

毛：他是代表资产阶级反对封建主。

蒙：但是他失败了。克伦威尔去世并且埋葬以后，过了几年，人家又把他的尸体挖出来，砍掉他的脑袋，并且把他的头在议会大厦屋顶上挂了好几年。

毛：但是在历史上克伦威尔是有威信的。

蒙：如果不是克伦威尔的话，英国就不是今天的英国了。

毛：耶稣是在十字架上被钉死的，但是耶稣有威信。

蒙：那是在他死以后，在他活着的时候，他没有很多的跟随者。

毛：华盛顿是代表美国人民的。

蒙：可是他被暗杀[17]了。

毛：印度的甘地[18]也是被暗杀的，但是他是代表印度人民的。

根据中央文献出版社、世界知识出版社一九九四年出版的《毛泽东外交文选》刊印，原题是《同蒙哥马利元帅谈国际局势》。

注　　释

〔1〕蒙哥马利（一八八七——一九七六），英国陆军元帅。第二次世界大战期间是盟军指挥官之一。后曾任英军总参谋长、北大西洋公约组织盟军最高副总司令。

〔2〕艾森豪威尔，当时任美国总统。杜勒斯，一九五三年至一九五九年任美国国务卿。

〔3〕一九五〇年，在土耳其自由选举中，曼德列斯领导的民主党获胜，取得政权。曼德列斯执政后，背弃诺言，抛弃民主和宪法，压制反对派。一九六〇年五月二十七日，土耳其武装部队一批下级军官指挥伊斯坦布尔和安卡拉的部队发动军事政变，推翻了曼德列斯政府。曼德列斯被处死刑。

〔4〕克劳塞维茨（一七八〇——一八三一），德国军事理论家，主要著作有《战争论》。

〔5〕成吉思汗（一一六二——一二二七），元太祖，名铁木真，军事家和政治家。

〔6〕马歇尔（一八八〇——一九五九），美国民主党人，前国务卿和国防部长。一九四五年十二月曾被美国总统派为驻华特使，以“调处”为名，参与国共谈判，支持国民党政府发动内战。一九四六年八月宣布“调处”失败，不久返回美国。

〔7〕一九四一年十二月八日，日本未经宣战，突然袭击美国在太平洋地区的最大海空军基地珍珠港，击毁、击伤美国军舰十九艘，飞机二百余架，美国太平洋

舰队遭到惨重损失。当日，美国对日本宣战，太平洋战争爆发。

〔8〕指《日美共同合作和安全条约》，见本卷第93页注〔3〕。

〔9〕艾登（一八九七——一九七七），英国保守党人，英国前首相、外交家。

〔10〕东南亚条约组织，见本卷第67页注〔2〕。

〔11〕尼赫鲁，当时任印度总理。

〔12〕华盛顿（一七三二——一七九九），美国第一任总统。一七七五年美国独立战争爆发后，任大陆军总司令，将武装落后、组织松散的地方民军整编训练成为能与英军正面抗衡的正规军，领导美国取得独立战争的胜利。

〔13〕麦克米伦（一八九四——一九八六），英国保守党人，当时任英国首相。

〔14〕戴高乐（一八九〇——一九七〇），当时任法国总统。

〔15〕胡志明，当时任越南劳动党中央委员会主席、越南民主共和国主席。曾领导越南人民进行抗法救国战争。

〔16〕克伦威尔（一五九九——一六五八），十七世纪英国资产阶级革命时期的主要军事、政治领导人，独立派领袖，资产阶级新贵族集团的代表人物。他率军战胜国王军队，一六四九年宣布成立共和国。一六五三年自任“护国主”，建立军事独裁政权。

〔17〕这里蒙哥马利的记忆有误，华盛顿是一七九九年十二月十四日在家乡芒特弗农病逝的。

〔18〕甘地（一八六九——一九四八），印度民族独立运动领袖，曾当选为印度国大党主席。长期领导反对英国殖民统治、争取印度独立的斗争，一九四八年一月三十日遇刺身亡。

给卡斯特罗的信

（一九六〇年五月三十日）

尊敬的古巴总理
菲德尔·卡斯特罗博士：

我很高兴会见了您的战友、古巴起义军总督察威廉·加尔维斯·罗德里格斯少校，非常感谢您托他带来的热情的友好的问候。

古巴人民的民族民主革命斗争，受到全世界人民的赞扬和尊敬。英雄的古巴人民，经过长期的艰苦奋斗，推翻了帝国主义走狗的反动独裁统治。在革命胜利以后，你们又英勇地抗击着美帝国主义的侵略和威胁，进行着符合广大人民群众利益和繁荣民族经济所必需的土地改革和其他改革。你们是在最接近美国的地区进行正义的革命斗争。你们的每一个胜利，都沉重地打击了以美国为首的帝国主义反动势力。全世界争取和平和进步的人民，特别是拉丁美洲各国人民，从你们胜利的斗争中，大大增强了斗争勇气和胜利信心。

中国人民和我本人，一直非常关心您所领导的古巴人民革命斗争。长期生活在革命斗争中的中国人民，对于你们的斗争，感到特别亲切。相同的遭遇和共同的斗争，把我们两国人民紧紧地联系在一起。我们在反对美帝国主义的斗争中，是相互支持、相互鼓舞的。你们取得的每一个成就、进步和胜利，都使我们感到高兴。你们受到美帝国主义者的每一次侵略、轰炸和破坏，都使我们极其愤怒。中国人民和古巴人民是共患难的战友。我们将继续用自己的胜利斗争和一切力所能及的帮助，来支持你们的正义事业。

世界人民反对帝国主义斗争的胜利结局，已经确定无疑了。这是不以帝国主义和各国反动派的主观愿望为转移的历史发展的客观规律。帝国主义和各国反动派正在采取和准备采取各种穷凶极恶的手段，以图挽救他们的灭亡。在我们两国人民面前和世界人民面前，还存在着很多困难。古巴和各国人民今后的斗争，仍然是艰巨的、复杂的、曲折的。但是，只要各国革命领导核心广泛地团结一切可能团结的力量，依靠最广大人民群众坚持不懈的斗争，世界上没有任何力量可以阻止人民前进。我们坚定地相信，各国最广大人民群众一定能够最紧密地团结起来，结成最广泛的统一战线，克服前进道路上的各种困难，取得反对帝国主义、反对各国反动派、保卫民族独立和争取社会解放的正义事业的彻底胜利。

请您，尊敬的古巴总理，接受全中国人民和我本人的崇高敬意。祝您健康！祝中国和古巴两国人民的友谊日益增进！祝古巴人民革命事业取得更伟大的胜利！

毛　泽　东

一九六〇年五月三十日

根据中央档案馆保存的原件刊印。

主动权来自实事求是[1]

(一九六〇年六月十八日)

主动权是一个极端重要的事情。主动权,就是"高屋建瓴"、"势如破竹"。这件事来自实事求是,来自客观情况在人们头脑中的真实的反映,即人们对于客观外界的辩证法的认识过程。我们过去十年的社会主义革命和社会主义建设,就是这样一个过程。中间经过许多错误的认识,逐步改正这些错误,以归于正确。现在就全党同志来说,他们的思想并不都是正确的,有许多人并不懂得马列主义的立场、观点和方法。我们有责任帮助他们,特别是县、社、队的同志们。我本人也有过许多错误。有些是和当事人一同犯了的。例如,我在北戴河[2]同意一九五九年完成三千万吨钢;十二月又在武昌[3]同意了可以完成二千万吨,又在上海会议[4]同意了一六五〇万吨。例如,一九五九年三月在第二次郑州会议[5]上,主张对一平二调[6]问题的账可以不算;到四月,因受浙江同志和湖北同志的启发,才坚决主张一定要算账。如此等类。看来,错误不可能不犯。如列宁所说,不犯错误的人从来没有。郑重的党在于重视错误,找出错误的原因,分析所以犯错误的客观原因,公开改正。[7]我党的总路线[8]是正确的,实际工作也是基本上做得好的。有一部分错误大概也是难于避免的。哪里有完全不犯错误、一次就完成了真理的所谓圣人呢？真理不是一次完成的，而是逐步完成的。我们是辩证唯物论的认识论者，不是形而上学的认识论者。自由是必然的认识和世界的改造。由必然王国到自由王国的飞跃，是在一个长期认识过程中逐步地完成的。对于我国的社会主义革命和建设，我们已经有了十年的经验了，已经懂得了不少的东西了。但是我们对于社会主义时期的革命和建设，还有一个很大的盲目性，还有一个很大的未被认识的必然王国，我们还不深刻地认识它。我们要以第二个十年时间去调查它，去研究它，从其中找出它的固有的规律，以便利用这些规律为社会主义的革命和建设服务。

根据中央档案馆保存的原件刊印。

注　释

〔1〕这是毛泽东在一九六〇年六月十四日至十八日召开的中共中央政治局扩大会议期间写的《十年总结》的一部分。

〔2〕指一九五八年八月十七日至三十日在北戴河召开的中共中央政治局扩大会议。

〔3〕指一九五八年十一月二十八日至十二月十日在武昌召开的中共八届六中全会。

〔4〕指一九五九年四月二日至五日在上海召开的中共八届七中全会。

〔5〕指一九五九年二月二十七日至三月五日在郑州召开的中共中央政治局扩大会议。

〔6〕一平二调，参见本卷第 33 页注〔1〕。

〔7〕见列宁《共产主义运动中的“左派”幼稚病》。新的译文是：“一个政党对自己的错误所抱的态度，是衡量这个党是否郑重，是否真正履行它对本阶级和劳动群众所负义务的一个最重要最可靠的尺度。公开承认错误，揭露犯错误的原因，分

析产生错误的环境，仔细讨论改正错误的方法——这才是一个郑重的党的标志，这才是党履行自己的义务，这才是教育和训练阶级，进而又教育和训练群众。”(《列宁选集》第4卷，人民出版社1995年版，第167页)

〔**8**〕指一九五八年五月五日至二十三日在北京召开的中国共产党第八次全国代表大会第二次会议通过的“鼓足干劲、力争上游、多快好省地建设社会主义”的总路线。

美帝国主义是中日两国人民的共同敌人[1]

（一九六〇年六月二十一日）

非常欢迎你们。对日本人民的英勇斗争感到很高兴。你们的斗争对中国人民、对世界人民都是一个极大的支持，你们斗争的对象是世界上最大的帝国主义。这个国家曾经控制着中国，援助蒋介石打内战，现在还占领着我们的台湾。在日本、菲律宾、南朝鲜、台湾都有它的军事基地，实际上占领的还有南越，巴基斯坦以西还有许多国家就不讲了。这是我们的共同敌人。去年日本社会党领袖浅沼稻次郎[2]访华时在北京发表演讲，说美帝国主义是中日两国人民的共同敌人。当时一部分人认为这种说法太过火。现在日本人民的斗争，大大超过了去年的这种说法，斗争的范围和规模之大，是去年所没有想到的。这次斗争是从反对"安全条约"[3]爆发的，其基本性质是反对美帝国主义和它在日本的代理人岸信介[4]，要求民族独立和民主，因为条约是日美反动派在众议院强行通过的。就是说日本革命的性质是民族民主革命。工人罢工不是提经济口号，而是提的政治口号，这在世界上是少见的。并且，有高级知识分子参加斗争，如东京大学校长茅诚司在"六一五"惨案[5]

发生的第二天，就召开了全校抗议大会，率领大家上街示威游行。牺牲者是东京大学学生，叫桦美智子，现在全世界闻名。她父亲叫桦俊雄，是中央大学教授，专攻法律。好像有好几千名教授都组织起来了，妇女也赶上去了，还有和尚等宗教界人士也出来了，工人、学生是主力。明天还要有更大规模的罢工。

日本有美国的军事基地，过去人们对它没有办法，既苦恼，又不能去打它。现在你们日本人民想出来一个好办法，就是进行全民性的群众斗争，除了美帝国主义和它的代理人以外，其他所有的力量都团结起来，对美帝国主义和它的代理人进行斗争。中国过去基本上也是用这种办法。中国曾经还有武装斗争，但一九一九年五四运动时并没有武装斗争，是反对巴黎和会的条约〔6〕，这是第一次世界大战后的事，当时还没有中国共产党。两年后，一九二一年共产党才诞生，开始人数很少，只有几十个人。一九二六年有北伐战争，那时和国民党合作，这段历史你们都很清楚。一九二七年北伐到长江一带，蒋介石反共，逼着我们打内战。我们因为党内有右倾机会主义分子陈独秀〔7〕，没有准备而突然遭受袭击。中国地方大，打了十年内战。以后同日本军阀打仗，又和蒋介石合作。我同很多日本朋友讲过这段事情，其中一部分人说日本侵略中国不好。我说侵略当然不好，但不能单看这坏的一面，另一面日本帮了我们中国的大忙。假如日本不占领大半个中国，中国人民不会觉醒起来。在这一点上，我们要感谢日本皇军。但是日本现在没有负担了，因为日本没有殖民地，相反地变成了殖民地和半殖民地。从有外国的军事基地一点来说是殖民地，但是还有个独立政府，这个政府被美国支配着，从这个意义来说，又是一个半殖民地。日本现在不欠谁的账了，相反地外国欠日本的账。这个外国就是美国，而不是英国、法国。所以日本人民现在愤怒起来了。我同许多日本朋友谈过，我不相信像日本这样伟大的民族会长期受人家统治。现在谁在教育你们日本人民？是美帝国主义做你们的反面教员，同时它也做我们的反面教员。一九四五年以后，中国的事情和日本没有关系。欺侮中国、帮助蒋介石打内战的是美帝国主义，而不是日本。所以我们的仇恨目标转移了，不是日本而是转到美帝国主义身上了。相反地，我们中日两大民族有合作的可能性，也有此必要，因为都受美帝国主义压迫，有共同立场。现在压迫中日两国人民的是美国。除了美国以外还有谁呢？是英国、法国吗？英国、法国过去在中国有势力范围，但第二次世界大战时就没有了，美国就代替了英国、法国。

你们被压迫的历史不长，我们很长，有一百多年。但是你们的工业、经济、文化比我们中国发达。我们是落后国家，现在你们还可以看到落后的遗迹。我们受高等教育的人数按人口比例比你们少。

你们在座的都比我年轻。世界上大多数事情，都是年轻的、比较不出名的、地位比较低的、财富比较少的人做出来的。比如，英国发明蒸汽机的瓦特就是工人出身。你们总可以找到很多这样的例子。一九五八年，我在党的八大二次会议〔8〕上曾经谈过这件事。后来对全世界近三百年来搞发明创造的都是一些什么人作过调查，整理出来的结果表明，这些人百分之七十都是不出名的、年轻的、地位比较低的、比较穷的。不知你们日本情况如何?难道好事情都是老头子、当大官的做的吗?我就不相信。包围哈格蒂[9]、赶走艾森豪威尔的就是那些年轻人,“六一五”惨案牺牲者桦美智子也是年轻人。我在《中国青年报》上看到过,你们代表团的年轻成员竹内实写的一篇短文章[10],写得很好。

我们总是同你们在一道的,总是同要求独立、民主、自由的日本人民在一道的,却同岸信介不是在一道。

世界上的事情在变化,变化得特别快。如四五年前我见过许多日本朋友,一提到美国的事情,他们都不开腔。我看那时日本朋友是在想问题,听我们说的话,他们不反对,愿意听下去,不替美国辩护。现在情况变化了,因为日本人民在日本各地行动起来了,比如写标语来反对“安全条约”,要求取消军事基地、撤回 U—2 型飞机,提出美国佬滚回去,甚至冲绳人民起来当面质问美国人:“你们究竟还要占领多久?”日本的各阶层人民都行动起来了,这有几百万人,是四五年前所不能设想的。我看日本的独立和自由是很有希望的。把美国军事基地取消,“安全条约”取消,日本的独立与和平是有保证的,亚洲的和平也有保证。祝贺你们取得的胜利。

胜利是逐步得来的,群众的觉悟也是逐步提高的。包括我们在内,也是逐步觉悟起来的。我自己也是如此,在中学读书时并不知道马列主义。我读的书有两个阶段,先是读私塾,是孔夫子[11]那一套,是封建主义;接着进学校,读的是资本主义,信过康德[12]的哲学。后来是客观环境逼得我同周围的人组织共产主义小组,研究马列主义。周恩来总理也是这样。我当时一则没有钱进大学,二则也读不下去了。我读的师范学校，是准备当教员的。我做过小学教员，也做过校长。那时一心想当教员，并没有想当共产党员。后来反对军阀，受到《新青年》[13]的影响。《新青年》开始并不是共产主义的杂志。后来教员当不下去了，逼得我搞学生运动、工人运动，那时开始有共产党，这是一九一九、一九二〇、一九二一年的事情。周总理在南开学校毕业后，跑到日本住了一年半，回来搞五四运动，军阀抓他，又跑到法国去搞勤工俭学，开始给《益世报》[14]写稿子，以后又搞共产主义小组。一九二七年大革命失败后，又有很多人跑到莫斯科，进中山大学[15]念书。

中国革命是经过很多曲折道路才成功的。一八四〇年发生鸦片战争。一八五一年到一八六四年，太平天国经过十三年失败了。一八九八年康有为、梁启超参加的戊戌变法也失败了[16]。以后有许多人跑到日本，约一两万人。一九〇五年，孙中山领导的同盟会[17]就是在日本成立的。一九一一年的辛亥革命也失败了，袁世凯[18]要做皇帝。接着军阀混战。一九一九年五四运动。一九二一年中国共产党成立。一九二三年二七大罢工。一九二五年五卅运动，反对英帝国主义。一九二四年国共合作，在广州召开国民党一大。一九二六年北伐。一九二七年蒋介石叛变，我们转到地下，开始打游击。从一九二七年到一九四九年，共计打了二十二年仗，包括土地革命战争、抗日战争和解放战争。解放战争时，斗争的目标改变了，过去是日本帝国主义，现在变成美帝国主义及其走狗蒋介石，到一九四九年告一段落。新中国成立到去年是十年。这十年我们干的是社会主义革命和社会主义建设，就是你们现在看到的事情。这十年里有些成绩，但终究是时间短，成绩并不多。

我给你们讲了这么多大都是亲身经过的历史，说明中国人民是逐步觉悟起来的，我们这一辈人也是逐步觉悟起来的。我相信，你们也会逐步觉悟起来。方才我说过，有些日本人四五年前不敢讲美帝国主义，但是去年浅沼访华时敢于发表演讲，说美帝国主义是中日两国人民的共同敌人。过了一年，日本人民就掀起了这样大规模的反对“安全条约”的斗争，应该说进步很快，觉悟有了很大的提高，现在认识到美帝国主义是中日两国人民的共同敌人。你们会比我们搞得快。我们搞了一百多年，从一八四〇年到一九四九年共计是一百零九年。现在“安全条约”还没有反掉，反掉的是艾森豪威尔访日。“安全条约”现在还存在，但是会反掉的，可能还要有一段时间，也不好说是哪年哪月可以反掉，但总会反掉的。当然我并不是主张你们同美国开仗，可以不采取打仗的办法达到目的。这在别的地方现在还没有先例，也许你们会创造先例。

采取打仗或不打仗的办法达到独立的目的，过去先例也有。一百八十多年前，美国是英国的殖民地。华盛顿〔19〕把英国赶走了，他是采取战争的办法。印度独立并没有打仗，英国人允许了印度独立。你们可以找到适当的办法，看来你们已经找到了办法，就是现在这个办法，成立一个“阻止安全条约国民会议”这样的机构，这个机构包括一百多个团体，采取有领导、有组织的斗争方式。我们中国过去没有采取像你们这样的办法。

你们当中过去没有来过中国的可能对中国不熟悉，呆下去就熟悉了，你们会知道中国人民对你们是友好的。

我们互相支援，互相学习，学习彼此的长处。

根据中央文献出版社、世界知识出版社一九九四年出版的《毛泽东外交文选》刊印。

注　释

〔1〕这是毛泽东同日本文学代表团的谈话。

〔2〕浅沼稻次郎（一八九八——一九六〇），日本社会党前委员长、社会活动家。为促进中日友好和两国关系正常化作出过贡献，一九六〇年十月被日本右翼分子刺杀。

〔3〕“安全条约”，即《日美共同合作和安全条约》。见本卷第93页注〔3〕。

〔4〕岸信介，当时任日本内阁首相。

〔5〕“六一五”惨案，是日本岸信介政府镇压示威群众的暴力事件。一九六〇年六月十五日，东京各界人士十万人举行示威游行，反对日本国会批准《日美共同合作和安全条约》，反对美国总统艾森豪威尔访问日本。示威群众在游行中遭到武装警察的镇压和日本右翼团体的袭击，东京大学桦美智子等两名学生被打死，近三百名群众被打伤。这次示威游行迫使艾森豪威尔原定六月十九日访日无限期推迟。

〔6〕一九一九年一月十八日至六月二十八日，第一次世界大战的战胜国和战败国共二十七个国家在巴黎举行和平会议，称“巴黎和会”。和会名义上是为拟订对德和约，“建立战后世界和平”，实际上是帝国主义战胜国进行分赃，重新瓜分世界。会议签订了《凡尔赛和约》，通过了《国联盟约》。因和会无视中国的主权和战胜国地位，非法决定让日本继承战前德国在山东的特权，中国人民掀起五四爱国运动，迫使中国政府代表团拒绝在和约上签字。

〔7〕陈独秀（一八七九——一九四二），安徽怀宁人。在中国共产党成立后的最初六年是党的主要领导人。第一次国内革命战争后期，他放弃对于农民群众、城市小资产阶级和中等资产阶级的领导权，尤其是放弃对于武装力量的领导权，主张一切联合，否认斗争，对国民党右派反共反人民的阴谋活动采取妥协投降的政

策，以致当大地主大资产阶级的代表蒋介石、汪精卫先后背叛革命，向人民突然袭击的时候，中国共产党和广大人民不能组织有效的抵抗，使第一次国内革命战争遭到失败。一九二七年八月七日，中共中央在汉口召开紧急会议，总结大革命失败的经验教训，纠正了陈独秀右倾机会主义错误。其后，陈独秀对于革命前途悲观失望，接受托派观点，在党内成立小组织，进行反党活动，于一九二九年十一月被开除出党。一九三二年十月被国民党政府逮捕，一九三七年八月出狱。一九四二年病故于四川江津。

〔8〕即中国共产党第八次全国代表大会第二次会议，一九五八年五月五日至二十三日在北京召开。

〔9〕哈格蒂，当时任美国总统新闻秘书。一九六〇年六月十日作为艾森豪威尔日本之行的先行官抵达东京机场时，遭到日本反美群众二万五千人长达一个多小时的围困。

〔10〕指日本学者竹内实一九六〇年六月十七日在《中国青年报》上发表的《愿中日两国青年的斗争友谊永远发展》一文。

〔11〕孔夫子，即孔子（公元前五五一——前四七九），名丘，字仲尼，陬邑（今山东曲阜）人。春秋末期思想家、政治家、教育家，儒家的创始人。

〔12〕康德（一七二四——一八〇四），德国古典唯心主义哲学的奠基人，近代西方哲学史上二元论、先验论和不可知论的著名代表。主要著作有《纯粹理性批判》、《实践理性批判》、《判断力批判》等。

〔13〕《新青年》，五四时期著名的刊物，一九一五年九月在上海创刊，陈独秀任主编。第一卷名《青年杂志》，后改为《新青年》。早期提倡民主和科学，反对旧道德，提倡新道德，反对旧文学，提倡新文学，后来成为宣传革命和共产主义的刊物。

〔14〕《益世报》，是在中国的罗马公教（天主教）教会出版的报纸，一九一五年在天津创刊，一九四九年一月天津解放时停刊。周恩来曾为《益世报》撰写《欧战后之欧洲危机》等文章。

〔15〕中山大学，即孙中山中国劳动者大学，一九二五年创办于莫斯科，一九二九年改称中国劳动者共产主义大学，一九三〇年秋停办。

〔16〕康有为（一八五八——一九二七），广东南海人。梁启超（一八七三——一九二九），广东新会人。一八九八年（戊戌年）康有为、梁启超同谭嗣同等在光绪皇帝的支持下发动变法，企图通过自上而下的变法维新，逐步地在中国推行地主阶

级和资产阶级联合统治的君主立宪制度，发展民族资本主义。以慈禧太后为首的顽固派坚决反对变法维新，发动政变，杀害谭嗣同等六人，康有为、梁启超逃亡日本，变法遭到失败。

〔**17**〕同盟会，指中国资产阶级革命政党中国同盟会。一九〇五年八月，兴中会与华兴会等革命团体的成员在日本东京联合组成同盟会，采用了孙中山提出的“驱除鞑虏，恢复中华，创立民国，平均地权”的资产阶级革命的政纲。孙中山被推选为总理。在他的领导下，同盟会积极进行革命宣传，并联合会党、新军发动多次武装起义。一九一一年（辛亥年）十月武昌起义爆发，很快形成推翻清王朝的全国性革命运动。在袁世凯窃取政权后，同盟会于一九一二年八月改组为国民党。

〔**18**〕袁世凯（一八五九——一九一六），河南项城人。清朝末年曾任山东巡抚、直隶总督兼北洋大臣等职，成为北洋军阀首领。一九一一年辛亥革命时，出任清政府内阁总理大臣。一九一二年在英、美、日等帝国主义国家支持下窃取中华民国临时大总统职务，组织了代表大地主大买办阶级的第一个北洋军阀政府。一九一四年五月宣布废除《中华民国临时约法》，同时公布《中华民国约法》，实行独裁专制。一九一五年五月接受日本企图灭亡中国的“二十一条”。同年十二月称帝，一九一六年三月在全国人民的反对下被迫取消帝制。

〔**19**〕华盛顿，见本卷第194页注〔12〕。

同斯诺[1]的谈话

（一九六〇年十月二十二日）

毛泽东：你是哪一年离开延安的？

斯诺：一九三九年。一般说来，我对美国的情况不十分了解。我在中国住了十二年，第二次世界大战期间，我又是驻苏联和欧洲的战地记者，只在一九五〇年我才真正住在美国。在这个期间，美国经历了巨大的变化。在技术方面，这种变化尤其巨大。

毛：我们在对美国的研究方面有很大的缺点。科学院应该有一个所，至少有一个专门研究美国问题的组。要有一批人专门研究美国，注意美国各阶层的情况。除了上层的以外，你所说的那些中层、下层的舆论我们也要注意。

斯：关于台湾问题，不知主席有没有看到在美国所进行的一场激烈辩论？是肯尼迪[2]和尼克松[3]两个人关于马祖和金门问题以及美国对远东政策问题所进行的辩论。

毛：看了一些。

斯：他们争论得那么激烈，报上经常出现马祖和金门的名字，所以有一个人就编了一个笑话，说人们已经忘了两个总统候选人的名字，忘记了他们叫尼克松和肯尼迪，而以为他们叫马祖和金门。

毛:他们拿这个问题用在他们的竞选上面,这是因为美国人怕打仗。这两个岛靠大陆太近,肯尼迪就用这点想争取选票。

斯:但是,这也反映了一个事实,就是说在这个问题上,美国舆论有很大的分歧。一般说来,人们对这次竞选反应冷淡,但这个问题却引起了极大的兴趣,因为很多人反对美国的现行政策,所以这是一个真正的问题。

毛:尼克松有他的想法,他说非保护这两个岛不可。他也是为了争选票。这个问题使美国竞选有了生色。尼克松讲过了头,他说得好像美国政府有义务保护这两个岛。美国国务院说没有义务保护这两个岛。究竟保护不保护,要看时局,要按照当时的情况,由总统作决定。这是艾森豪威尔〔4〕两年前的声明。

斯:有人提出这样一个问题:根据美国的宪法,新总统在十一月初选出后,还不马上上任,而要等到明年一月。他们说,如果肯尼迪当选,而中国却在十一月六日去占领金门和马祖,那时怎么办?

毛:他们是这样提问题的?

斯:直到明年一月,艾森豪威尔还是总统。

毛:我们不是这样看待这两个岛屿的。我们对这个问题有过公开声明,就是让蒋介石守住这两个岛屿。我们也不切断他们的给养。如果他们给养不够,我们还可以接济他们。我们要的是整个台湾地区,是台湾和澎湖列岛,包括金门和马祖,这都是中国的领土。关于这两个岛屿,现在在蒋介石手里,还可以让他们守住。看来,美国竞选的人还没有查清这个材料。

斯:很可能。

毛:这个问题有什么可争的?我们要的不只是金门、马祖这两个岛屿,而是整个台湾和澎湖列岛。这个问题可能要搅很长的时间。现在已经搅十一年了,比方再过两个十一年吧,或更长的时间,都有可能。因为美国政府不愿意放弃台湾。它不愿意放弃,我们也不去打,我们和它谈判〔5〕,先在日内瓦,后来在华沙。它在台湾,我们也不会打。我们要谈判解决,不要武力解决。这条道理美国政府早已知道。金门、马祖我们也不去打,我们过去有过公开声明的。因此,战争的危险是没有的,美国可以放心继续霸占台湾。今年已经是十一年了,又过十一年,再过十一年,不是三十三年了吗?也许在第三十二年,美国会放弃台湾的。

斯:我想主席是要等到蒋介石的士兵都成了三条腿的人的时候。

毛:主要是美国政府的问题,不是蒋介石或者其他人的问题。蒋介石的人如果成了三条腿,台湾还是有人的,还是有两条腿的人。人是能够随便找到的。

斯:主席是否真的认为,美国的立场还要十一年,甚或二十二年才会有改变?美国的局势现在发展得非常快,要变起来也会是很快的。这种变化当然同外来因素有关。总之,局势会起变化的。

毛:也许。你在你的文章里有一条,说我们对美国承认中国的兴趣比我们对进联合国的兴趣小,好像我们对进联合国的兴趣要大一些。我看,不是这样,不能这么讲。在联合国里,是不应该由蒋介石代表中国的,应该由我们代表,早就应该如此。但是，美国政府组织了多数国家，不让我们去。这也没有什么不好，我们并不急于进入联合国。急于要我们进入联合国的是另外一些国家，当然不包括美国在内。英国现在不得不听美国的话。但是，英国的本意可能就是你所说的那个，就是如果我们在联合国外无法无天，不如把我们套在联合国里守规矩好。有相当多的国家希望中国守规矩些。你知道，我们打过游击，野惯了。那么多规矩，令人难受，是不是？不进联合国，对我们有什么损失呢？没有什么损失。进联合国有多少好处呢？当然，有一些好处，但说有很多好处就不见得。有些国家争着要进联合国，我们不甚了解这种情绪。我们的国家就是一个“联合国”，我们的一个省就比有的国家大。

斯：我也经常这样说。

毛：他们对我们进行经济封锁，就和国民党那时对我们的经济封锁一样。很感谢国民党对我们的经济封锁，使得我们没有办法，只好自己搞，致使我们各个根据地都搞生产。国民党在一九三七、一九三八、一九三九年还给我们发饷，从一九四〇年开始就实行封锁。我们要感谢他们，是他们使我们自己搞生产，不依赖他们。现在美国也对我们实行封锁，这个封锁对我们有益处。

斯：我记得在一九三九年的时候主席就对我说过：我们有八点要感谢国民党的。一点是，因为共产党发展太慢，所以国民党就实行经济封锁，迫使我们更快地发展；另一点是，因为共产党的军队新兵太少，所以蒋介石就把更多的人关到监狱里去，等等。后来，主席的这几点意见都被证明是正确的。事实上，愈是压迫人民，人民的力量就发展得愈快。

毛:就是这个道理。

斯:你在你的一篇文章[6]里说:帝国主义的规律是,反对殖民地人民争取自由的努力,捣乱、失败,再捣乱,再失败。他们对中国的封锁肯定是失败了。但是,这并没有使他们放弃这种想法。现在他们又在酝酿对古巴实行经济封锁。我认为,这也是要失败的。很难理解他们想从此得到什么结果,不过看样子,他们还是要对古巴实行禁运的。

毛:现在是部分的禁运,这对古巴没有多大影响;有可能走到全面禁运,影响就比较大些。但是他们要把古巴卡死也不可能,古巴是有路可走的。现在古巴总比过去我们在延安好。

斯:在你一生中,当你观察中国革命的命运时,哪个时期使你感到是最黑暗的时期?

毛:我们是有过那样的时候的,比如,打败仗的时候,当然不高兴。我们打过败仗的。在长征中,我们的人员减少了,当然也不高兴了。但是总的来说,我们觉得是有希望的,不管怎样困难。那时的困难主要不在外部,而是在内部。张国焘闹分裂[7],那是最大的困难。那个困难我们也克服了。我们用适当的政策,把张国焘率领的部队争取过来了。在你来的时候,我们已经合在一起了。还有贺龙率领的部队[8],是在我们这一方面的。

斯:主席一年有多少时间在北京,外地去过哪些地方?

毛:我在北京一年顶多四个月。好多地方我还没有去过。你去过西安,我就没有去过。新疆、青海、宁夏、甘肃、云南、贵州,我都没有去过。我每到一个地方,愿意看一看,和工人、农民、干部谈一谈。

斯：主席访问美国的可能性如何？

毛：（对马海德[9]）你们在医学上发明一个延长寿命的办法。我今年六十七岁，如果把我的寿命延长到九十七岁，那我就有希望访问美国了。

斯：我相信主席不必等到九十七岁就会访问美国的。

毛：也许我错了，你正确。我希望在这一点上是我错了。事情很难预先料到。我没有想到，抗战胜利后只要四年，解放战争就会胜利。战争开始的时候，我们只提持久战，提战争的长期性，不敢提要打几年。打了两年后，我们肯定地说，解放战争打五年就可以了，那是从一九四六年七月算起。结果三年就胜利了。

斯：我记得在保安[10]的时候，曾经问过主席革命要多少时间才能取得胜利。

毛：那时还没有抗日的事情。

斯：我提出，两年吗？当时主席笑了一笑。后来我又问，五年？十年？当时主席说至少十年。我当时觉得那等于永久也胜利不了。

毛：你太性急了。结果我们用了十二年多。

中国过去半殖民地、半封建的情况实在难以忍受。自己没有工业，粮食不够得进口，棉花得进口，工业品也得进口。百分之七十的人都是很穷的，就是工人、贫农、雇农，革命主要是靠这些人。还有百分之二十是城市里的小资产阶级，农村中的中农和富裕中农。剩下的百分之十左右就是地主、富农、城市资产阶级和知识分子，中国有文化的主要是这一部分人。还有百分之十左右的人是识字的，就是上层小资产阶级和富裕中农。

百分之八十的人过去都是文盲。当然文盲不等于就没有文化，他们有些人会做很好的手工艺品，我们这房间里的雕刻可能都是不识字的人干的。

斯：对，不识字不等于没有文化。我看这就是中国为什么能够在短短的十年内使全国的文化水平这样迅速提高的原因。我回到中国以后，发现已经无法区别农民、工人、城市居民、学生和所谓资产阶级出身的人了。

毛：区别还是有的。只能说有所改变，生活水平也有所改善，但还没有基本改变。美国人的情况我不知道，欧洲人每人每年要吃上几十公斤的肉。中国人基本上是吃素的，肉类也吃一点，但吃得不多。要改变这种状况，至少要几十年。如果在本世纪内，就是说在今后四十年内，能够改变那就算很好了。如果加上过去的十年，就是五十年，半个世纪。再快也难。

斯：主席刚才讲的正好回答了我想要问的一个问题。你们十年来的变化是非常大的。按照现在的发展速度，也许要不了那么长时间。也许我在时间计算方面又过分乐观了。所以我想问，主席认为中国需要多少时间才能在每人每年平均收入方面达到美国现有的水平？美国现在每人每年平均收入是两千美元，也就是说五千元人民币左右。

毛：那就难计算。半个世纪够不够，现在也还不能回答。美国独立有一百八十五年了，美国的建设花了一百八十五年的时间。除了独立战争〔11〕时期的反英战争和为了解放黑奴而进行的南北内战〔12〕以外，你们国内就没有经历过什么战争。你们的地方特别好，气候和地理条件都很好，两个大洋保护着你们。但主要条件是你们一百七十多年前就把英国殖民者赶走了。另外还有一个条件，就是你们国内没有过封建地主所有制。

斯：十年来你们一直生活在巨大变革中。你们觉得这一切都是很自然的，而感觉不出自己的发展速度。我的情况不同，我在四十年代离开中国以后，现在又回来，对我来说，这些变化是惊人的。在写报道时，除非我加上许多背景材料，否则很难使人相信我看到的一切。

毛：有所变化，但是还没有基本变化。中国的变化主要是在革命方面，这方面是基本变化了。至于建设方面，现在才刚刚开始。你如果讲得神乎其神，人家就不相信你，因为不合乎事实。比如我看到外国报纸上有人说，中国现在没有苍蝇、没有蚊子了。这就不合乎事实。

所以，说有所改变是正确的，说基本改变了是不符合事实的。你说人的精神面貌改变了，这是合乎事实的。革命工作的结果，把人解放出来了。至于第二个革命，就是产业革命或者说经济革命，过去的十年才是开始。

我们的基本情况就是一穷二白。所谓穷就是生活水平低。为什么生活水平低呢？因为生产力水平低。什么是生产力呢？除人力以外就是机器。工业、农业都要机械化，工业、农业要同时发展。所谓“白”，就是文盲还没有完全消灭，不但是识字的问题，还有提高科学水平的问题。有很多科学项目，我们还没有着手进行。因此，我们说我们是一个一穷二白的国家。但是，比起蒋介石统治时期，我们是前进了一步。比蒋介石时期好，但并没有解决问题。还要多少时间呢？还要几个五年计划才能基本上解决机械化的问题和工农业扩大的问题。所以，我们说中国有进步，初步有些成就，但是并未根本改变中国的经济面貌。根本改变中国的经济面貌需要一个很长的时间。

斯：我还想提一个问题。再过十年到二十年，你们就会达到工业化的目标。到那个时候，由于原子能和电子学的广泛应用，世界的经济基础将会有很大的改变。当然到那个时候，或者比那个时候要早得多，中国也会有原子能。有些美国人认为，中国要得到原子能，那是遥远的将来的事。另一方面，他们又害怕中国一旦有了原子弹，就会马上不负责任地使用它。

毛：不会的。原子弹哪里能乱甩呢？如果我们有，也不能乱甩，乱甩就要犯罪。

斯：尽管中美之间现在并没有和平条约和协定，尽管有些美国人认为美国和中国之间实际上处于半战争状态，但是全世界的和平每天都取决于中国的责任感。这种责任感首先是对中国人民的，其次也是对全世界的，而中国是其中的一部分。您同意我这种说法吗？

毛：对。不管美国承认不承认我们，不管我们进不进联合国，世界和平的责任我们是要担负的。我们不会因为不进联合国就无法无天，像孙悟空大闹天宫那样。我们要维持世界和平，不要打世界大战。我们主张国与国之间不要用战争来解决问题。但是，维持世界和平不但中国有责任，美国也有责任。解决台湾问题是中国的内政，这点我们是要坚持的。虽然如此，我们不打。美国人在那里，我们去打吗？我们不打。美国人走后，我们就一定打吗？那也不一定。我们要用和平的方法解决台湾问题。我国好多地方就是用和平方法解决的。北京就是用和平方法解决的，还有湖南、云南、新疆。外面有一种说法，好像在各国共产党中，中国共产党特别调皮，不守规矩，不讲道理，是乱来的。你来了几个月，那种话不可全信。你讲过外面有人说，中国是一个大兵营和一个大监狱。对蒋介石的中国这样说，确实是像的，当时北京、南京、上海确实都是兵营。解放后，通过改造、教育，中国大有不同了。

斯：我的确能够说，我的印象是中国现在同过去大为不同了。

根据中央档案馆保存的谈话记录稿刊印。

注　释

〔1〕斯诺，即埃德加·斯诺（一九〇五——一九七二），美国进步作家、记者。一九三六年到陕北革命根据地访问，毛泽东会见了他。一九三七年发表《红星照耀中国》（一九三八年复社出版中译本时将书名改为《西行漫记》）。新中国成立后，于一九六〇年、一九六四年和一九七〇年三次到中国访问。

〔2〕肯尼迪（一九一七——一九六三），美国民主党人，当时是美国参议员、民主党总统候选人。

〔3〕尼克松（一九一三——一九九四），美国共和党人，当时任美国副总统，共和党总统候选人。

〔4〕艾森豪威尔，当时任美国总统。

〔5〕指中美大使级会谈，见本卷第 64 页注〔8〕。

〔6〕指《丢掉幻想，准备斗争》（《毛泽东选集》第四卷，人民出版社 1991 年版，第 1483—1489 页）。

〔7〕一九三五年六月红军第一、第四方面军长征在四川懋功（今小金）地区会师后，张国焘任红军总政治委员。他反对中央关于红军北上的决定，擅自率部南下，进行分裂党和红军的活动，并另立中央。一九三六年六月被迫取消第二中央，随后与红军第二、第四方面军一起北上，十二月到达陕北。一九三八年四月逃出陕

甘宁边区，投入国民党特务集团，成为中国革命的叛徒。

〔8〕贺龙、任弼时领导的红二、六军团经过长征，一九三六年七月同红四方面军会师于甘孜。中央革命军事委员会令红二、六军团加上红三十二军合编为红二方面军，由贺龙任总指挥，任弼时任政委。

〔9〕马海德（一九〇一——一九八八），祖籍黎巴嫩，生于美国。一九三三年来中国从事医疗工作。一九三六年到达陕北革命根据地。中华人民共和国成立后任卫生部顾问。

〔10〕保安，今志丹县。

〔11〕独立战争，指一七七五年至一七八三年北美十三个殖民地人民推翻英国殖民统治、争取独立的战争。一七七五年五月殖民地代表召开会议，任命华盛顿为殖民地反英军队总司令，并于一七七六年发表《独立宣言》。一七八三年双方签订《巴黎和约》，正式承认十三个殖民地脱离英国独立。

〔12〕指南北战争，是一八六一年至一八六五年由美国南部种植园主奴隶制与北部资产阶级雇佣劳动制之间的矛盾所引起的资产阶级民主革命战争。在战争过程中，代表北部资产阶级利益的联邦政府总统林肯颁布了《宅地法》和《解放黑奴宣言》，并采取其他民主措施，激发了工人、农民和黑人的革命斗志，因而联邦政府取得了战争的胜利。

彻底纠正“五风”

（一九六○年十一月十五日）

各中央局，各省委、市委、自治区党委：

发去湖北省委王任重同志报告一件，湖北省沔阳县总结一件，湖北省沔阳县通海口公社纠正错误后新情况报告一件，〔1〕供你们参考。必须在几个月内下决心彻底纠正十分错误的“共产风”、浮夸风、命令风、干部特殊风和对生产瞎指挥风，而以纠正“共产风”为重点，带动其余四项歪风的纠正。省委自己全面彻底调查一个公社（错误严重的）使自己心中有数的方法是一个好方法。经过试点然后分批推广的方法，也是好方法。省委不明了情况是很危险的。只要情况明了，事情就好办了。一定要走群众路线，充分发动群众自己起来纠正干部的“五风”不正，反对恩赐观点。下决心的问题，要地、县、社三级下决心（坚强的贯彻到底的决心），首先要省委一级下决心，现在是下决心纠正错误的时候了。只要情况明，决心大，方法对，根据中央十二条指示〔2〕，让干部真正学懂政策（即十二条），又把政策交给群众，几个月时间就可把局面转过来，湖北的经验就是明证。十二月上旬或中旬，中央将召集你们开会，听取你们的汇报，请你们对自己的工作预作安排。

中　央

一九六〇年十一月十五日

根据毛泽东手稿刊印。

注　释

〔1〕指中共湖北省委第一书记王任重一九六〇年十一月十二日关于纠正“五风”给中南局第一书记陶铸并毛泽东的报告，以及随报告附送的沔阳县委一九六〇年十一月三日的报告《沔阳县贯彻政策第一阶段的总结》和沔阳县委第一书记马杰一九六〇年十一月九日写的《通海口公社贯彻政策后的变化》两个材料。王任重的报告说，看看这两个材料，可以使人早下决心，更坚定地去纠正“共产风”。在全省宣传通海口公社的经验后，大部分县都先后进行了试点，少数县已向面上铺开。为贯彻中央的十二条指示，全省三级干部会议已开始召开，会议充分发扬民主，让大家畅所欲言，大胆地揭发三年来工作中的问题和错误，然后再作全面评价，目的是弄清真实情况，接受经验教训，使大家思想一致，团结一致，去战胜当前的困难。

〔2〕指中共中央一九六〇年十一月三日关于农村人民公社当前政策问题的紧急指示信。内容共十二条：一、三级所有，队为基础，是现阶段人民公社的根本制度。二、坚决反对和彻底纠正一平二调的错误。三、加强生产队的基本所有制。四、坚持生产小队的小部分所有制。五、允许社员经营少量的自留地和小规模的家庭副业。六、少扣多分，尽力做到百分之九十的社员增加收入。七、坚持各尽所能、按劳分配的原则，供给部分和工资部分三七开。八、从各方面节约劳动力，加强农业生产第一线。九、安排好粮食，办好公共食堂。十、有领导有计划地恢复农村集市，活跃农村经济。十一、认真实行劳逸结合。十二、放手发动群众，整风整社。

永远不许一平二调[1]

（一九六〇年十一月二十八日）

各中央局，各省、市、区党委：

发去甘肃省委一九六〇年十一月二十五日报告[2]一件，很有参考价值，值得你们及地、县同志们认真研究一遍至两遍。甘肃省委在作自我批评了，看起来批评得还算切实、认真。看起来甘肃同志开始已经有了真正改正错误的决心了。毛泽东同志对这个报告看了两遍，他说还想看一遍，以便从其中吸取教训和经验。他自己说，他是同一切愿意改正错误的同志同命运、共呼吸的。他说，他自己也曾犯了错误，一定要改正。例如，错误之一，在北戴河决议中写上了公社所有制转变过程的时间，设想得过快了。在那个文件中有一段是他写的[3]，那一段在原则上是正确的，规定由社会主义过渡到共产主义的原则和条件，是马列主义的。但是在那一段的开头几句规定过程的时间是太快了。那一段开头说："由集体所有制向全民所有制过渡，是一个过程，有些地方可能较快，三、四年内就可以完成；有些地方可能较慢，需要五、六年或者更长的时间。"这种想法是不现实的。现在更正了，改为从现在起，至少（同志们注意，说的是至少）七年时间公社现行所有制不变，即使将来变的时候，也是队共社的产，而不是社共队的产。又规定从现在起至少二十年内社会主义制度（各尽所能，按劳付酬）坚决不变，二十年后是否能变，要看那时情况才能决定。所以说"至少"二十年不变。至于人民公社队为基础的三级所有制规定至少七年不变，也是这样。一九六七年以后是否能变，要看那时情况才能决定，也许再加七年，成为十四年后才能改变。总之，无论何时，队的产业永远归队所有或使用，永远不许一平二调。公共积累一定不能多，公共工程也一定不能过多。不是死规定几年改变农村面貌，而是依情况一步一步地改变农村面貌。甘肃省委这个报告，没有提到生活安排，也没有提到一、二、三类县、社、队的摸底和分析，这是缺点，这两个问题关系甚大，请大家注意。

中　　央

一九六〇年十一月二十八日

根据毛泽东手稿刊印。

注　　释

〔1〕一平二调，参见本卷第33页注〔1〕。

〔2〕指中共甘肃省委贯彻中央关于农村人民公社当前政策问题的紧急指示信给中央、西北局并发各地、市、州委和各县委的第四次报告。报告说，我省召开三级干部会议，深入检查了一再发生"共产风"的根源，认为应从省委领导工作中的缺点错误方面去寻找。主要存在三个方面的问题：第一，关于执行中央政策问题，研究不够，领会不深，贯彻不力，甚至产生了一些偏差。例如，急于由基本队有制向基本社有制过渡；忽视小队小部分所有制和小队工作；对发展生产队的经济重视不够；收益分配政策定得不恰当等。第二，在指导人民公社发展生产和农村工作安排方面，没有把安排工作和贯彻政策结合起来，提出的任务大、要求急，对需要考虑多，对可能考虑少等等，因而出现一些违反政策的事。第三，关于领导作风问题，

对农业估产偏高，要求过高过急，作了一些不恰当的宣传，助长了“五风”的出现。

〔3〕指毛泽东一九五八年八月在审阅《中共中央关于在农村建立人民公社问题的决议》稿时加写的一段文字：“人民公社建成以后，不要忙于改集体所有制为全民所有制，在目前还是以采用集体所有制为好，这可以避免在改变所有制的过程中发生不必要的麻烦。实际上，人民公社的集体所有制中，就已经包含有若干全民所有制的成分了。这种全民所有制，将在不断发展中继续增长，逐步地代替集体所有制。由集体所有制向全民所有制过渡，是一个过程，有些地方可能较快，三、四年内就可完成，有些地方，可能较慢，需要五、六年或者更长一些的时间。过渡到了全民所有制，如国营工业那样，它的性质还是社会主义的，各尽所能，按劳取酬。然后再经过多少年，社会产品极大地丰富了，全体人民的共产主义的思想觉悟和道德品质都极大地提高了，全民教育普及并且提高了，社会主义时期还不得不保存的旧社会遗留下来的工农差别、城乡差别、脑力劳动与体力劳动的差别，都逐步地消失了，反映这些差别的不平等的资产阶级法权的残余，也逐步地消失了，国家职能只是为了对付外部敌人的侵略，对内已经不起作用了，在这种时候，我国社会就将进入各尽所能，各取所需的共产主义时代。”

应当充分地批判地利用文化遗产[1]

（一九六〇年十二月二十四日）

对中国的文化遗产，应当充分地利用，批判地利用。中国几千年的文化，主要是封建时代的文化，但并不全是封建主义的东西，有人民的东西，有反封建的东西。要把封建主义的东西和非封建主义的东西区别开来。封建主义的东西也不全是坏的。我们要注意区别封建主义发生、发展和灭亡不同时期的东西。当封建主义还处在发生和发展的时候，它有很多东西还是不错的。反封建主义的文化也不是全部可以无批判地利用的。封建时代的民间作品，也多少都还带有封建统治阶级的影响。

我们应当善于进行分析，应当批判地利用封建主义的文化，而不能不批判地加以利用。反封建主义的文化当然要比封建主义的好，但也要有批判、有区别地加以利用。我所了解的是这样，我们现在的方针是这样。至于充分利用文化遗产，我们现在还没有做到。中国古典著作多得很，现在是分门别类地在整理，用现代科学观点逐步整理出来，重新出版。

你们提到中国的画家在抄袭西方的画法，这种情况是存在的。这种抄袭已经有几十年、近百年了，特别是抄袭欧洲的东西，他们看不起自己国家的文化遗产，拼命地去抄袭西方。我们批评这种情况已有一段时间了，这个风气是不好的。不单是绘画，还有音乐，都有这样一批人抄袭西方，他们看不起自己民族的东西。文学方面也如此，但要好一些。在这方面，我们进行过批评，批评后小说好一些，诗的问题还没有解决。

在文化方面，各国人民应该根据本民族的特点，对人类有所贡献。各国文化有共同点但也有差别。共同点是都在同一时代，都处于二十世纪的下半个世纪，总有共同点。但是如果大家都画一样的画，都唱一样的曲调，千篇一律就不好了，就没有人看，没有人听，没有人欣赏。

根据中央档案馆保存的谈话记录稿刊印。

注　　释

〔1〕这是毛泽东同古巴妇女代表团和厄瓜多尔文化代表团谈话的一部分。

坚决退赔，刹住“共产风”[1]

（一九六〇年十二月三十日）

退赔问题很重要，一定要认真退赔。大多数都要由各地自己退赔，县、社一定要拿出一部分实物来退赔，现在拿不出实物的，可以给些票子，这就叫兑现。十二条[2]已经向农民讲了，现在农民鼓着眼睛看着我们能不能兑现，不兑现不行。在两三个月内把兑现问题解决了，农民积极性就来了。

县、社宁可把家业统统赔进去，破产也要赔。因为我们剥夺了农民，这是马列主义完全不许可的。平调农民的劳动果实，比地主、资本家剥削还厉害，资本家还要花点代价，只是不等价，平调却什么都不给。一定要坚决退赔，各部门、各行各业平调的东西都要坚决退赔。赔到什么都没有，公社只要有几个人、几间茅屋能办公就行。不要怕公社没有东西，公社原来就没有东西，它不是白手起家的，是“黑手”起家的。所有县、社的工业，房屋，其他财产等，凡是平调来的，都要退赔，只有退赔光了，才能白手起家。县、社干部可能会不满意，但是只有这样，才能得到群众，得到农民满意，得到工农联盟。我们在井冈山时期红四军的布告中就讲平买平卖，“八项注意”中就有买卖公平这一条。平买平卖就是等价交换。我们历来主张买卖公平，等价交换。公社在短短的时间内，搞来了那么多东西，怎么搞来的？那不是白手起家的，要坚决退赔。县、社两级和有关部门都要退赔，有实物退实物，有钱退钱。大办县、社工业，大办副食品基地，我们都同意过。几个大办一推行就成了一平二调〔3〕。县、社干部不满意不要紧，我们得到了农民群众的满意，就得到了一头。机关、学校、工厂、部队，谁平调了谁赔。社、县、省这一头赔了，少了，那一头就有了；这一头空了，那一头就实了。那一头就是几亿农民。要纠正"共产风"，就要真兑现，不受整、不痛一下就得不到教训。苦一下、痛一下，这样才能懂得马克思主义的等价交换这个原则。一平二调是上面搞出来的，谁搞谁负责。退赔兑现了，干部作风才能转变。

退赔也要有界限，在大办水利、大办交通、大办副食品基地等方面，要由国家退赔一部分。应当由国家退赔的，不能让县、社赔。退赔要让县、社两级干部思想上搞通，不通就不能改正。

这几年我们有些东西搞多了，搞快了，自己挨整是必要的。现在看来，建设只能逐步搞，恐怕要搞半个世纪。

看来"五风"〔4〕中最普遍、危害最大的是"共产风"和瞎指挥风。首先要把它们整掉。究竟哪些是生产瞎指挥风要搞清楚，不然就会变成无指挥、无计划。

贪污赃款一定要退，一年退不起，两年，三年，不行十年也一定要退。东西赔光了，要以自己的劳动来偿还，不这样贪污现象消灭不了。

机关、部队、学校圈用群众的土地，要坚决退还，机关、工厂的花园，通通都拿来种菜。今后发展副食品生产，只能开荒地，不能占用农民土地。李世民〔5〕胜利后封功臣，就是采用圈农民土地的办法。清军入关后也是如此。现在是军队、学校都圈地，又不给人家钱，这实际上是封建残余，一定要纠正。

现在这个时候不要讲九个指头与一个指头的问题。事实上有的地方的缺点、错误不是一个指头的问题，有的是两个指头，有的是三个指头。总之，把问题查清楚了，有多少，讲多少。有的同志提的，有右反右，有“左”反“左”，有什么反什么，有多少反多少，这几句话是好的。把问题弄清楚了，群众也清醒了，九个指头与一个指头的关系也就明白了。

这几年说人家思想混乱，首先是我们自己思想混乱。一方面我们搞了十八条〔6〕，十四句话〔7〕，也搞了六条指示〔8〕，这些就是为了纠正“共产风”，纠正瞎指挥风；另一方面，又来了几个大办，大办钢铁，大办县、社工业，大办交通，大办文教，又大刮起“共产风”。这就是前后矛盾，对不起来。虽然我们没有叫大家去平调，但没有塞死漏洞。总结这些经验教训很重要。以后不要前后矛盾，不要一面反，一面又刮；一面反，一面又提倡。现在值得注意的一个问题是，庐山会议〔9〕后，估计今年是好年成。一以为有了郑州会议决议〔10〕，有了上海会议十八条，“共产风”压下去了，对一个指头的问题作了解决；二以为反了右倾，鼓了干劲；三以为几个大办就解决问题了；四以为年成逢单不利逢双利。没有料到，一九六〇年天灾更大了，人祸也来了。这人祸不是敌人造成的，而是我们自己造成的。今年一平二调比一九五八年厉害，一九五八年只有四五个月，今年是一整年。敌人破坏也增加了，大办也不灵了，“共产风”大刮了。问题最大、最突出的是大搞工业，县以上工业抽调了五千万劳动力。一九五七年是二千四百万，一九五八年是四千四百万，一九五九年和一九六〇年又增加了六百万，合计比一九五七年增加二千六百万。当然，劳动力不完全都是从农村调来的，但是不管从哪里调来，总是影响农业生产的，比如吃粮就增加了嘛！

有几条经验教训：一、“共产风”必须反，不能掠夺农民，这是马列主义不许可的。二、几个大办又刮起了“共产风”，一说老风占的多，一说新风占的多，不管哪个多，总之是大刮，看起来只能中办、小办。三、抽调了大批劳动力，县以上工业就调了几千万。这三条经验教训，是主要的。要承认这些经验教训，不然就改不了。新增加的二千六百万人不回去，怎么得了？压下去是有困难的，但一定要压下去。

今后大办改成中办、小办。农村劳动力要好好组织，专业队砍掉百分之二。再把牲口问题好好研究一下。搞代食品是一条出路，再是从外国买粮，各省要尽可能搞一些外汇。要考虑到明年是不是还有天灾，天的事情我们管不了，不然明年又可能转不过来。

陈云〔11〕同志说的几条我都赞成。一是低标准、瓜菜代，今后几年都要注意。总之口粮标准不能高，好日子当穷日子过，有了储备，才能抗御灾害。二是人畜要休息。三是进口粮食。还要加上我刚才说的几条，把领导重点放在农业生产上，吃饭第一，市场第二，建设第三。总的说来，缩短工业战线，延长农业战线，把整风搞好，把抽掉的劳动力压下去，把“共产风”搞掉，把坏人搞掉，几个大办变成中办、小办。这样粮食生产多了，就可以多吃点粮了。还有，多产的要多吃一点，要有差别。

分析起来还是大有希望，过去三年的经验教训很有帮助，吸取这些经验教训，就可以转化为积极因素。

根据中央档案馆保存的谈话记录稿刊印。

注释

〔1〕这是毛泽东一九六〇年十二月三十日在中共中央工作会议上听取汇报时插话的节录。这次中央工作会议一九六〇年十二月二十四日至一九六一年一月十三日在北京召开。

〔2〕指一九六〇年十一月三日中共中央《关于农村人民公社当前政策问题的紧急指示信》，内容共十二条。见本卷第221页注〔2〕。

〔3〕一平二调，参见本卷第33页注〔1〕。

〔4〕“五风”，指“大跃进”和人民公社化运动中发生的“共产风”、浮夸风、命令风、干部特殊风和对生产瞎指挥风。

〔5〕李世民，即唐太宗（五九九——六四九），六二六年至六四九年在位。

〔6〕指一九五九年三月二十五日至四月一日在上海召开的中共中央政治局扩大会议的会议纪要《关于人民公社的十八个问题》。见本卷第165页注〔3〕。

〔7〕指在郑州召开的中共中央政治局扩大会议一九五九年三月五日通过的《郑州会议纪要》规定的作为整顿和建设人民公社的方针的十四句话。见本卷第14页。

〔8〕指毛泽东一九五九年四月二十九日关于农业问题给六级干部的信中讲的六条。见本卷第48—50页。

〔9〕指一九五九年七月二日至八月一日在庐山召开的中共中央政治局扩大会议和八月二日至十六日召开的中共八届八中全会。会议前期，中共中央政治局委员、国务院副总理兼国防部部长彭德怀写信给毛泽东，对一九五八年“大跃进”和人民公社化运动中的缺点错误提出了中肯的批评意见。黄克诚、张闻天、周小舟等表示同意彭德怀的批评意见。毛泽东认为彭德怀的批评意见是向党进攻，是右倾机会主义，错误地发动了对彭德怀的批判。在八届八中全会上，通过了《中国共

产党八届八中全会关于以彭德怀同志为首的反党集团的错误的决议》。八届八中全会后，错误地在各地开展了反右倾斗争。一九七八年十二月，中共十一届三中全会纠正了对彭德怀所做的错误结论。之后，对黄克诚、张闻天、周小舟所做的错误结论也得到纠正。一九八一年六月中共中央《关于建国以来党的若干历史问题的决议》指出："八届八中全会关于所谓'彭德怀、黄克诚、张闻天、周小舟反党集团'的决议是完全错误的。"

〔**10**〕指《郑州会议记录》，见本卷第30页注〔6〕。

〔**11**〕陈云，当时任中共中央副主席、国务院副总理。

大兴调查研究之风[1]

（一九六一年一月十三日）

这一次中央工作会议，开得比过去几次都要好一些，大家的头脑比较清醒一些。比如关于冷热结合这个问题，过去总是冷得不够，热得多了一点，这一次结合得比过去有进步，对问题有分析，情况比较摸底。当然，现在有许多情况，就中央和省一级来说，还是不摸底。我们是向着摸清底的方向去做，这就进了一步。省委的书记、常委、委员，包括地委第一书记，他们就摸底吗？如果摸底就不成问题了。但是应该说，也比过去进了一步，在动，在用试点的方法去了解情况。

我希望同志们回去之后，要搞调查研究，把小事撇开，用一部分时间，带几个助手，去调查研究一两个生产队、一两个公社。在城市要彻底调查一两个工厂、一两个城市人民公社。一个省委第一书记，又要调查农村又要调查城市，这就要好好部署一下。去做调查，就是要使自己心里有底，没有底是不能行动的。了解情况，要用眼睛看，要用口问，要用手记。谈话的时候还要会谈，不然就会受骗。要看群众是不是面有菜色，群众的粮食究竟是很缺，还是够，还是很够，这是看得出来的。

这些年来，我们的同志调查研究工作不做了。要是不做调查研究工作，只凭想像和估计办事，我们的工作就没有基础。

所以，请同志们回去后大兴调查研究之风，一切从实际出发，没有把握就不要下决心。调查研究工作，并不那么困难，时间并不要那么多，调查的单位也不要那么多。比如，在农村搞一两个生产队、一两个公社，在城市搞一两个工厂、一两个商店、一两个学校，加在一起也只有十个左右。这些调查并不都要自己亲身去搞。自己亲身搞的，农村有一两个、城市有一两个就够了。要组织调查研究的班子，指导他们去搞。比如宝坻县江石窝的调查，就不是我们中央去搞的，是中央农村工作部搞的。我看，这是他们的一大功劳。沔阳县通海口的材料，是湖北省的同志搞的；信阳的调查，是信阳地委搞的；灵宝县的调查，是河南省委的同志搞的。调查研究极为重要，要教会所有的省委书记加上省委常委、省一级和省的各个部门的负责同志、地委书记、县委书记、公社党委书记做调查研究。他们不做调查，情况就不清楚。公社内部平调的情况，公社的党委书记不一定都知道。一个公社平均有三十个生产队左右，他怎么会知道那么多呢？不可能嘛！但是，有一个办法，三十个生产队他调查三个就行了，一个最坏的，一个中等的，一个最好的。

我们讲情况明，决心大，方法对，要有这三条。

第一条情况明。这是一切工作的基础，情况不明，一切无从着手。因此要摸清情况，要做调查研究。

第二条决心大。这次会议我们开了二十几天，情况逐步明了了，决心逐步增大了，但是决心还是参差不齐。有些同志讲到要破产还债。这个话讲得不那么好听就是了，实际上就是要破产还债。县、社两级，如果为了还债，破产了，那就再白手起家。无产阶级不能剥夺劳动者，不能剥夺农民和城市小生产者，只能剥夺剥夺者，这是一条基本原则。资产阶级、地主阶级是剥夺劳动人民的，他们使那些小生产者破产，才有了无产阶级。他们剥夺的方法比我们一些人“高明”一点。他们是逐步逐步地使小生产者欠账、破产，而我们一些人是一下子就把人家的东西拿过来。用这种方法来建立社有经济、国有经济是不行的。比如收购农副产品压级压价，非常不等价，搞得太凶，脱离群众。执行原则，这个话好讲，我们许多同志也是懂得的，但实行起来就比较困难了。

现在，是不是所有的省委第一书记都有那么大的决心破产还债呢？我看还要看。将来会出现各省参差不齐的情况，这也是不平衡规律。要看究竟哪些省破产还债，彻底退赔，能将农民群众团结在自己周围。一个省内几十个县或者一百多个县里头，也会出现参差不齐的情况的。

第三条方法对。抗日战争时期，解放战争时期，我们做调查研究比较认真一些，注意从实际出发，实事求是。通过调查研究，情况明了来下决心，决心就大，方法也就对。方法就是措施、办法，实现方针、政策要有一套方法。这三条里头没有提方针、政策，因为我们已经有了方针、政策。有了好的方针、政策，你情况不明，决心不大，方法不对，还是等于没有。郑州会议〔2〕的方针政策是对的，只有一条不对，就是不要算账。郑州会议是三月初开完的。有浙江的经验〔3〕，有麻城的经验〔4〕，到了四月上海会议就搞了十八条〔5〕，决定旧账坚决要算。我写的那个批语〔6〕还早嘛。那两个月我动笔批的文字有两万字以上。打笔墨官司没有多少用，两万字也好，再加一倍也好，不起作用。底下县、社、队封锁，你有什么办法。我们的省、地两级没有像现在这么一致的认识。有个同志讲，郑州会议是压服的，不是说服的。那也是了，那个时候认识上有个距离。

关于农业，我只讲这么一点。

工业呢？我们已经摸了一些底，还要继续摸底。大体上今年的盘子，要缩短基本建设战线，缩短工业战线，缩短重工业战线。除了煤炭、木材、矿山、铁道等，别的都要缩短。特别是要缩短基本建设战线，今年不搞新的基建，只搞正在建的或急需建的项目；正在建的和急需建的项目也不是今年统统都搞，其中有一部分今年也不搞，癞痢头就让他癞痢头。

至于长远计划，现在还作不出来。我们还要再搞十年才能作。

现在看来，搞社会主义建设不要那么十分急。十分急了办不成事，越急就越办不成，不如缓一点，波浪式地向前发展。这同人走路一样，走一阵要休息一下。军队行军有大休息、小休息，劳逸结合，有劳有逸。两个战役之间也要休息整顿。我们这次会开了二十多天，当然相当累了，但也不是每天上午、下午、晚上都开会。这次会不算“神仙会”，是相当紧张的会，但也不那么十分紧张，文件也比较少。过去我们开一次会议，决议很多，以为这些决议会灵，其实并不那么灵。会议的决议，多不一定灵，少也不一定灵，关键还是在于情况明不明，决心大不大，方法对不对。

今天看了一条消息，说西德去年搞了三千四百万吨钢，英国去年钢产量是两千四百万吨，法国前年搞了一千六百万吨，去年是一千七百万吨。他们都是搞了很多年才达到的。我看我们搞几年慢腾腾的，然后再说。今年、明年、后年搞扎实一点。不要图虚名而招实祸。我们要做巩固工作，提高产品质量，增加品种、规格，提高管理水平，提高劳动生产率。

总之，我们对国内情况还是不太明，决心也不大，方法也不那么对。我们要分批摸各省、市、自治区的底，二十七个地方分开来摸。每一个省，每一个市，每一个自治区又按地、县、公社分头去摸。今年搞一个实事求是年好不好？河北省有个河间县，汉朝封了一个王叫河间献王。班固在《汉书·河间献王刘德》中说他"实事求是"，这句话一直流传到现在。提出今年搞个实事求是年，当然不是讲我们过去根本一点也不实事求是。我们党是有实事求是传统的，就是把马列主义的普遍真理同中国的实际相结合。但是建国以来，特别是最近几年，我们对实际情况不大摸底了，大概是官做大了。我这个人就是官做大了，我从前在江西那样的调查研究，现在就做得很少了。今年要做一点，这个会开完，我想去一个地方，做点调查研究工作。不然，对实际情况就不摸底。不摸清一个农村公社，不摸清一个城市公社，不摸清一个工厂，不摸清一个学校，不摸清一个商店，不摸清一个连队，就不行。其实，摸清这么几个单位的情况就差不多了。

现在我们看出了一个方向，就是同志们要把实事求是的精神恢复起来了。

根据中央档案馆保存的讲话记录稿刊印。

注　　释

〔1〕这是毛泽东一九六一年一月十三日在中共中央工作会议上讲话的一部分。这次会议于一九六〇年十二月二十四日至一九六一年一月十三日在北京召开。

〔2〕郑州会议，指一九五九年二月二十七日至三月五日在郑州召开的中共中央政治局扩大会议。

〔3〕指中共浙江省委一九五九年三月二十二日关于整顿人民公社的十项规定(草案)。其中第十项中关于"账目问题"规定："在处理公社与生产队之间的经济关系中，所有旧账，都应该按照等价交换原则结算清楚。"

〔4〕见本卷第37页注〔4〕，并参见第36页注〔3〕。

〔5〕见本卷第165页注〔3〕。

〔6〕指毛泽东一九五九年三月三十日在陶鲁笳关于山西各县五级干部大会情况的报告上的批注。见本卷第34页。

给田家英[1]的信

（一九六一年一月二十日）

田家英同志：

（一）《调查工作》[2]这篇文章，请你分送陈伯达、胡乔木[3]各一份，注上我请他们修改的话（文字上，内容上）。

（二）已告陈、胡，和你一样，各带一个调查组，共三个组，每组组员六人，连组长共七人，组长为陈、胡、田。在今、明、后三天组成。每个人都要是高级水平的，低级的不要。每人发《调查工作》（一九三〇年春季的）一份，讨论一下。

（三）你去浙江，胡去湖南，陈去广东。去搞农村。六个组员分成两个小组，一人为组长，二人为组员。陈、胡、田为大组长。一个小组（三人）调查一个最坏的生产队，另一个小组调查一个最好的生产队。中间队不要搞。时间十天至十五天。然后去广东，三组同去，与我会合，向我作报告。然后，转入广州市作调查，调查工业又要有一个月，连前共两个月。都到广东过春节。

毛　泽　东

一月二十日下午四时

此信给三组二十一个人看并加讨论，至要至要！！！

毛泽东又及

根据人民出版社一九八三年出版的《毛泽东书信选集》刊印。

注　　释

〔1〕田家英，当时任中共中央政治研究室副主任、毛泽东的秘书。

〔2〕《调查工作》，是毛泽东一九三〇年五月为了反对当时红军中的教条主义思想而写的一篇文章。一九六一年三月十一日毛泽东在广州召开的中共中央中南局、西南局、华东局负责人和这三个地区所属省市自治区党委负责人参加的工作会议期间批示印发这篇文章时，将题目改为《关于调查工作》。一九六四年编入《毛泽东著作选读（甲种本）》时，毛泽东将题目改为《反对本本主义》。

〔3〕陈伯达，当时任中共中央政治局候补委员、中央政治研究室主任、毛泽东的秘书。胡乔木，当时任中共中央书记处候补书记、毛泽东的秘书。

日本人民斗争的影响是很深远的[1]

（一九六一年一月二十四日）

毛泽东：你们在中国还呆些日子吧？我看到日本朋友就高兴。对浅沼[2]先生遇难，我们表示哀悼。

黑田寿男：浅沼先生作为社会党代表团团长来中国，发表了很好的讲话，说美帝国主义是中日两国人民的共同敌人。我们继承浅沼的精神并继续发扬他的精神。

毛：浅沼先生抓住了日本同美国关系的本质，也抓住了中国以及亚洲、非洲、拉丁美洲甚至欧洲和北美加拿大各民族的问题的本质。当时我曾对浅沼先生说过，对这种论点赞同的人有时少一些，有时多一些，但过些时候总会得到大多数人赞成的。

美国没有办法在各国建立自己的统治，必须依靠各国的协助者，这就是它的同盟军，也就是各国最反动的一小部分人。在中国就是以蒋介石为首的一部分人，在你们国家就是岸信介[3]一伙人和垄断资本集团。

黑：去年在日本掀起了很大的反对"安全条约"[4]运动，代表垄断资本的政府站在同我们相反的立场上反对我们，用暴力通过了“安全条约”。在这期间，中国举行了很大的游行集会支援我们，我们表示感谢。

毛：我们彼此支持，国际斗争总是彼此支持的。你们是处在最前线。

前年浅沼访华时说，美帝国主义是中日两国人民的共同敌人。这即使一时没有多数人同意，但等到人们了解的时候，总会得到多数人赞成的，要有这样的信心。过了一年，即到了一九六〇年，日本就发生了那样巨大的变化，反对“安全条约”的运动达到那样的高潮，已经发展成为全民性的斗争了。

我们两国的关系不正常，贸易也停了。我同浅沼先生率领的代表团在武汉东湖会见时，就说过中日关系中断是暂时的现象，过一个时期就会发生变化。贸易方面现在已经开始变化，政治方面还不一定。政治有两个方面，中国人民同日本大多数人民历来是友好的，战后友好关系还有发展；就是同自由民主党的政府，同垄断资本的关系还不成，还要等候。要分清同日本人民的关系和同日本政府的关系，两者是有区别的。同日本政府的关系也有不同，有所谓主流派和反主流派，他们不完全一致。松村〔5〕、三木〔6〕、高碕〔7〕、河野〔8〕、石桥〔9〕，这些人是我们的间接同盟军。日本人民是我们的直接同盟军，中国人民也是日本人民的直接同盟军。自由民主党内部有矛盾，反主流派是我们的间接同盟军。你们看这话是否有点道理？

黑：反主流派今后如果对中国有更多的理解，对反对“安全条约”更坚决一点，那时就可以说是间接同盟军。

毛：欧洲国家同美国也有这样的问题，它们同美国并不完全一致。世界人民的觉悟提高了，主要是亚洲、非洲、拉丁美洲人民的觉悟提高了。你们对非洲、拉丁美洲做什么工作没有？

黑：我们有亚洲团结委员会，以这个团体为中心在开展活动，进行反对美帝国主义和拥护和平的斗争，支持亚洲、非洲、拉丁美洲人民的民族独立运动。我们愿意今后进一步动员起来，加强这一活动。

毛：非常有必要。

黑：今年在亚洲，主要的问题是老挝问题。老挝人民争取民族解放，美国就利用日美“安全条约”，使用日本军事基地干涉老挝的内政。最近日本各工会、各政党、各群众团体和文化团体等开了大会，反对美国使用日本军事基地干涉老挝的内政，并且到美国大使馆前示威，要求美国停止这种干涉行为，也向日本政府示威，要求日本政府不让美国使用日本基地。

毛：这很好。

黑：现在日本政府同韩国政府在进行谈判，把南朝鲜政府看作是整个朝鲜的合法政府来解决朝鲜问题，这就妨碍了朝鲜的和平统一。美国利用日韩谈判加强南朝鲜、台湾、日本的军事力量，加强东北亚军事同盟。进行了反对日美“安全条约”斗争的日本人民，正在反对日韩谈判。

毛：反对很有必要。

最近同美国有关系的菲律宾、台湾、南朝鲜、南越举行“外长会谈”，日本政府因为害怕日本人民，没有去参加。由此可见，日本人民去年的斗争使日本政府很害怕，伟大的日本人民斗争的影响是很深远的。

现在看来，日本人民反对美帝国主义的斗争正处在第一个高峰之后和第二个高峰之前，斗争是波浪式前进的，暂时处于低潮，是在酝酿第二个高潮。你们知道中国几十年的斗争，就是波浪式的发展，而不是每天、每月、每年都在直线发展的。所以你们所领导的人民运动，是大有希望的。可是，有人感到现在运动搞不起来了，有些悲观埋怨；也有部分人可能进行指责，说你们左派过去的斗争搞错了。在这样的时候，用我们的话来说，左派就要硬着头皮顶住。例如，中国辛亥革命〔10〕以前，一九一一年四月黄兴〔11〕在广州领导的军事暴动失败了，牺牲的烈士都葬在黄花岗。失败之后连黄兴本人也跑到了香港，认为失败了，不行了，没有希望了。谁也没有想到，过了不久就发生了辛亥革命，打倒了清朝政府。俄国一九〇五年革命失败之后，社会民主工党的大部分人悲观失望，出现了“造神派”〔12〕，如卢那察尔斯基等人。这些人都是唯心主义者，列宁为了批判他们，写了一部哲学著作《唯物主义和经验批判主义》。过了十年，俄国革命就胜利了，这时“造神派”的卢那察尔斯基也当了列宁政府的教育人民委员，他也不要造神了。我看你们的历史中也会找到这样的事例。

你们国家为什么到现在革命还没有胜利呢？看来资本主义比较发达的国家，胜利可能比较晚些，其原因就是资本主义比较发达。革命首先在资本主义不发达的国家取得胜利，那里的空气稀薄，易于突破。例如俄国和中国空气是稀薄的，现在非洲也如此。日本的垄断资本在美国、英国、法国、德国、意大利等七八个资本主义大国中还是比较薄弱的。原因是：第一打了败仗；第二受美国的统治。

从某种意义上来说，我看这两方面对日本人民都是有利的：

第一，战败了，殖民地都没有了，这对日本有利。日本人民、革命的政党应当了解，这个失败不是耻辱，对垄断资本来说是耻辱，对人民来说是胜利。打败仗是不是好事情，是不是耻辱，你们应当展开争论。有部分人不这样看，认为战败了没有面子，于是他们心中有愧，觉得干了坏事。这是因为他们对垄断资本和人民不加区别，所以得出那样的结论。过去的战争应由垄断资本、军国主义政府负责，而不应由日本人民负责。人民为何要负责？如果说人民要负责，那末大家都来反对日本人民，那还得了！事实上是日本军国主义政府威胁、欺骗、强迫日本人民去当炮灰的。

第二，被美国统治也要分析。我看一个国家的人民，没有外力的压迫是不会觉悟的。现在日本不仅有本国垄断资本的压迫，而且有它的同盟者美国的压迫，这就很快地教育了日本人民，使日本人民团结起来；并且迫使日本人民做出选择，要么当美帝国主义、垄断资本的奴隶，要么起来争取独立和自由。我老早说过，我总不相信，像日本这样伟大的民族会长期受人欺负，短时期受压迫是可能的。我们国家的人民，也是由国内敌人和国外敌人教育过来的，其中也包括日本军国主义者的教育。日本的南乡三郎〔13〕见我时，一见面就说：日本侵略了中国，对不住你们。我对他说：我们不这样看，是日本军阀占领了大半个中国，因此教育了中国人民，不然中国人民不会觉悟，不会团结，那末我们到现在也还在山上，不能到北京来看京戏。就是因为日本“皇军”占领了大半个中国，中国人民别无出路，才觉悟起来，才武装起来进行斗争，建立了许多抗日根据地，为解放战争的胜利创造了条件。所以日本军阀、垄断资本干了件好事，如果要感谢的话，我宁愿感谢日本军阀。

像日本这样伟大的民族应该有独立和主权。日本的经济、文化都走在中国的前面，据说冈山县就有七所大学；我们有个无锡，文化比较发达，但也没有七所大学。我们没有这样一个县可以同日本比的。中国要赶上日本还要一定的时间。

日本有资产阶级的民主，有国会，这是你们的好处，也是缺点。中国没有民主，国民党就是捉人、杀人，什么也不给我们。这也许是缺点，也许是优点。那末我们有什么出路呢？我们的出路就是学蒋介石，你们能杀人，我们为什么不能杀人？我们进行过调查研究，国民党有手，手里有刀有枪；我们也有手，但没有刀枪。如果我们能把国民党手里的刀枪夺过来，不是也可以杀帝国主义的走狗，也可以搞出点名堂来吗？

你们的情况有些不同，有议会制度，比较有些民主，不像中国的国民党那样捉人、杀人，那就可以利用，利用它来搞群众运动。我不大了解你们的情况，大概日本的垄断资本比中国的买办资产阶级聪明些，看来，你们也可利用这一点。他们怕老百姓起来。例如有许多日本友人来中国访问，政府不能禁止；我们去日本，他们也不能禁止，但可以给予种种限制，因为日本政府同蒋介石有外交关系。另外，他们也怕共产党。高碕邀请廖承志〔14〕同志去访问日本，廖承志同志，你什么时候去？

廖：现在还没有定。

毛：最近总工会代表团去日本访问了。我们民间来往、交流是很好的，可以增进了解，相互交换意见，交流经验。贸易已经订了些民间合同，大的买卖也开始做了些。我们有煤、盐、铁矿、大豆，可以同日本交换些东西。中日两国很近，运费也便宜。

黑：完全同意。今年民间交流会更多起来。

不管池田〔15〕政府是否愿意，中日两国人民间的来往会多起来，两国人民间的亲善关系会加深，一定会签订友好条约。

毛：很好，有发展的前途。

黑：我们年初就来中国，也是为了两国人民的亲善。我们从中国朋友那里听到许多有益的话，看了中国的社会主义建设发展情况，对我们有很大好处，表示感谢，并祝主席身体健康。

毛：请向日本社会党认识的和不认识的朋友们问好。

根据中央文献出版社、世界知识出版社一九九四年出版的《毛泽东外交文选》刊印。

注　　释

〔1〕这是毛泽东同日本社会党国会议员黑田寿男的谈话。

〔2〕浅沼，指浅沼稻次郎。见本卷第206页注〔2〕。

〔3〕岸信介，日本自由民主党前总裁、日本内阁前首相。

〔4〕日美"安全条约"，即《日美共同合作和安全条约》。见本卷第93页注〔3〕。

〔5〕松村，指松村谦三（一八八三——一九七一），日本自由民主党前顾问、前众议员。一九五九年以后五次访问中国。中日恢复邦交前，他是日中贸易日方总联系人。一九六二年九月访华时同中国缔结日中综合贸易协定。一九六四年继高碕达之助负责日中备忘录贸易事宜。

〔6〕三木，指三木武夫（一九〇七——一九八八），日本自由民主党前总裁、前内阁首相。一九五八年曾任日本内阁经济企划厅长官。在对外关系上积极主张发展日中两国政治、经济、文化关系。

〔7〕高碕，指高碕达之助（一八八五——一九六四），日本自由民主党人，前众议员、参议员。六十年代初期任日本内阁通商产业大臣，日中综合贸易联络审议会会长，积极促进日中贸易。一九六二年率代表团访问中国，同廖承志签订发展日中两国民间贸易的备忘录。

〔8〕河野，指河野一郎（一八九八——一九六五），六十年代初期任日本内阁农林大臣、建设大臣等职。

〔9〕石桥，指石桥湛山（一八八四——一九七三），日本自由民主党前总裁、前内阁首相。六十年代初期多次任日中经济贸易展览协力会会长。一九七二年十二月当选促进恢复日中邦交议员联盟顾问。一九五九年、一九六三年两次访问中国。

〔10〕辛亥革命，是以孙中山为首的资产阶级政党同盟会所领导的推翻清朝专制王朝的革命。一九一一年（辛亥年）十月十日，革命党人发动新军在湖北武昌举行起义，接着各省热烈响应，外国帝国主义所支持的清朝反动统治迅速瓦解。一九一二年一月在南京成立了中华民国临时政府，孙中山就任临时大总统。两千多年的中国封建帝制从此结束，民主共和国的观念从此深入人心。但是资产阶级革命派力量很弱，并具有妥协性，没有能力发动广大人民的力量比较彻底地进行反帝反封建的革命。辛亥革命的成果迅即被北洋军阀袁世凯篡夺，中国仍然没有摆脱半殖民地、半封建社会的状态。

〔11〕黄兴（一八七四——一九一六），湖南善化二都（今属长沙县）人。一九〇四年在长沙组织反清革命团体华兴会。一九〇五年与孙中山筹划成立同盟会，任执行部庶务。先后领导了同盟会发动的多次武装起义。一九一一年武昌起义后，任军政府战时总司令、南京临时政府陆军总长。一九一三年任江苏讨袁军总司令。

〔12〕造神派，是一九〇五年至一九〇七年俄国资产阶级民主革命失败后出现的一种宗教哲学思潮，其代表人物是波格丹诺夫、卢那察尔斯基等。他们对革命前途失去信心，主张"改善"马克思主义，鼓吹创造一种"无神"的"社会主义"宗教，宣称只有宗教才是社会主义的组织力量，企图把马克思主义同宗教结合起来。一九一二年后，随着俄国革命运动的高涨，造神派学说迅速破灭。

〔13〕南乡三郎，一九五五年出任日中输出入组合理事长。一九五六年曾两次访问中国。一九五八年作为日本通商使节团代表来华参加签订第四次中日贸易协定。

〔14〕廖承志（一九〇八——一九八三），广东惠阳人。当时任国务院外事办公

室副主任。

〔**15**〕池田，指池田勇人（一八九九——一九六五），一九六〇年至一九六四年任日本自由民主党总裁、内阁首相。

反对两个平均主义

（一九六一年三月十三日）

刘、周、陈、邓、彭[1]五位同志，以及北京会议[2]各同志：

今天派陶铸[3]同志到你们那里来，向你们作报告，并向到北三区会议的同志们提出一些建议，以供参考。大队内部生产队与生产队之间的平均主义问题，生产队（过去小队）内部人与人之间的平均主义问题，是两个极端严重的大问题，希望在北京会议上讨论一下，以便各人回去后，自己并指导各级第一书记认真切实调查一下。不亲身调查是不会懂得的，是不能解决这两个重大问题的（别的重大问题也一样），是不能真正地全部地调动群众的积极性的。也希望小平、彭真两位同志在会后抽出一点时间（例如十天左右），去密云、顺义、怀柔等处同社员、小队级、大队级、公社级、县级分开（不要各级集合）调查研究一下，使自己心中有数，好做指导工作。我看你们对于上述两个平均主义问题，至今还是不甚了了，不是吗？我说错了吗？省、地、县、社的第一书记大都也是如此，总之是不甚了了，一知半解。其原因是忙于事务工作，不作亲身的典型调查，满足于在会议上听地、县两级的报告，满足于看地、县的书面报告，或者满足于走马看花的调查。这些毛病，中央同志一般也是同样犯了的。我希望同志们从此改正。我自己的毛病当然要坚决改正。你们为什么那样忙呢？开三天会太少了，至少五天至七天才行。为什么南方三区〔4〕反倒不忙，开七天，北方三区倒那样忙呢？因此，派陶铸同志到你们处走一遭。今天去，明天回。另派廖鲁言〔5〕同志于几天后回北京，去作北方的调查工作。我的那篇《关于调查工作》〔6〕的文章也请同志们研究一下，那里提出的问题是作系统的亲身出马的调查，而不是老爷式的调查，因此建议同志们研究一下。可以提出反对意见，但不要置之不理。

毛　泽　东

一九六一年三月十三日上午八时，广州

根据中共中央文件刊印。

注　　释

〔1〕刘，指刘少奇。周，指周恩来。陈，指陈云，当时任中共中央副主席。邓，指邓小平（一九〇四——一九九七），四川广安人，当时任中共中央总书记。彭，指彭真（一九〇二——一九九七），山西曲沃人，当时任中共中央书记处书记。

〔2〕指一九六一年三月十日至十三日刘少奇、周恩来等在北京召开的中共中央华北局、东北局、西北局负责人和这三个地区所属省市自治区党委负责人参加的工作会议，称北三区会议。

〔3〕陶铸（一九〇八——一九六九），湖南祁阳人。当时任中共中央中南局第一书记、广东省委第一书记。

〔4〕指中南、西南、华东三个地区。当时毛泽东正在广州召集这三个地区中共中央局负责人和省市自治区党委负责人参加的工作会议，这次会议称南三区会议。

〔5〕廖鲁言（一九一三——一九七二），江苏南京人。当时任中共中央农村工作部副部长、农业部部长。

〔6〕《关于调查工作》，见本卷第240页注〔2〕。

要做系统的由历史到现状的调查研究[1]

（一九六一年三月十三日）

这次会议要解决两个很重要的问题：一是生产队与生产队之间的平均主义；一是生产队内部人与人之间的平均主义。这两个问题不解决好，就没有可能充分地调动群众的积极性。

看来人民公社需要有一个条例。高级农业合作社的条例已经过时了。几年来没有一个新的完整的条例。这次起草的农村人民公社工作条例草稿，内容太繁杂、太长，逻辑性不强，不能抓住人一气读下去，要压缩到八千字左右。这次会议讨论一下，先听听你们的意见，你们回去再调查，下次会议作决定。

要做系统的由历史到现状的调查研究。省委第一书记要亲自做调查研究，我也是第一书记，我只抓第一书记。其他的书记也要做调查研究，由你们负责去抓。只要省、地、县、社四级党委的第一书记都做调查研究，事情就好办了。

今年一月找出了三十年前我写的一篇文章[2]，我自己看看觉得还有点道理，别人看怎么样不知道。“文章是自己的好”，我对自己的文章有些也并不喜欢，这一篇我是喜欢的。这篇文章是经过一番大斗争以后写出来的，是在红四军党的第九次代表大会[3]以后，一九三〇年写的。过去到处找，找不到。这篇文章请大家研究一下，提出意见，哪些赞成，哪些不赞成，如果基本赞成，就照办，不用解释了。文章的主题是，做领导工作的人要依靠自己亲身的调查研究去解决问题。书面报告也可以看，但是这跟自己亲身的调查是不相同的。自己到处跑或者住下来做一个星期到十天的调查，主要是应该住下来做一番系统的调查研究。农村情况，只要先调查清楚一个乡就比较好办了，再去调查其他乡那就心中有数了。

过去这几年我们犯错误，首先是因为情况不明。情况不明，政策就不正确，决心就不大，方法也不对头。医生看病是先诊断，中医叫望、闻、问、切，就是先搞清病情，然后处方。我们打仗首先要搞侦察，侦察敌情、地形，判断情况，然后下决心，部署队伍、后勤等等。历来打败仗的原因大都是情况不明。最近几年吃情况不明的亏很大，付出的代价很大。大家做官了，不做调查研究了。我做了一些调查研究，但大多也是浮在上面看报告。现在，我要搞几个点，几个调查的基地，下去交一些朋友。对城市问题我没有发言权，想调查几个工厂，此心早已有了。我现在搞了几个基地，派了几个组住在几个地方。陈伯达、胡乔木、田家英[4]他们会后还要回去。我和大家相约，搞点副食品基地的调查研究，目的是为了解决问题，不是为了报表。发那么多表格，报上来说粮食增加了，猪也增加了，经济作物也增加了，而实际上没有增加。我看不要看那些表格，报表我是不看的，实在没有味道。河南要求下边报六类干部情况，今天通知明天就要，这只能是假报告。我们要接受教训。报表有一点也可以，统计部门搞统计需要报表，可是我们了解情况主要不靠报表,也不能靠逐级的报告,要亲自了解基层的情况。

人民公社三年没有搞条例,当然也搞了些规定,比如北戴河会议的决议[5],武昌会议的决议[6],郑州会议的记录[7],上海会议十八条[8],我写给生产队、生产小队信里提的六条[9]。这些文件和规定在有些地方不灵,在有些地方灵了。在一类县、社、队是灵了;在二类县、社、队基本灵了,一部分不灵,没有执行;在三类县、社、队基本不灵。犯了错误能改就行,只要好好地去干,错误和失败就会走向反面,反面就是正确和胜利,不要抬不起头来。

有些食堂难以为继。广东有个大队总支书记说,办食堂有四大坏处:一是破坏山林,二是浪费劳力,三是没有肉吃(因为家庭不能养猪),四是不利于生产。前三条都是讲的不利于生产,第四条是个总结。这个同志提出的问题值得注意。这些问题不解决,食堂非散伙不可,今年不散伙,明年也得散伙,勉强办下去,办十年也还得散伙。没有柴烧把桥都拆了,还扒房子、砍树,这样的食堂是反社会主义的。看来食堂要有几种形式,一部分人可以吃常年食堂,大部分人吃农忙食堂。北方冬季食堂非散伙让大家回家吃饭不可,因为有个取暖的问题。

根据中央档案馆保存的讲话记录稿刊印。

注　　释

〔1〕这是毛泽东在广州召开的中共中央中南局、西南局、华东局负责人和这三个地区所属省市自治区党委负责人参加的工作会议(称南三区会议)上讲话的主要部分。这次会议于一九六一年三月十日至十三日召开。

〔2〕指《关于调查工作》。见本卷第240页注〔2〕。

〔3〕指一九二九年十二月二十八日至二十九日在福建上杭古田召开的中共红四军第九次代表大会。

〔4〕陈伯达，当时任中共中央政治局候补委员、中央政治研究室主任、毛泽东的秘书。胡乔木，当时任中共中央书记处候补书记、毛泽东的秘书。田家英，当时任中共中央政治研究室副主任、毛泽东的秘书。当时他们根据毛泽东的指示，率调查组分别在广东、湖南、浙江做农村调查。

〔5〕指一九五八年八月十七日至三十日在北戴河召开的中共中央政治局扩大会议通过的《中共中央关于在农村建立人民公社问题的决议》。

〔6〕指一九五八年十一月二十八日至十二月十日在武昌召开的中共八届六中全会通过的《关于人民公社若干问题的决议》。

〔7〕见本卷第30页注〔6〕。

〔8〕见本卷第165页注〔3〕。

〔9〕指毛泽东一九五九年四月二十九日关于农业问题写给六级干部的信中讲的六条。见本卷第48—50页。

在广州中央工作会议上的讲话

（一九六一年三月二十三日）

《关于调查工作》[1]这篇文章，我不赞成现在公开发表，只在内部印给大家看看就是了。有同志说这是几篇短文，不是的，是一篇文章的几段。这篇文章现在的作用在什么地方呢？这篇文章有些人可能会不懂得。为什么呢？因为文章讲的是当时民主革命的问题。民主革命时期依靠些什么人，团结些什么人，打倒些什么人，这是反帝反封建的问题。现在的问题是社会主义革命和社会主义建设的问题。必须要向看文章的人说明这一点。

我在印发这篇文章的批语中说，这篇文章看来还有些用处，不是讲全部有用。我说有一些用处，就是讲文章中心点是要做好调查研究工作。建立一条马克思列宁主义路线是很不容易的。红四军党的第七次代表大会是在龙岩开的，推翻了正确路线，提出了一条错误的路线[2]。第八次代表大会是在上杭开的，还是维持错误的路线[3]。到第九次代表大会才恢复正确路线[4]。

文章第二节讲调查就是解决问题。这中间批评了许多巡视员，许多游击队的领导者，许多新接任的工作干部，喜欢一到就宣布政见，看到一点表面、一个枝节，就指手画脚地说这也不对，那也错误。这是讲四中全会[5]以前的事。那一批人以刘安恭[6]为首，他和一些人刚刚来就夺取军权，军队就落到了他们手里。他们一共四五个人，都当了前委委员，直到第九次代表大会。后来中央来信，说他们挑拨红军内部的关系，破坏团结。红四军党的第九次代表大会是一九二九年十二月召开的，这篇文章是一九三〇年写的，总结了那个时期的经验。写这篇文章之前，还写了一篇短文，题目叫《反对本本主义》，现在找不到了。这篇文章是最近找出来的。别的文章丢了，我不伤心，也不记得了，这两篇文章我总是记得的。忽然找出一篇来了，我是高兴的。那个时候产生这篇文章的详细过程不必再讲了。

这篇文章是为了解决民主革命的问题而写的，说为了取得民主革命胜利要做调查研究，做典型的调查研究。现在不是搞民主革命，而是搞社会主义革命和社会主义建设。社会主义革命是基本完成了，但尚未最后完成。

第三节讲反对本本主义，这里头包含一个破除迷信的问题。那个时候不管三七二十一，只要是上级的东西就认为是好的。比如党的第六次代表大会的决议，那个东西你拿来如何实现呢？你如果不搞些具体措施，是很难实现的。不要说第六次代表大会的决议有部分的原则性错误，即使都是正确的，没有具体措施，没有调查研究，也不可能实现。现在我们中央搞的文件，如果没有具体措施也是不可能实现的。要有正确的措施，就要做调查研究工作。

第四节讲离开实际调查就要产生唯心的阶级估量和唯心的工作指导，那末它的结果，不是机会主义便是盲动主义。现在呢？现在我们还是要做阶级分析，无论城市或农村，都不能离开阶级分析。最近，中央的文件提到农村要建立贫农、下中农代表会，需要重新夺取政权的那些地方，更要建立强有力的贫农、下中农代表会，因为现在还存在着阶级。剥削阶级，在我国大部分地区是被消灭了。地主资产阶级被消灭了，但是不是一点也没有了？要做调查研究，可能还在有一些地方没有打倒，还在当权。大体上说，从去年十一月开始，过去的五个月，我们在这方面做了很多工作，现在再把两个平均主义的问题恰当地解决了就好了。至于包五保户，照顾困难户，这一点平均主义还要。农民自己说，人是有眼睛的，不会看着他们饿饭，不照顾他们。有一位同志在小组发言讲，现在的核心问题还是争取农民，把农民团结在党的周围，这话说得好。我们中国有这么多人口，大部分在农村，城市只一亿多一点，农村五亿多，一与五之比。没有农民拥护，不管你修多少铁路，搞多少钢铁，也会搞翻的。

第五节讲调查工作的纵断法和横断法。〔7〕这两个名词我只用了一次，写出这篇文章之后我自己也没有再用过。我也不希望同志们以后写文章、讲话再用它，因为不好懂。纵断法的特点是什么呢？我在文章里说："近来红军第四军的同志们一般的都注意调查工作了，但是很多人的调查方法是错误的。调查的结果就像挂了一篇狗肉账"。只是收集许多材料，没有观点，没有思想，"像乡下人上街听了许多新奇故事，又像站在高山顶上观察人民城郭"。你站在山顶上看城郭，只能看见很小很窄的街道，许多房屋，街道上有许多人往来。至于这些人是些什么人呢？是资本家还是工人分不清楚，是共产党员还是非共产党员也分不清楚，甚至是男人还是女人都分不清楚。这种调查结果是无益于实用的。这是纵断调查法。这种调查法可以作我们的辅助手段，达到一些次要的目的，不是我们的主要手段，不能达到我们的主要目的。我们的调查工作，不能停止于纵断法，而要用横断法，就是要做阶级分析，要做典型调查。

第六节讲的内容，我看现在还有不少用处，将来也用得着。中国革命斗争的胜利要靠中国同志了解中国情形，不能依靠外国同志了解中国情形，或者是依靠外国同志帮助我们打胜仗。写这篇文章时还没有料想到后来的王明路线〔8〕，当时立三路线〔9〕也还没有出现，瞿秋白同志的盲动主义〔10〕是有了。我们党有一个时期依靠共产国际〔11〕为我们写决议，作指示，写纲领，六届四中全会的决议就是共产国际代表米夫在上海替我们写的。

底下是第七节，讲调查的技术，也就是调查的方法。第一点是要开调查会，做讨论式的调查。你可提出几个方案，跟他们讨论，跟他们研究，这个方案好，还是那个方案好。要做讨论式的调查，才能得出近乎正确的结论。第二点是讲调查会到些什么人。各种人都要，经验多的人要，经验少但思想进步的人也要。从职业上说，工人也要，农民也要，商人也要，知识分子也要，士兵也要，甚至流氓也要。第三点是讲开调查会人多好还是人少好。人多有人多的好处，但开调查会人太多了比较困难。第四点是讲调查的纲目。纲目要事先准备，按纲目发问，这就要有一定的时间。第五点是讲要亲身出马。这里讲，从乡政府主席到全国中央政府主席，从大队长到总司令，从支部书记到总书记，都要亲身出马。我讲得很宽，那个时候也有点无法无天了。一定要亲身从事社会经济的实际调查，不能单靠书面报告，因为二者是两回事。我们那个时候得到经验了，知道不能单靠书面报告。第六点是讲要从个别问题深入，深入解剖一个麻雀，了解一处地方或一个问题。全国了解两个乡，南方一个，北方一个，对中国的农村就有一个基本概念了。工业不同，要分行业。比如煤矿、冶金、机械等，各了解一个厂矿就差不多了。煤矿，中央有四百多个，你去全面彻底地了解一个就好办了，别的地方也是掘煤嘛。冶金、机械行业也是这样去了解一个工厂。这是重工业，还有轻工业，工业比农业复杂一些。深切地了解一处地方或一个问题，往后调查别处地方或别个问题，你就容易找到门路。不然就不容易找到门路。第七点是讲要自己做记录。那个时候还是我精力充沛的时候。现在调查要我做详细的记录，也许还可以，我想试试看。自己当记录，这是调查的一个要点。不但要自己当主席，适当地指挥调查会的到会人，而且要自己当记录，把调查的结果记下来，假手于人是不行的。现在我不反对派调查组结合当地同志进行调查，这回我就派了三个调查组，一个放在浙江，一个放在湖南，一个放在广东，结合当地省委的同志来搞。我是间接的，并没有直接调查。现在有这样的便利条件，过去这样的调查难于办到，那时我们全部人马只有几千人。

至于第一节讲没有调查没有发言权，大家都熟悉了。这个口号，就是那时候提出来的。这一次有两个问题，一个手工业问题，一个商业问题，因为没有调查，我就没有发言权。我总是不相信没有调查会有发言权的。

我们大部分人，包括我自己在内，都是调查研究不够。建国后这十一年我做过两次调查，一次是为合作化的问题，看过一百几十篇材料，每省有几篇，编出了一本书，叫做《中国农村的社会主义高潮》[12]。有些材料看过几遍，研究他们为什么搞得好，我调查研究合作化问题就是依靠了那些材料。还有一次是关于十大关系问题，用一个半月时间同三十四个部门的负责人讨论，每天一个部门或两天一个部门，听他们的报告，跟他们讨论，然后得出十大关系的结论，这是向上层人们，向各部部长调查。

现在全党对情况比较摸底了，中央、省、地各级对下面的情况比较摸底了，我看应该这样说。为什么又讲不甚了了呢？比较摸底，但还是不甚了了，我是讲“不甚”，不是讲你全不了了。现在局势已经是有所好转，但是不要满足，不要满足于我们现在已经比较摸底、比较清楚情况，要鼓起群众的干劲，同时鼓起干部的干劲。干部一到群众里头去，干劲就来了。我的经验历来如此，凡是忧愁没有办法的时候，就去调查研究，一经调查研究，办法就出来了，问题就解决了。打仗也是这样，凡是没有办法的时候，就去调查研究。在第二次反“围剿”的时候，兵少觉得很不好办，开头不了解情况，每天忧愁。我跟彭德怀[13]两个人到白云山上跑了一天，察看地形，看了很多地方。我对彭德怀说，红一军团的四军、三军打正面，打两路，你的红三军团全部打包抄，敌人一定会垮下去。如果不去看呢？就每天忧愁，就不知如何打法。调查研究就会有办法，大家回去试试看。

这几年出现的高指标等问题，总的责任当然是我负，因为我是主席。我的责任在什么地方呢？为什么到现在才提倡调查工作呀？为什么早不提倡呢？而且我自己也没有下去，搞一个公社、一个工厂的调查。为补过起见，现在我来提倡一下。今年我在中央工作会议〔14〕上讲过一次，九中全会〔15〕上又讲了一次，这次会议还得讲一次，不然又说我没有讲。有些问题得当面交待一下。比如这篇《关于调查工作》的文章，发下去的时候要向同志们解释一下，文章主要是讲调查研究的基本方法。民主革命阶段，要进行调查研究，社会主义革命和社会主义建设阶段，还是要进行调查研究，一万年还是要进行调查研究工作。这个方法是可取的。至于调查研究为了解决什么问题，这篇文章是为了解决民主革命的问题，现在就不是解决这个问题，要讲清楚这一点。此外，还有什么横断法、纵断法之类的名词，可以不用。本本主义，现在叫教条主义，赫鲁晓夫〔16〕他们讲我们不反对教条主义，恰恰相反，我们从来就是反对教条主义的，是我们这些"教条主义"者反对教条主义。教条主义这个东西，只有原理原则，没有具体政策，是不能解决问题的，而没有调查研究，是不能产生正确的具体政策的。

这篇文章还提出这么一个观点，就是说，正确的策略只能从实践经验中产生，只能来源于调查研究。所谓策略路线是包括很宽的，包括政治路线的。比如，依靠些什么阶级，联合些什么阶级，打倒些什么阶级，就属于策略路线的问题。文章讲到商业资产阶级和流氓无产阶级，对这两个阶级我们的认识始终模糊，就是写文章这个时候，还是模糊的，对他们没有具体的政策，没有正确的政策，因为我们没有做这方面的调查。马克思、恩格斯提出的那些原理原则是经过调查得出的结论。如果没有伦敦图书馆，马克思就写不出《资本论》。列宁的《帝国主义论》[17]，现在印出来是一个薄薄的本子，他研究的原始材料，比这本书不知厚多少倍。列宁的哲学著作《唯物主义和经验批判主义》，是他用好几年时间研究哲学史才写出来的。列宁写这本书是为了批判当时的唯心主义造神派的“经验批判主义”。我那篇文章批评社会科学研究专从书本子里面讨生活是危险的。因为那个时候我们正是失败的时候，一九二七年大革命失败后，一些知识分子倒退了，蜕化了，变到资产阶级方面去了。他们专从书本里讨生活，不到工人、农民、社会中去调查，不到群众中去调查，不在斗争中逐步深入调查研究。没有那些胜利和那些失败，不经过第五次反“围剿”的失败，不经过万里长征，我那个《中国革命战争的战略问题》小册子也不可能写出来。因为要写这本书，倒是逼着我研究了一下资产阶级的军事学。有人讲我的兵法靠两本书，一本是《三国演义》，一本是《孙子兵法》。《三国演义》我是看过的，《孙子兵法》当时我就没有看过。在遵义会议[18]上，凯丰[19]说：你那些东西，并不见得高明，无非是《三国演义》加《孙子兵法》。我就问他一句：你说《孙子兵法》一共有多少篇？第一篇的题目叫什么？请你讲讲。他答不出来。我说：你也没看过，你怎么晓得我就熟悉《孙子兵法》呢？凯丰他自己也没看过《孙子兵法》，却说我用的是《孙子兵法》。那时打仗，形势那么紧张，谁还管得什么孙子兵法，什么战斗条令，统统都忘记了的。打仗的时候要估计敌我形势，很快作出决策，哪个还去记起那些书呢？你们有些人不是学过四大教程吗？每次打仗都是用四大教程吗？如果那样就完全是教条主义嘛！我不是反对理论，马克思主义的原理原则非有不可，我这篇文章里头也讲了的。要把马克思主义当作工具看待，没有什么神秘，因为它合用，别的工具不合用。资产阶级的唯物主义不合用，只有马克思的唯物主义，就是辩证唯物主义，运用到社会问题上成为历史唯物主义，才合用。马克思创立了许多学说，如党的学说、民族学说、阶级斗争学说、无产阶级专政学说、文学艺术理论等等，也都应当当作合用的工具来看待。

我在一九四一年三月写的《农村调查》的序言中，说到我自己做调查的态度，是必须恭谨勤劳，把人家当作同志对待。有了平等的态度，当小学生的态度，才能够调查到一点东西，不然人家就不理我，知而不言，言而不尽，你有什么法子呢？一九三〇年五月，我在江西南部的寻乌县做了个调查。这个调查，我都找了些什么人呢？找了几个中下级干部，一个破产了的商会会长，一个在县衙门管过钱粮的小官吏，还有一个穷秀才，此外就是寻乌县的县委书记。我们几个人，谈了好几天。那些人可有话讲啦！他们把那里的全部情况，寻乌的工商业情况，各行各业的情况，都跟我讲了。那个秀才，年纪相当大了，很有味道，看我尊重他，就跟我讲了许多事情。我在《农村调查》的序言中还说过，第一次使我晓得中国监狱全部腐败情形的是谁呢？就是湖南衡山县的一个狱吏。我跟他谈了一两天，他谈我记。我首先讲明来意，就是要调查究竟这个班房里头情况怎么样，他就讲了各种复杂情形。可惜这个调查材料没有了。上井冈山后的两次典型调查材料也损失了。损失别的不伤心，损失了这些材料我比较伤心。此外，在广东农民运动讲习所的时候，我发动各省来的学生抄写民歌，每人十首，十人百首，百人千首，三百人就有三千首民歌，还有一个人抄写了几十首的。其中包括内蒙古、黑龙江的，只是没有青海、新疆的。我对他们说：你们抄写民歌，我发纸，每人发几张纸。一个人长到十几、二十几岁，总能记得一些民歌。从这些民歌里面可以懂得许多东西。这几千首民歌后来丢了，非常可惜。

根据中央档案馆保存的讲话记录稿刊印。

注　释

〔1〕《关于调查工作》，见本卷第240页注〔2〕。

〔2〕一九二九年六月二十二日，在福建龙岩召开中共红四军第七次代表大会。会议在关于党的领导、思想政治工作、农村根据地、红军任务等问题上发生了争论。会议错误地否定了毛泽东提出的党对红军的领导必须实行集权制（当时对民主集中制的称谓）和必须反对不要根据地的流寇思想的正确意见。会议改选了红四军党的前敌委员会，毛泽东没有继续当选前委书记。

〔3〕一九二九年九月下旬，在福建上杭召开中共红四军第八次代表大会，讨论红军法规等问题，会议开了三天，由于认识不一致，未获结果。

〔4〕一九二九年十二月二十八日至二十九日，在福建上杭古田召开中共红四军第九次代表大会。会议总结了红军创建以来党在同各种错误思想、错误倾向作斗争过程中积累的经验，统一了思想认识，通过了《中国共产党红军第四军第九次代表大会决议案》。决议案提出了建党建军的根本原则。会议选举产生了新的前敌委员会，毛泽东当选书记。

〔5〕指一九三一年一月七日在上海召开的中共六届四中全会。

〔6〕刘安恭（一八九九——一九二九），四川永川人。一九二九年被中共中央指派为中央特派员，到红四军指导工作。后担任中共红四军军委书记兼政治部主任等职。在红四军第七次和第八次代表大会上，被选为前敌委员会委员。

〔7〕《关于调查工作》原文第五节中有"我们的主要调查方法是'横断法'而不是'纵断法'"一句。这篇文章收入人民出版社一九六四年出版的《毛泽东著作选读

(甲种本)》时,经作者校订删去了。

〔8〕指王明“左”倾冒险主义错误。一九三一年一月,在中共六届四中全会上,王明等人在共产国际及其代表米夫的支持下,取得了在党中央的领导地位。他们在政治上混淆民主革命和社会主义革命的界限,把反资产阶级和反帝反封建并列;否认九一八事变后国内阶级关系的明显变化,把中间势力当成“最危险的敌人”;继续推行“城市中心论”,主张红军夺取中心城市以实现一省数省首先胜利而形成全国的胜利。在军事上,先是推行冒险主义,后来又变为保守主义和逃跑主义。在组织上,实行宗派主义,对不同意他们错误主张的人,进行“残酷斗争,无情打击”。王明“左”倾冒险主义在党内统治达四年之久,给党和革命事业造成了重大的损失。一九三五年一月,中共中央政治局召开遵义会议,确立了以毛泽东为代表的新的中央的正确领导,从而结束了王明“左”倾冒险主义在党中央的统治。

〔9〕立三路线,见本卷第143页注〔17〕。

〔10〕指以瞿秋白为代表的“左”倾盲动主义错误。一九二七年八月七日,在大革命失败后的紧要关头,瞿秋白主持召开中共中央紧急会议。会后任中共中央临时政治局常委,主持中央工作。同年十一月,主持召开中央临时政治局扩大会议,接受共产国际代表罗米那兹的“左”倾错误观点,认为当时中国革命的性质是所谓“无间断的革命”,混淆了民主革命和社会主义革命的界限,并断言“现时全中国的状况是直接革命的形势”,从而确定实行全国武装暴动的总策略,犯了“左”倾盲动主义错误。至一九二八年四月,这次“左”倾错误在全国范围的实际工作中基本结束。

〔11〕共产国际,见本卷第142页注〔15〕。

〔12〕《中国农村的社会主义高潮》,是毛泽东一九五五年主持编辑的。这部书共收入反映各地农业合作化情况的材料一百七十六篇,毛泽东为其中一百零四篇写了按语,并为全书写了序言。该书在一九五六年一月由人民出版社出版。

〔13〕彭德怀(一八九八——一九七四),湖南湘潭人。当时任中国工农红军第三军团总指挥和前委书记。

〔14〕指一九六〇年十二月二十四日至一九六一年一月十三日在北京召开的中共中央工作会议。

〔15〕指一九六一年一月十四日至十八日在北京召开的中共八届九中全会。

〔16〕赫鲁晓夫(一八九四——一九七一),当时任苏联共产党中央委员会第一

书记、苏联部长会议主席。

〔**17**〕《帝国主义论》，见本卷第141页注〔7〕。

〔**18**〕遵义会议，指长征途中一九三五年一月十五日至十七日在贵州遵义举行的中共中央政治局扩大会议。这次会议集中讨论和纠正了军事上和组织上的错误，结束了王明"左"倾冒险主义在党中央的统治，确立了以毛泽东为代表的新的中央的正确领导，在最危急的关头挽救了红军，挽救了党。

〔**19**〕凯丰，即何克全（一九〇六——一九五五），江西萍乡人。当时任中共中央政治局候补委员、青年团中央局书记、红九军团中央代表。

给邓小平[1]的信

（一九六一年四月二十五日）

小平同志：

请你起草一个召开中央工作会议[2]的通知，各中央局，各省、市、区党委的负责同志于五月十五日到达北京，农村人民公社工作条例起草委员会的委员们（列举名单，照广州原样）则于五月九日到达北京。此次会议的任务是继续广州会议[3]尚未完成的工作：收集农民和干部的意见，修改工作条例六十条和继续整“五风”[4]，不讨论工业和城市整风问题，或者只在会议末尾略为讨论一下，这个问题留待七月会议[5]上去讨论。为此，到会各同志，应利用目前这一段时间，对农村中的若干关键问题（食堂问题，粮食问题，供给制问题，自留山问题，山林分级管理问题，耕牛、农具大队有好还是队有好问题，一、二类县、社、队全面整风和坚决退赔问题，反对恩赐观点、坚决走群众路线问题，向群众请教、大兴调查研究之风问题，恢复手工业问题，恢复供销合作社问题）进行重点调查，下十天至十五天苦功夫，向群众寻求真理，以便五月会议能比较彻底地完成上述任务。

此通知，请你找田家英[6]同志合作起草。今天晚上我们谈好，明天用电报发出，是为至盼！

毛　泽　东

四月二十五日上午九时

根据人民出版社一九八三年出版的《毛泽东书信选集》刊印。

注　释

〔1〕邓小平，当时任中共中央总书记。

〔2〕这次中共中央工作会议于一九六一年五月二十一日至六月十二日在北京召开。会议对《农村人民公社工作条例（草案）》进行了修改，通过了《农村人民公社工作条例（修正草案）》。修正草案规定，取消供给制，办不办食堂完全由社员讨论决定。会议还讨论了商业工作和城乡手工业问题，制定了《关于改进商业工作的若干规定（试行草案）》（即《商业四十条》）和《关于城乡手工业若干政策问题的规定（试行草案）》（即《手工业三十五条》）等。

〔3〕广州会议，指一九六一年三月十五日至二十三日在广州召开的中共中央工作会议。会议讨论并通过了《农村人民公社工作条例（草案）》，共六十条。

〔4〕“五风”，指“大跃进”和人民公社化运动中发生的“共产风”、浮夸风、命令风、干部特殊风和对生产瞎指挥风。

〔5〕这次会议即后来于一九六一年八月二十三日至九月十六日在庐山召开的中共中央工作会议。

〔6〕田家英，当时任中共中央政治研究室副主任、毛泽东的秘书。

给李井泉、陈正人〔1〕的信

（一九六一年五月六日）

四川省委李井泉同志，并转

简阳平泉公社陈正人同志：

陈正人同志五月一日给我的信收到，很高兴。再去简阳做一星期，最好是两星期的调查，极为有益。井泉同志：你为什么不给我写信呢？我渴望你的信。你去调查了没有？中央列举了一批调查题目〔2〕，是四月二十五日通知你们的。五月四日又发了一个通知，将会期推迟到五月二十号，以便有充分调查研究的时间，将那批问题搞深搞透，到北京会议〔3〕时，比起广州会议〔4〕来，能够大进一步。我在这里还有一个要求，要求各中央局，各省、市、区党委第一书记同志，请你们在这半个月内，下苦功去农村认真做一回调查研究工作，并和我随时通信。信随便写，不拘形迹。这半个月希望得到你们一封信。如果你们发善心，给我写信，我准给你们写回信。

此信并告中央。

毛　泽　东

一九六一年五月六日于上海

你们来信，用保密电话直达我的住地及火车上，勿误为要。

根据人民出版社一九八三年出版的
《毛泽东书信选集》刊印。

注　释

〔1〕李井泉（一九〇九——一九八九），江西临川人。当时任中共中央西南局第一书记、四川省委第一书记。陈正人（一九〇七——一九七二），江西遂川人。当时任农业机械部部长。

〔2〕指中共中央一九六一年四月二十五日通知中提出的关于农村工作中的若干关键问题的调查题目。这些题目包括食堂问题，粮食问题，供给制问题，山林分级管理问题，给农民留一定数量的柴山作为自留山的问题，三包一奖问题，耕牛、农具归大队所有好还是归生产队所有好的问题，一、二类县社队全面整风和坚决退赔问题，恢复手工业问题，恢复供销合作社问题等。

〔3〕见本卷第269页注〔2〕。

〔4〕见本卷第269页注〔3〕。

给张平化[1]的信

（一九六一年五月十四日）

张平化同志：

你的这封信[2]，可发湖南全省各地、市、县、社党委研究，仿照办理。都要坚决走群众路线，一切问题都要和群众商量，然后共同决定，作为政策贯彻执行。各级党委，不许不作调查研究工作。绝对禁止党委少数人不作调查，不同群众商量，关在房子里，作出害死人的主观主义的所谓政策。

毛　泽　东

一九六一年五月十四日于天津

根据人民出版社一九八三年出版的
《毛泽东书信选集》刊印。

注　　释

〔1〕张平化，一九〇七年生，湖南酃县（今炎陵）人。当时任中共湖南省委第一书记。

〔2〕指张平化一九六一年五月十三日给毛泽东的信。这封信汇报了他到一个生产大队作调查，同群众商量解决按劳分配和经营管理方面存在的问题的情况。

总结经验，教育干部[1]

（一九六一年六月十二日）

两次郑州会议[2]开得仓促。我那时对中国社会主义如何搞还不甚懂。第一次就是搬斯大林，讲了一次他写的《苏联社会主义经济问题》。第二次就是分三批开会，第一批是一天，最后一批是一天半。这怎么能解决问题呢？那时心里想着早点散会，因为三月份春耕来了。如果要把问题搞清楚，一天两天是不行的。时间短了，只能是压服，而不是说服。那时许多同志找我谈，我打你通，你不通。一两天，怎么能打通呢？庐山会议后，我们错在什么地方呢？错就错在不该把关于彭、黄、张、周的决议[3]，传达到县以下。应该传达到县为止，县以下继续贯彻《郑州会议记录》[4]、上海会议的十八条，继续反"左"。一反右，就造成一个假象，可好了，生产大发展呀，其实不是那样。彭、黄、张、周的问题，在十几万人的小范围内传达就行了，军队不搞到连队，地方不搞到公社以下去就好了。搞下去就整出了许多"右倾机会主义分子"。现在看是犯了错误，把好人、讲老实话的人整成了"右倾机会主义分子"，甚至整成了"反革命分子"。当然，郑州会议基本上是正确的，上海会议提出的十八条也还是基本上正确的，但对食堂问题、供给制问题是讲得不正确的[5]。一九五九年四月，我在北京召集中央常委和在京参加人代会的一些同志谈了一下，就给六级干部写了那六条〔6〕。那六条等于放屁，因为我们各级干部中许多人不懂得社会主义是什么东西，什么叫按劳付酬，什么叫等价交换。一九六〇年春看出“共产风”又来了。先在广州召集中南各省的同志开了三个小时的会，时间这样短。接着在杭州又召集华东、西南各省的同志开了三四天会，议题不集中，将搞小高炉、技术革新和技术革命、机械化和半机械化等等一些问题都插进去了，整一平二调〔7〕没有成为中心。一次会只能有一个中心，一个中心就好。一次会发很多文件，没有一个中心就不好。后来又在天津召集东北、西北、华北各省同志开了会，也不解决问题。那时候提倡几个大办：大办水利，大办县社工业，大办养猪场，大办交通，大办文教。这五个“大办”一来，糟糕！那不又是“共产风”来了吗？去年七八月的北戴河会议〔8〕，百分之七八十的时间是谈国际问题，只剩一个尾巴谈粮食问题、农业问题，也没有批评两个平均主义。一平二调问题的彻底解决，还是从十一月发出十二条指示〔9〕开始的。十二条指示，在执行中发生了一个错误，就是只搞了三类县、社、队，其他一类、二类放过了，没去动。河南用整整半年的时间搞三类县、社、队，一、二类不去触动，“共产风”、命令风、浮夸风、瞎指挥风、干部特殊风没有普遍去整。一提“五风”，说是一、二类可以放心，现在一查，那些地方“五风”可厉害了。所以，今年的中央文件〔10〕上规定，一、二、三类县、社、队都要普遍地整“五风”，在劫者难逃。现在干部中有一些人似乎摸到了一点“规律”，以为整“五风”大概整个年把时间，“风”就过去了，就没事了。我们可不能这样搞。我们要学韩文公〔11〕在《祭鳄鱼文》中所说的办法，“三日不能，至五日。五日不能，至七日。七日不能，是终不肯徙也”，我就打它、杀它。我们也来个三年不行至五年，五年不行至七年，七年不行至十年，十年还不行，是终不肯改也，那我们就要撤职、查办。

一定要搞好调查研究，一定要贯彻群众路线。平调的财物要坚决退赔，但不要有恩赐观点。还有一个，凡是冤枉的人都要平反。

现在的问题是一个教育干部的问题。在座的都是先生，因为我们已经自己教育了自己。通过广州会议〔12〕、这次北京会议，我们自己思想通了，就要以身作则教育干部，教育省一级、地一级、县一级干部，首先要教育这三级干部。这三级干部教育好了，他们就会回去教育公社一级、大队一级、小队一级干部。

我们在民主革命时期教育干部也是长期进行的。陈独秀〔13〕不懂得民主革命，实行的是右倾机会主义路线，使革命失败，五万党员只剩下万把人。上山打游击，打了十年。十年中间又犯了三次“左”倾错误〔14〕，万里长征教育了我们。然后是延安整风〔15〕，编出了《六大以来》、《两条路线》等几本书，从一九四二年到一九四五年上半年，整了三年半。那是和风细雨的，提出了“惩前毖后，治病救人”的口号，个人写笔记、看文件，讲自己的思想。在七大〔16〕召开以前，作出了《关于若干历史问题的决议》。七大成为团结的大会，实现了全党思想的统一。从一九二一年建党，到一九四五年七大以前，二十四年中我们党在思想上没有完全统一过，先是陈独秀的右倾机会主义，后是三次“左”倾机会主义。学派很多，各搞各的。主要有两派：一派是主观主义即教条主义，一派就是非教条主义。延安整风和七大以后，我们党在政治上、军事上、经济政策上、文化政策上、党的建设上都有了一整套统一的东西。为什么后来三年多的解放战争没发生错误呢？为什么有些东西过去反对它的人也赞成了呢？比如在军事上，过去有的人怕打烂坛坛罐罐，要御敌于国门之外，两个拳头打人，主张正规战，反对游击战，而这一时期对诱敌深入等都通了。这就是因为教育了干部，特别是延安整风教育了干部。社会主义革命和社会主义建设时期我们还没有搞过这样一次细致的整风。我看要从现在开始，用六十条〔17〕长期教育干部，没有几十年不能教育好。

社会主义谁也没有干过，没有先学会社会主义的具体政策而后搞社会主义的。我们搞了十一年社会主义，现在要总结经验。我今天讲的就是总结经验，我下回还要讲。我们是历史主义者，给大家讲讲历史，只有讲历史才能说服人。

民主革命从建党到胜利是二十八年。社会主义才搞了十一年，我看再加十一年，二十二年行不行？我在一个小册子〔18〕里讲过：民主革命我们开始也没有经验，翻过斤斗，取得了经验，最后才得到胜利；社会主义革命和社会主义建设取得经验的时间是不是可以缩短一点。这是一种设想。现在看起来，我们大家都觉悟了，就可以缩短时间。民主革命是二十八年，如果社会主义革命和社会主义建设搞二十二年，比民主革命减少六年，也还要十一年。是不是能够缩短？苏联的经验是苏联的经验，他们碰了钉子是他们碰了钉子，我们自己还要碰。好比人害病一样，有些病他害过就有了免疫力，我还没有害过就没有免疫力。

领导方法不可不注意。我刚才讲了，从北戴河会议、第一次郑州会议、武昌会议[19]、第二次郑州会议、上海会议、给六级干部的信、庐山会议，一直到六十条和这次会议，都没有解决问题。问题没有解决就不要放着不管，就要讲，没有解决就是没有解决，现在还是没有解决嘛！平调的财物现在退赔了的有没有三分之一，我是怀疑的。我曾经问过：有没有一半？许多同志说没有一半，有三分之一就算好的了。横直是敲“牛皮糖”，敲了三分之一，再敲三分之一，还有三分之一就再敲三分之一，敲完了不就舒服了吗？坚决退赔就是教育我们党，教育我们的干部。我看现在就是要拿六十条之类，加上斯大林《苏联社会主义经济问题》那本书，作为学习材料。斯大林的书是什么时候写出来的呢？他是从一九一七年起，经过三十五年，直到一九五二年才写出来的。斯大林是在他们干了三十五年以后写成那本书的。我们还只干了十一年，现在如果由我们写那样的书，我就不相信能写好。现在不是到处在编教科书吗？我看编出来也用不得，还要用斯大林那本书。

经过三月广州会议、这次北京会议，今年的形势跟过去大不相同。现在同志们解放思想了，对于社会主义的认识，对于怎样建设社会主义的认识，大为深入了。为什么有这个变化呢？一个客观原因，就是一九五九年、一九六〇年这两年碰了钉子。有人说“碰得头破血流”，我看大家的头也没有流血，这无非是个比喻，吃了苦头就是了。

根据中央档案馆保存的讲话记录稿刊印。

注　　释

〔1〕这是毛泽东在中共中央工作会议上的讲话。这次会议于一九六一年五月二十一日至六月十二日在北京召开。

〔2〕指一九五八年十一月二日至十日在郑州召开的有部分中央领导人、部分地方负责人参加的工作会议(即第一次郑州会议)和一九五九年二月二十七日至三月五日在郑州召开的中共中央政治局扩大会议(即第二次郑州会议)。

〔3〕参见本卷第231页注〔9〕。

〔4〕《郑州会议记录》,见本卷第30页注〔6〕。

〔5〕一九五九年四月二日至五日在上海召开的中共八届七中全会通过的会议纪要《关于人民公社的十八个问题》中,仍肯定人民公社办食堂和实行供给制的做法。

〔6〕指一九五九年四月二十九日关于农业问题写给六级干部的信中讲的六条。见本卷第48—50页。

〔7〕一平二调,参见本卷第33页注〔1〕。

〔8〕指一九六〇年七月五日至八月十日在北戴河召开的中共中央工作会议。

〔9〕指一九六〇年十一月三日《中共中央关于农村人民公社当前政策问题的紧急指示信》,内容共十二条。

〔10〕指一九六一年一月二十日《中央工作会议关于农村整风整社和若干政策问题的讨论纪要》。

〔11〕韩文公,即韩愈(七六八——八二四),河南河阳(今孟县)人,唐代文学家、哲学家。

〔12〕指一九六一年三月十五日至二十三日在广州召开的中共中央工作会议。

〔13〕陈独秀,见本卷第206页注〔7〕。

〔14〕三次"左"倾错误,见本卷第178页注〔9〕。

〔15〕指中国共产党自一九四二年起在全党范围内开展的一个马克思列宁主义的思想教育运动,历时三年多。主要内容是:反对主观主义以整顿学风,反对宗派主义以整顿党风,反对党八股以整顿文风。经过这次整风,全党进一步地掌握了马克思列宁主义的普遍真理与中国革命的具体实践的统一这样一个基本方向。

〔**16**〕七大，即中国共产党第七次全国代表大会，一九四五年四月二十三日至六月十一日在延安举行。会上，毛泽东作《论联合政府》的政治报告，朱德作《论解放区战场》的军事报告，刘少奇作《关于修改党章的报告》；周恩来作关于统一战线问题的重要发言。大会决定了党的路线——“放手发动群众，壮大人民力量，在我党的领导下，打败日本侵略者，解放全国人民，建立一个新民主主义的中国”，通过了新的党章，选举了新的中央委员会。新的党章规定以马克思列宁主义理论与中国革命的实践之统一的思想——毛泽东思想，作为中国共产党的一切工作的指针。这次大会是一次团结的大会、胜利的大会。

〔**17**〕指《农村人民公社工作条例（修正草案）》，共六十条。

〔**18**〕指《关于正确处理人民内部矛盾的问题》，见本书第七卷第204—243页。

〔**19**〕指一九五八年十一月二十八日至十二月十日在武昌召开的中共八届六中全会。会议通过了《关于人民公社若干问题的决议》。

给邓小平[1]的信

（一九六一年六月二十二日）

小平同志：

此件[2]很好，应当批发给各中央局，各省、市、区党委，照此报告，坚决执行。如果中央二十四万人中，已减三分之一，即八万人，并且还可以减去几万人，我想再减四万人，不知行不行？如能共减十二万人，占总数二十四万人的一半，肯定工作效率会大为提高。各省、市、区一级，专区一级，县一级，这地方三级均照此计划，坚决精减，则将在全国范围内大为减少官僚主义，提高工作效率。现在城镇人口要减少二千万以上，人民公社三级人员已有规定，如能坚决妥善实行，则一个人浮于事的严重问题就可解决了。以上请酌办。

毛　泽　东

一九六一年六月二十二日

根据人民出版社一九八三年出版的《毛泽东书信选集》刊印。

注　释

〔1〕邓小平，当时任中共中央总书记、国务院副总理。

〔**2**〕指国务院副总理兼秘书长习仲勋一九六一年六月十九日报送中共中央的《关于中央机关精简情况的报告》。

给江西共产主义劳动大学的一封信

（一九六一年七月三十日）

同志们：

你们的事业，我是完全赞成的。半工半读，勤工俭学，不要国家一分钱，小学、中学、大学都有，分散在全省各个山头，少数在平地。这样的学校确是很好的。在校的青年居多，也有一部分中年干部。我希望不但在江西有这样的学校，各省也应有这样的学校。各省应派有能力有见识的负责同志到江西来考察，吸取经验，回去试办。初时学生宜少，逐渐增多，至江西这样有五万人之多。

再则，党、政、民（工、青、妇）机关，也要办学校，半工半学。不过同江西这类的半工半学不同。江西的工，是农业、林业、牧业这一类的工，学是农、林、牧这一类的学。而党、政、民机关的工，则是党、政、民机关的工，学是文化科学、时事、马列主义理论这样一些的学。所以两者是不同的。中央机关已办的两个学校，一个是中央警卫团的，办了六七年了，战士、干部们从初识文字进小学，然后进中学，然后进大学，一九六〇年，他们已进大学部门了。他们很高兴，写了一封信给我，这封信，可以印给你们看一看。另一个,是去年(一九六〇年)办起的,是中南海党的各种机关办的,同样是半工半读。工是机关的工,无非是机要人员,生活服务人员,招待人员,医务人员,保卫人员,及其他人员。警卫团是军队,他们有警卫职务,即是站岗放哨,这是他们的工。他们还有严格的军事训练。这些,与文职机关的学校,是不同的。

一九六一年八月,江西共产主义劳动大学三周年纪念,主持者要我写几个字。这是一件大事,因此为他们写了如上的一些话。

毛 泽 东

一九六一年七月三十日

根据手稿刊印。

给中央常委的信

（一九六一年九月二十九日）

常委及有关各同志：

送上河北深县五公公社耿长锁的一封信〔1〕，山东省委一九六一年三月关于大小队矛盾问题座谈会材料〔2〕一份，湖北省委九月二十五日的报告〔3〕一份，九月二十七日邯郸座谈纪录〔4〕一份，另有河北的一批材料〔5〕，请你们一阅，并和你们的助手加以研究。然后我们集会讨论一次。这些材料表明：我们对农业方面的严重平均主义的问题，至今还没有完全解决，还留下一个问题。农民说，六十条〔6〕就是缺了这一条。这一条是什么呢？就是生产权在小队、分配权却在大队，即所谓“三包一奖”〔7〕的问题。这个问题不解决，农、林、牧、副、渔的大发展即仍然受束缚，群众的生产积极性仍然要受影响。如果我们要使一九六二年的农业比较一九六一年有一个较大的增长，我们就应在今年十二月工作会议〔8〕上解决这个问题。我的意见是“三级所有、队为基础”，即基本核算单位是队而不是大队。所谓大队“统一领导”要规定界限，河北同志规定了九条〔9〕。如不作这种规定，队的八权〔10〕有许多是空的，还是被大队抓去了。此问题，我在今年三月广州会议〔11〕上，曾印发山东一个暴露这个严重矛盾的材料。又印了广东一个什么公社包死任务的材料[12]，并在这个材料上面批了几句话：可否在全国各地推行。结果没有被通过。待你们看了湖北、山东、广东、河北这些材料，并且我们一起讨论过了之后，我建议：把这些材料，并附中央一信[13]发下去，请各中央局，省、市、区党委，地委及县委亲身下去，并派有力调查研究组下去，作两三星期调查工作，同县、社、大队、队、社员代表开几次座谈会，看究竟哪样办好。由大队实行"三包一奖"好，还是队为基础好？要调动群众对集体生产的积极性，要在明年一年及以后几年，大量增产粮、棉、油、麻、丝、茶、糖、菜、烟、果、药、杂以及猪、马、牛、羊、鸡、鸭、鹅等类产品，我以为非走此路不可。在这个问题上，我们过去过了六年之久的胡涂日子（一九五六年，高级社成立时起），第七年应该醒过来了吧。也不知是谁地谁人发明了这个"三包一奖"的胡涂办法，弄得大小队之间，干群之间，一年大吵几次，结果瞒产私分，并且永远闹不清。据有些同志说，从来就没有真正实行过所谓"三包一奖"。实在是一个严重的教训。

毛　泽　东

一九六一年九月二十九日上午八时

根据手稿刊印。

注　　释

〔1〕指河北省深县五公公社社长耿长锁一九六〇年十二月三十日给国务院副总理谭震林的一封信。信中说，五公公社一九六〇年比一九五九年减产百分之五十多，除了天灾外，还有人为的原因：一是违反因地制宜、不违农时的原则。二是没有认真贯彻执行党的政策，征购任务不断增加，社员的口粮指标下降，使群众生产情绪低落，农活质量普遍下降。对于怎样争取明年丰收，过好日子，提出以下意

见：一、把按地头评产的征购政策改为按标准亩平均征购政策。多产不多征购，少产不少征购，人为的损失不减任务，特殊灾情个别照顾。生产队对小队可采用“四包一奖”的办法，各队之间一般不调剂，多产多得，少产少得。二、坚决贯彻因地制宜、群众路线的工作方法，相信群众，多作调查研究。三、农业是国民经济的基础，应切实加强培根固本的具体工作。四、应促进牲畜的交流，取消各地不让牲畜出境的限制。

〔2〕指中共山东省委农村工作部《关于农村人民公社体制大小队矛盾问题的座谈意见》。这个材料说：几年来普遍发生严重的瞒产私分、社员生产不积极等问题，其根本原因，就是因为在一个核算单位内部，小队和小队之间的经济水平不平衡，生产好坏和收入多少差别较大，但收益却由生产队统一分配，从而产生了平均主义。解决的办法，必须实行“四权”统一，即生产资料所有权和使用权的统一，生产权和分配权的统一。根据“四权”统一的原则，核算单位应当是直接的生产单位。核算单位的规模，不宜过大。

〔3〕指中共湖北省委一九六一年九月二十五日关于试行以生产队为基本核算单位给中南局并报中央和毛泽东的请示报告。报告中说，在贯彻执行农村人民公社工作条例的过程中，一部分社员和基层干部提出，如果以生产大队为基本核算单位，各生产队之间的平均主义，也就是穷队与富队的矛盾问题，很难解决。孝感地委和荆门县委作了以生产队为基本核算单位的试点，做法是：取消“三包一奖”，生产队的收入，除完成国家征购和按比例上交公积金、公益金、管理费外，其余全部由生产队自行分配。试点经验证明，这样做，解决了以队为单位生产却以大队为单位分配的矛盾，能够从根本上克服生产队之间的平均主义。在目前情况下，以生产队为基本核算单位，可能比较有利于生产的发展。省委认为，主张以生产队为基本核算单位的意见是有道理的，请求允许进一步开展试点。

〔4〕指毛泽东一九六一年九月二十七日在邯郸召集的谈话会上所作的记录。记录中提到：“三包一奖制度是‘烦琐哲学’。你看，有三十七道工序，四十九个百分比，一千一百二十八笔账，光定额就有四百多个。”

〔5〕河北省的一批材料，共五件。第一件是中共河北省委工作组一九六一年八月十七日关于在保定地区调查分配大包干的情况给省委的报告。第二件是中共保定地委一九六一年九月八日关于分配大包干问题给河北省委的报告。第三件是中共河北省委工作组一九六一年八月十八日关于唐县峒龙公社张显口生产大队

执行分配大包干情况的简要说明。第四件是中共张家口地委一九六一年八月二十五日关于农村人民公社试行收益分配大包干情况给河北省委代理第一书记刘子厚的报告。以上四件对实行分配大包干给予了肯定。第五件是河北省藁城县岗上公社良村生产大队制订的一九六一年“三包一奖”粮食包干合同。

〔6〕六十条，指《农村人民公社工作条例（修正草案）》，共六十条。

〔7〕“三包一奖”，是包工、包产、包成本和超产奖励的简称。

〔8〕这次中央工作会议，后来于一九六一年十二月二十日至一九六二年一月十日在北京召开。

〔9〕指邯郸谈话会记录中的“大队应管之事”（九条）：一、征购；二、直属企业（有些手工业如铁匠、砖瓦窑），机井，米面加工厂，油坊，粉坊等；三、学校（小学）；四、必要的基建，如水利；五、必要的救济；六、必要的补助；七、民兵，治安保卫；八、作物安排（计划管理）；九、党的工作，政治思想工作。

〔10〕指《农村人民公社工作条例（修正草案）》第二十九条规定的生产队在管理本队生产上的自主权，共八条：有权因地因时种植；有权安排农活；有权决定增产措施；有权选留和管理本队的种子；有权调整本队的劳动定额；在不妨碍水土保持，不破坏森林、草原和牧场的条件下，有权在本队范围内，开垦荒地、经营荒山和充分利用一切可能利用的土地；有权利用农闲时间经营各项副业生产。

〔11〕指一九六一年三月十五日至二十三日在广州召开的中共中央工作会议。

〔12〕指中共中央中南局第一书记、广东省委第一书记陶铸一九六一年三月十五日报送的关于南海县大沥公社沥西大队试行生产队（小队）包干上调任务的情况调查材料。调查材料说，沥西大队为了解决生产队之间的平均主义问题，实行了在“三包”、“四固定”的基础上，在全大队进行统一分配的原则上，定死各生产队对大队的包干上调任务，完成上调任务后，超产部分全部归生产队自行处理的办法。这个办法实行后，各生产队干部和社员的生产积极性被进一步调动起来。毛泽东三月十六日在材料上批示：“印发各同志。请各组讨论，这个办法是否可以在各地推广。”

〔13〕指中共中央关于农村人民公社基本核算单位问题给各中央局、各省市区党委的指示，于一九六一年十月七日发出。中央要求各级党委对以生产大队为基本核算单位好还是以生产队（即原来的生产小队）为基本核算单位好的问题认真

调查研究，以便党中央作出决定。次年二月十三日，中共中央发出《关于改变农村人民公社基本核算单位的指示》，决定农村人民公社一般以生产队（相当于初级社的规模）为基本核算单位。

在扩大的中央工作会议上的讲话[1]

（一九六二年一月三十日）

同志们，我现在讲几点意见。（热烈鼓掌）一共讲六点，中心是讲一个民主集中制的问题，同时也讲到一些其他问题。

第一点，这次会议的开会方法。

这次扩大的中央工作会议，到会的有七千多人。在这次会议开始的时候，刘少奇同志和别的几位同志，准备了一个报告稿子。这个稿子，还没有经过中央政治局讨论，我就向他们建议，不要先开中央政治局会议讨论了，立即发给参加大会的同志们，请大家评论，提意见。同志们，你们有各方面的人、各地方的人，有各个省委、地委、县委的人，有企业党委的人，有中央各部门的人，你们当中的多数人是比较接近下层的，你们应当比我们中央常委、中央政治局和中央书记处的同志更加了解情况和问题。还有，你们站在各种不同的岗位，可以从各种的角度提出问题。因此，要请你们提意见。报告稿子发给你们了，果然议论纷纷，除了同意中央提出的基本方针以外，还提出许多意见。后来又由少奇同志主持，组织了二十一个人的起草委员会，这里面有各中央局的负责同志参加，经过八天讨论，写出了书面报告的第二稿。应当说，报告第二稿是中央集中了七千多人议论的结果。如果没有你们的意见，这个第二稿不可能写成。在第二稿里面，第一部分和第二部分有很大的修改，这是你们的功劳。听说大家对第二稿的评价不坏，认为它是比较好的。如果不是采用这种方法，而是采用通常那种开会的方法，就是先来一篇报告，然后进行讨论，大家举手赞成，那就不可能做到这样好。

这是一个开会的方法问题。先把报告草稿发下去，请到会的人提意见，加以修改，然后再作报告。报告的时候不是照着本子念，而是讲一些补充意见，作一些解释。这样，就更能充分地发扬民主，集中各方面的智慧，对各种不同的看法有所比较，会也开得活泼一些。我们这次会议是要总结十二年的工作经验，特别是要总结最近四年来的工作经验，问题很多，意见也会很多，宜于采取这种方法。是不是所有的会议都可以采用这种方法呢？那也不是。采用这种方法，要有充裕的时间。我们的人民代表大会的会议，有时也许可以采用这种方法。省委、地委、县委的同志们，你们以后召集会议，如果有条件的话，也可以采用这种方法。当然，你们的工作忙，一般地不能用很长的时间去开会，但是在有条件的时候，不妨试一试看。

这个方法是一个什么方法呢？是一个民主集中制的方法，是一个群众路线的方法。先民主，后集中，从群众中来，到群众中去，领导同群众相结合。这是我讲的第一点。

第二点，民主集中制问题。

看起来，我们有些同志，对于马克思、列宁所说的民主集中制，还不理解。有些同志已经是老革命了，“三八式”的，或者别的什么式的，总之已经做了几十年的共产党员，但是他们还不懂得这个问题。他们怕群众，怕群众讲话，怕群众批评。哪有马克思列宁主义者怕群众的道理呢？有了错误，自己不讲，又怕群众讲。越怕，就越有鬼。我看不应当怕。有什么可怕的呢？我们的态度是：坚持真理，随时修正错误。我们工作中的是和非的问题，正确和错误的问题，这是属于人民内部矛盾问题。解决人民内部矛盾，不能用咒骂，也不能用拳头，更不能用刀枪，只能用讨论的方法，说理的方法，批评和自我批评的方法，一句话，只能用民主的方法，让群众讲话的方法。

不论党内党外，都要有充分的民主生活，就是说，都要认真实行民主集中制。要真正把问题敞开，让群众讲话，哪怕是骂自己的话，也要让人家讲。骂的结果，无非是自己倒台，不能做这项工作了，降到下级机关去做工作，或者调到别的地方去做工作，那又有什么不可以呢？一个人为什么只能上升不能下降呢？为什么只能做这个地方的工作而不能调到别个地方去呢？我认为这种下降和调动，不论正确与否，都是有益处的，可以锻炼革命意志，可以调查和研究许多新鲜情况，增加有益的知识。我自己就有这一方面的经验，得到很大的益处。不信，你们不妨试试看。司马迁说过："文王拘而演周易，仲尼厄而作春秋。屈原放逐，乃赋离骚。左丘失明，厥有国语。孙子膑脚，兵法修列。不韦迁蜀，世传吕览。韩非囚秦，说难孤愤。诗三百篇，大抵贤圣发愤之所为作也。"〔2〕这几句话当中，所谓文王演周易，孔子作春秋，究竟有无其事，近人已有怀疑，我们可以不去理它，让专门家去解决吧，但是司马迁是相信有其事的。文王拘，仲尼厄，则确有其事。司马迁讲的这些事情，除左丘失明一例以外，都是指当时上级领导者对他们作了错误处理的。我们过去也错误地处理过一些干部，对这些人不论是全部处理错了的，或者是部分处理错了的，都应当按照具体情况，加以甄别和平反。但是，一般地说，这种错误处理，让他们下降，或者调动工作，对他们的革命意志总是一种锻炼，而且可以从人民群众中吸取许多新知识。我在这里申明，我不是提倡对干部，对同志，对任何人，可以不分青红皂白，作出错误处理，像古代人拘文王，厄孔子，放逐屈原，去掉孙膑的膝盖骨那样。我不是提倡这样做，而是反对这样做的。我是说，人类社会的各个历史阶段，总是有这样处理错误的事实。在阶级社会，这样的事实多得很。在社会主义社会，也在所难免。不论在正确路线领导的时期，还是在错误路线领导的时期，都在所难免。不过有一个区别。在正确路线领导的时期，一经发现有错误处理的，就能甄别、平反，向他们赔礼道歉，使他们心情舒畅，重新抬起头来。而在错误路线领导的时期，则不可能这样做，只能由代表正确路线的人们，在适当的时机，通过民主集中制的方法，起来纠正错误。至于由于自己犯了错误，经过同志们的批评和上级的鉴定，作出正确处理，因而下降或者调动工作的人，这种下降或者调动，对于他们改正错误，获得新的知识，会有益处，那就不待说了。

现在有些同志，很怕群众开展讨论，怕他们提出同领导机关、领导者意见不同的意见。一讨论问题，就压抑群众的积极性，不许人家讲话。这种态度非常恶劣。民主集中制是上了我们的党章的，上了我们的宪法的，他们就是不实行。同志们，我们是干革命的，如果真正犯了错误，这种错误是不利于党的事业，不利于人民的事业的，就应当征求人民群众和同志们的意见，并且自己作检讨。这种检讨，有的时候，要有若干次。一次不行，大家不满意，再来第二次；还不满意，再来第三次；一直到大家没有意见了，才不再作检讨。有的省委就是这样做的。有一些省比较主动，让大家讲话。早的，在一九五九年就开始作自我批评，晚的，也在一九六一年开始作自我批评。还有一些省是被迫作检讨的，像河南、甘肃、青海。另外一些省，有人反映，好像现在才刚刚开始作自我批评。不管是主动的，被动的，早作检讨，晚作检讨，只要正视错误，肯承认错误，肯改正错误，肯让群众批评，只要采取了这种态度，都应当欢迎。

批评和自我批评是一种方法，是解决人民内部矛盾的方法，而且是唯一的方法。除此以外，没有别的方法。但是，如果没有充分的民主生活，没有真正实行民主集中制，就不可能实行批评和自我批评这种方法。

我们现在不是有许多困难吗？不依靠群众，不发动群众和干部的积极性，就不可能克服困难。但是，如果不向群众和干部说明情况，不向群众和干部交心，不让他们说出自己的意见，他们还对你感到害怕，不敢讲话，就不可能发动他们的积极性。我在一九五七年这样说过，要造成“又有集中又有民主，又有纪律又有自由，又有统一意志、又有个人心情舒畅、生动活泼，那样一种政治局面”〔3〕。党内党外都应当有这样的政治局面。没有这样的政治局面，群众的积极性是不可能发动起来的。克服困难，没有民主不行。当然没有集中更不行，但是，没有民主就没有集中。

没有民主，不可能有正确的集中，因为大家意见分歧，没有统一的认识，集中制就建立不起来。什么叫集中？首先是要集中正确的意见。在集中正确意见的基础上，做到统一认识，统一政策，统一计划，统一指挥，统一行动，叫做集中统一。如果大家对问题还不了解，有意见还没有发表，有气还没有出，你这个集中统一怎么建立得起来呢？没有民主，就不可能正确地总结经验。没有民主，意见不是从群众中来，就不可能制定出好的路线、方针、政策和办法。我们的领导机关，就制定路线、方针、政策和办法这一方面说来，只是一个加工工厂。大家知道，工厂没有原料就不可能进行加工。没有数量上充分的和质量上适当的原料，就不可能制造出好的成品来。如果没有民主，不了解下情，情况不明，不充分搜集各方面的意见，不使上下通气，只由上级领导机关凭着片面的或者不真实的材料决定问题，那就难免不是主观主义的，也就不可能达到统一认识，统一行动，不可能实现真正的集中。我们这次会议的主要议题，不是要反对分散主义，加强集中统一吗？如果离开充分发扬民主，这种集中，这种统一，是真的还是假的？是实的还是空的？是正确的还是错误的？当然只能是假的、空的、错误的。

我们的集中制，是建立在民主基础上的集中制。无产阶级的集中，是在广泛民主基础上的集中。各级党委是执行集中领导的机关。但是，党委的领导，是集体领导，不是第一书记个人独断。在党委会内部只应当实行民主集中制。第一书记同其他书记和委员之间的关系是少数服从多数。拿中央常委或者政治局来说，常常有这样的事情，我讲的话，不管是对的还是不对的，只要大家不赞成，我就得服从他们的意见，因为他们是多数。听说现在有一些省委、地委、县委，有这样的情况：一切事情，第一书记一个人说了就算数。这是很错误的。哪有一个人说了就算数的道理呢？我这是指的大事，不是指有了决议之后的日常工作。只要是大事，就得集体讨论，认真地听取不同的意见，认真地对于复杂的情况和不同的意见加以分析。要想到事情的几种可能性，估计情况的几个方面，好的和坏的，顺利的和困难的，可能办到的和不可能办到的。尽可能地慎重一些，周到一些。如果不是这样，就是一人称霸。这样的第一书记，应当叫做霸王，不是民主集中制的“班长”。从前有个项羽，叫做西楚霸王，他就不爱听别人的不同意见。他那里有个范增，给他出过些主意，可是项羽不听范增的话。另外一个人叫刘邦，就是汉高祖，他比较能够采纳各种不同的意见。有个知识分子名叫郦食其，去见刘邦。初一报，说是读书人，孔夫子这一派的。回答说，现在军事时期，不见儒生。这个郦食其就发了火，他向管门房的人说，你给我滚进去报告，老子是高阳酒徒，不是儒生。管门房的人进去照样报告了一篇。好，请。请了进去，刘邦正在洗脚，连忙起来欢迎。郦食其因为刘邦不见儒生的事，心中还有火，批评了刘邦一顿。他说，你究竟要不要取天下，你为什么轻视长者！这时候，郦食其已经六十多岁了，刘邦比他年轻，所以他自称长者。刘邦一听，向他道歉，立即采纳了郦食其夺取陈留县的意见。此事见《史记》郦生陆贾列传。刘邦是在封建时代被历史家称为“豁达大度，从谏如流”的英雄人物。刘邦同项羽打了好几年仗，结果刘邦胜了，项羽败了，不是偶然的。我们现在有些第一书记，连封建时代的刘邦都不如，倒有点像项羽。这些同志如果不改，最后要垮台的。不是有一出戏叫《霸王别姬》吗？这些同志如果总是不改，难免有一天要“别姬”就是了。（笑声）我为什么要讲得这样厉害呢？是想讲得挖苦一点，对一些同志戳得痛一点，让这些同志好好地想一想，最好有两天睡不着觉。他们如果睡得着觉，我就不高兴，因为他们还没有被戳痛。

我们有些同志，听不得相反的意见，批评不得。这是很不对的。在我们这次会议中间，有一个省，会本来是开得生动活泼的，省委书记到那里一坐，鸦雀无声，大家不讲话了。这位省委书记同志，你坐到那里去干什么呢？为什么不坐到自己房子里想一想问题，让人家去纷纷议论呢？平素养成了这样一种风气，当着你的面不敢讲话，那末，你就应当回避一下。有了错误，一定要作自我批评，要让人家讲话，让人批评。去年六月十二号，在中央北京工作会议的最后一天，我讲了自己的缺点和错误。我说，请同志们传达到各省、各地方去。事后知道，许多地方没有传达。似乎我的错误就可以隐瞒，而且应当隐瞒。同志们，不能隐瞒。凡是中央犯的错误，直接的归我负责，间接的我也有份，因为我是中央主席。我不是要别人推卸责任，其他一些同志也有责任，但是第一个负责的应当是我。我们的省委书记，地委书记，县委书记，直到区委书记，企业党委书记，公社党委书记，既然作了第一书记，对于工作中的缺点错误，就要担起责任。不负责任，怕负责任，不许人讲话，老虎屁股摸不得，凡是采取这种态度的人，十个就有十个要失败。人家总是要讲的，你老虎屁股真是摸不得吗？偏要摸！

在我们国家，如果不充分发扬人民民主和党内民主，不充分实行无产阶级的民主制，就不可能有真正的无产阶级的集中制。没有高度的民主，不可能有高度的集中，而没有高度的集中，就不可能建立社会主义经济。我们的国家，如果不建立社会主义经济，那会是一种什么状况呢？就会变成修正主义的国家，变成实际上是资产阶级的国家，无产阶级专政就会转化为资产阶级专政，而且会是反动的、法西斯式的专政。这是一个十分值得警惕的问题，希望同志们好好想一想。

没有民主集中制，无产阶级专政不可能巩固。在人民内部实行民主，对人民的敌人实行专政，这两个方面是分不开的，把这两个方面结合起来，就是无产阶级专政，或者叫人民民主专政。我们的口号是：无产阶级领导的、以工农联盟为基础的人民民主专政。无产阶级怎样实行领导呢？经过共产党来领导。共产党是无产阶级的先进部队。无产阶级团结一切赞成、拥护和参加社会主义革命和社会主义建设的阶级和阶层，对反动阶级，或者说，对反动阶级的残余，实行专政。在我们国内，人剥削人的制度已经消灭，地主阶级和资产阶级的经济基础已经消灭，现在反动阶级已经没有过去那么厉害了，比如说，已经没有一九四九年人民共和国建立的时候那么厉害了，也没有一九五七年资产阶级右派猖狂进攻〔4〕的时候那么厉害了。所以我们说是反动阶级的残余。但是，对于这个残余，千万不可轻视，必须继续同他们作斗争。已经被推翻的反动阶级，还企图复辟。在社会主义社会，还会产生新的资产阶级分子。整个社会主义阶段，存在着阶级和阶级斗争。这种阶级斗争是长期的、复杂的，有时甚至是很激烈的。〔5〕我们的专政工具不能削弱，还应当加强。我们的公安系统是掌握在正确的同志的手里的。也可能有个别地方的公安部门，是掌握在坏人手里。还有一些作公安工作的同志，不依靠群众，不依靠党，在肃反工作中不是执行在党委领导下通过群众肃反的路线，只依靠秘密工作，只依靠所谓专业工作。专业工作是需要的，对于反革命分子，侦查、审讯是完全必要的，但是，主要是实行党委领导下的群众路线，特别是对于整个反动阶级的专政，必须依靠群众，依靠党。对于反动阶级实行专政，这并不是说把一切反动阶级的分子统统消灭掉，而是要改造他们，用适当的方法改造他们，使他们成为新人。没有广泛的人民民主，无产阶级专政不能巩固，政权会不稳。没有民主，没有把群众发动起来，没有群众的监督，就不可能对反动分子和坏分子实行有效的专政，也不可能对他们进行有效的改造，他们就会继续捣乱，还有复辟的可能。这个问题应当警惕，也希望同志们好好想一想。

第四点，关于认识客观世界的问题。

人对客观世界的认识，由必然王国到自由王国的飞跃，要有一个过程。例如对于在中国如何进行民主革命的问题，从一九二一年党的建立直到一九四五年党的第七次代表大会〔6〕，一共二十四年，我们全党的认识才完全统一起来。中间经过一次全党范围的整风〔7〕，从一九四二年春天到一九四五年夏天，有三年半的时间。那是一次细致的整风，采用的方法是民主的方法，就是说，不管什么人犯了错误，只要认识了、改正了，就好了，而且大家帮助他认识，帮助他改正，叫做“惩前毖后，治病救人”，“从团结的愿望出发，经过批评或者斗争，分清是非，在新的基础上达到新的团结”。“团结——批评——团结”这个公式，就是在那个时候产生的。那次整风帮助全党同志统一了认识。对于当时的民主革命应当怎么办，党的总路线和各项具体政策应当怎么定，这些问题，都是在那个时期，特别是在整风之后，才得到完全解决的。

从党的建立到抗日时期，中间有北伐战争和十年土地革命战争。我们经过了两次胜利，两次失败。北伐战争胜利了，但是到一九二七年，革命遭到了失败。土地革命战争曾经取得了很大的胜利，红军发展到三十万人，后来又遭到挫折，经过长征，这三十万人缩小到两万多人，到陕北以后补充了一点，还是不到三万人，就是说，不到三十万人的十分之一。究竟是那三十万人的军队强些，还是这不到三万人的军队强些？我们受了那样大的挫折，吃过那样大的苦头，就得到锻炼，有了经验，纠正了错误路线，恢复了正确路线，所以这不到三万人的军队，比起过去那个三十万人的军队来，要更强些。刘少奇同志在报告里说，最近四年，我们的路线是正确的，成绩是主要的，我们在实际工作中犯过一些错误，吃了苦头，有了经验了，因此我们更强了，而不是更弱了。情形正是这样。在民主革命时期，经过胜利、失败，再胜利、再失败，两次比较，我们才认识了中国这个客观世界。在抗日战争前夜和抗日战争时期，我写了一些论文，例如《中国革命战争的战略问题》、《论持久战》、《新民主主义论》、《〈共产党人〉发刊词》，替中央起草过一些关于政策、策略的文件，都是革命经验的总结。那些论文和文件，只有在那个时候才能产生，在以前不可能，因为没有经过大风大浪，没有两次胜利和两次失败的比较，还没有充分的经验，还不能充分认识中国革命的规律。

中国这个客观世界，整个地说来，是由中国人认识的，不是在共产国际[8]管中国问题的同志们认识的。共产国际的这些同志就不了解或者说不很了解中国社会，中国民族，中国革命。对于中国这个客观世界，我们自己在很长时间内都认识不清楚，何况外国同志呢？

在抗日时期，我们才制定了合乎情况的党的总路线和一整套具体政策。这时候，中国民主革命这个必然王国才被我们认识，我们才有了自由。到这个时候，我们已经干了二十来年的革命。过去那么多年的革命工作，是带着很大的盲目性的。如果有人说，有哪一位同志，比如说中央的任何同志，比如说我自己，对于中国革命的规律，在一开始的时候就完全认识了，那是吹牛，你们切记不要信，没有那回事。过去，特别是开始时期，我们只是一股劲儿要革命，至于怎么革法，革些什么，哪些先革，哪些后革，哪些要到下一阶段才革，在一个相当长的时间内，都没有弄清楚，或者说没有完全弄清楚。我讲我们中国共产党人在民主革命时期艰难地但是成功地认识中国革命规律这一段历史情况的目的，是想引导同志们理解这样一件事：对于建设社会主义的规律的认识，必须有一个过程。必须从实践出发，从没有经验到有经验，从有较少的经验，到有较多的经验，从建设社会主义这个未被认识的必然王国，到逐步地克服盲目性、认识客观规律、从而获得自由，在认识上出现一个飞跃，到达自由王国。

对于社会主义建设，我们还缺乏经验。我向好几个国家的兄弟党的代表团谈过这个问题。我说，对于建设社会主义经济，我们没有经验。

这个问题，我也向一些资本主义国家的新闻记者谈过，其中有一个美国人叫斯诺〔9〕。他老要来中国，一九六〇年让他来了。我同他谈过一次话。我说:"你知道,对于政治、军事,对于阶级斗争,我们有一套经验,有一套方针、政策和办法;至于社会主义建设,过去没有干过,还没有经验。你会说,不是已经干了十一年了吗?是干了十一年了,可是还缺乏知识,还缺乏经验,就算开始有了一点,也还不多。"斯诺要我讲讲中国建设的长期计划。我说:"不晓得。"他说:"你讲话太谨慎。"我说:"不是什么谨慎不谨慎,我就是不晓得呀,就是没有经验呀。"同志们,也真是不晓得,我们确实还缺少经验,确实还没有这样一个长期计划。一九六〇年,那正是我们碰了许多钉子的时候。一九六一年,我同蒙哥马利〔10〕谈话,也说到上面那些意见。他说:"再过五十年,你们就了不起了。"他的意思是说,过了五十年我们就会壮大起来,而且会"侵略"人家,五十年内还不会。他的这种看法,一九六〇年他来中国的时候就对我说过。我说:"我们是马克思列宁主义者,我们的国家是社会主义国家,不是资本主义国家,因此,一百年,一万年,我们也不会侵略别人。至于建设强大的社会主义经济,在中国,五十年不行,会要一百年,或者更多的时间。在你们国家,资本主义的发展,经过了好几百年。十六世纪不算,那还是在中世纪。从十七世纪到现在,已经有三百六十多年。在我国,要建设起强大的社会主义经济,我估计要花一百多年。"十七世纪是什么时代呢?那是中国的明朝末年和清朝初年。再过一个世纪,到十八世纪的上半期,就是清朝乾隆时代,《红楼梦》的作者曹雪芹就生活在那个时代,就是产生贾宝玉这种不满意封建制度的小说人物的时代。乾隆时代,中国已经有了一些资本主义生产关系的萌芽,但是还是封建社会。这就是出现大观园里那一群小说人物的社会背景。在那个时候以前，在十七世纪，欧洲的一些国家已经在发展资本主义了，经过三百多年，资本主义的生产力有了现在这个样子。社会主义和资本主义比较，有许多优越性，我们国家经济的发展，会比资本主义国家快得多。可是，中国的人口多、底子薄，经济落后，要使生产力很大地发展起来，要赶上和超过世界上最先进的资本主义国家，没有一百多年的时间，我看是不行的。也许只要几十年，例如有些人所设想的五十年，就能做到。果然这样，谢天谢地，岂不甚好。但是我劝同志们宁肯把困难想得多一点，因而把时间设想得长一点。三百几十年建设了强大的资本主义经济，在我国，五十年内外到一百年内外，建设起强大的社会主义经济，那又有什么不好呢？从现在起，五十年内外到一百年内外，是世界上社会制度彻底变化的伟大时代，是一个翻天覆地的时代，是过去任何一个历史时代都不能比拟的。处在这样一个时代，我们必须准备进行同过去时代的斗争形式有着许多不同特点的伟大的斗争。为了这个事业，我们必须把马克思列宁主义的普遍真理同中国社会主义建设的具体实际，并且同今后世界革命的具体实际，尽可能好一些地结合起来，从实践中一步一步地认识斗争的客观规律。要准备着由于盲目性而遭受到许多的失败和挫折，从而取得经验，取得最后的胜利。由这点出发，把时间设想得长一点，是有许多好处的，设想得短了反而有害。

在社会主义建设上，我们还有很大的盲目性。社会主义经济，对于我们来说，还有许多未被认识的必然王国。拿我来说，经济建设工作中间的许多问题，还不懂得。工业、商业，我就不大懂。对于农业，我懂得一点。但是也只是比较地懂得，还是懂得不多。要较多地懂得农业，还要懂得土壤学、植物学、作物栽培学、农业化学、农业机械，等等；还要懂得农业内部的各个分业部门，例如粮、棉、油、麻、丝、茶、糖、菜、烟、果、药、杂等等；还有畜牧业，还有林业。我是相信苏联威廉斯〔11〕土壤学的，在威廉斯的土壤学著作里，主张农、林、牧三结合。我认为必须要有这种三结合，否则对于农业不利。所有这些农业生产方面的问题，我劝同志们，在工作之暇，认真研究一下，我也还想研究一点。但是到现时止，在这些方面，我的知识很少。我注意得较多的是制度方面的问题，生产关系方面的问题。至于生产力方面，我的知识很少。社会主义建设，从我们全党来说，知识都非常不够。我们应当在今后一段时间内，积累经验，努力学习，在实践中间逐步地加深对它的认识，弄清楚它的规律。一定要下一番苦功，要切切实实地去调查它，研究它。要下去蹲点，到生产大队、生产队，到工厂，到商店，去蹲点。调查研究，我们从前做得比较好，可是进城以后，不认真做了。一九六一年我们又重新提倡，现在情况已经有所改变。但是，在领导干部中间，特别是在高级领导干部中间，有一些地方、部门和企业，至今还没有形成风气。有一些省委书记，到现在还没有下去蹲过点。如果省委书记不去，怎么能叫地委书记、县委书记下去蹲点呢。这个现象不好，必须改变过来。

从中华人民共和国成立，到现在已经十二年了。这十二年分为前八年和后四年。一九五〇年到一九五七年底，是前八年。一九五八年到现在，是后四年。我们这次会议已经初步总结了过去工作的经验，主要是后四年的经验。这个总结，反映在刘少奇同志的报告里面。我们已经制定，或者正在制定，或者将要制定各个方面的具体政策。已经制定了的，例如农村公社六十条〔12〕，工业企业七十条〔13〕，高等教育六十条〔14〕，科学研究工作十四条〔15〕，这些条例草案已经在实行或者试行，以后还要修改，有些还可能大改。正在制定的，例如商业工作条例〔16〕。将要制定的，例如中小学教育条例〔17〕。我们的党政机关和群众团体的工作，也应当制定一些条例。军队已经制定了一些条例〔18〕。总之，工、农、商、学、兵、政、党这七个方面的工作，都应当好好地总结经验，制定一整套的方针、政策和办法，使它们在正确的轨道上前进。

有了总路线还不够，还必须在总路线指导之下，在工、农、商、学、兵、政、党各个方面，有一整套适合情况的具体的方针、政策和办法，才有可能说服群众和干部，并且把这些当作教材去教育他们，使他们有一个统一的认识和统一的行动，然后才有可能取得革命事业和建设事业的胜利，否则是不可能的。对于这一点，我们在抗日时期就有了深刻的认识。在那时候，我们这样做了，就使得干部和群众对于民主革命时期的一整套具体的方针、政策和办法，有了统一的认识，因而有了统一的行动，使当时的民主革命事业取得了胜利，这是大家知道的。在社会主义革命和社会主义建设的时期，头八年内，我们的革命任务，在农村是完成对封建主义的土地制度的改革和接着实现农业合作化；在城市是实现对资本主义工商业的社会主义改造。在经济建设方面，那时候的任务是恢复经济和实现第一个五年计划〔19〕。不论在革命方面和建设方面，那时候都有一条适合客观情况的、有充分说服力的总路线，以及在总路线指导下的一整套方针、政策和办法，因此教育了干部和群众，统一了他们的认识，工作也就比较做得好。这也是大家知道的。但是，那时候有这样一种情况，因为我们没有经验，在经济建设方面，我们只得照抄苏联，特别是在重工业方面，几乎一切都抄苏联，自己的创造性很少。这在当时是完全必要的，同时又是一个缺点，缺乏创造性，缺乏独立自主的能力。这当然不应当是长久之计。从一九五八年起，我们就确立了自力更生为主、争取外援为辅的方针。在一九五八年党的八大二次会议〔20〕上，通过了“鼓足干劲，力争上游，多快好省地建设社会主义”的总路线，在那一年又办起了人民公社，提出了大跃进的口号。在提出社会主义建设总路线的一个相当时间内，我们还没有来得及、也没有可能规定一整套适合情况的具体的方针、政策和办法，因为经验还不足。在这种情形下，干部和群众，还得不到一整套的教材，得不到系统的政策教育，也就不可能真正有统一的认识和统一的行动。要经过一段时间，碰过一些钉子，有了正、反两方面的经验，才有这样的可能。现在好了，有了这些东西了，或者正在制定这些东西。这样，我们就可以更加妥善地进行社会主义革命和社会主义建设。在总路线指导之下，制定一整套的具体的方针、政策和办法，必须通过从群众中来的方法，通过作系统的周密的调查研究的方法，对工作中的成功经验和失败经验，作历史的考察，才能找出客观事物所固有的而不是人们主观臆造的规律，才能制定适合情况的各种条例。这件事很重要，请同志们注意到这点。

工、农、商、学、兵、政、党这七个方面，党是领导一切的。党要领导工业、农业、商业、文化教育、军队和政府。我们的党，一般说来是很好的。我们党员的成分，主要的是工人和贫苦农民。我们的绝大多数干部都是好的，他们都在辛辛苦苦地工作。但是，也要看到，我们党内还存在一些问题，不要想像我们党的情况什么都好。我们现在有一千七百多万党员，这里面差不多有百分之八十的人是建国以后入党的，五十年代入党的。建国以前入党的只占百分之二十。在这百分之二十的人里面，一九三〇年以前入党的，二十年代入党的，据前几年计算，有八百多人，这两年死了一些，恐怕只有七百多人了。不论在老的和新的党员里面，特别是在新党员里面，都有一些品质不纯和作风不纯的人。他们是个人主义者、官僚主义者、主观主义者，甚至是变了质的分子。还有些人挂着共产党员的招牌，但是并不代表工人阶级，而是代表资产阶级。党内并不纯粹，这一点必须看到，否则我们是要吃亏的。

上面是我讲的第四点。就是讲，我们对于客观世界的认识，要有一个过程。先是不认识或者不完全认识，经过反复的实践，在实践里面得到成绩，有了胜利，又翻过斤斗，碰了钉子，有了成功和失败的比较，然后才有可能逐步地发展成为完全的认识或者比较完全的认识。到那个时候，我们就比较主动了，比较自由了，就变成比较聪明一些的人了。自由是对必然的认识和对客观世界的改造。只有在认识必然的基础上，人们才有自由的活动。这是自由和必然的辩证规律。所谓必然，就是客观存在的规律性，在没有认识它以前，我们的行动总是不自觉的，带着盲目性的。这时候我们是一些蠢人。最近几年我们不是干过许多蠢事吗？

最后一点，第六点，要团结全党和全体人民。

要把党内、党外的先进分子、积极分子团结起来，把中间分子团结起来，去带动落后分子，这样就可以使全党、全民团结起来。只有依靠这些团结，我们才能够做好工作，克服困难，把中国建设好。要团结全党、全民，这并不是说我们没有倾向性。有些人说共产党是“全民的党”，我们不这样看。我们的党是无产阶级政党，是无产阶级的先进部队，是用马克思列宁主义武装起来的战斗部队。我们是站在占总人口的百分之九十五以上的人民大众一边，绝不站在占总人口百分之四、五的地、富、反、坏、右那一边。在国际范围内也是这样，我们是同一切马克思列宁主义者、一切革命人民、全体人民讲团结的，绝不同反共反人民的帝国主义者和各国反动派讲什么团结。只要有可能，我们也同这些人建立外交关系，争取在五项原则〔21〕基础上和平共处。但是这些事，跟我们和各国人民的团结是不同范畴的两回事情。

要使全党、全民团结起来，就必须发扬民主，让人讲话。在党内是这样，在党外也是这样。省委的同志，地委的同志，县委的同志，你们回去，一定要让人讲话。在座的同志们要这样做，不在座的同志们也要这样做，一切党的领导人员都要发扬党内民主，让人讲话。界限是什么呢？一个是，遵守党的纪律，少数服从多数，全党服从中央。另一个是，不准组织秘密集团。我们不怕公开的反对派，只怕秘密的反对派，这种人，当面不讲真话，当面讲的尽是些假的、骗人的话，真正的目的不讲出来。只要不是违反纪律的，只要不是搞秘密集团活动的，我们都允许他讲话，而且讲错了也不要处罚。讲错了话可以批评，但是要用道理说服人家。说而不服怎么办？让他保留意见。只要服从决议，服从多数人决定的东西，少数人可以保留不同的意见。在党内党外,容许少数人保留意见,是有好处的。错误的意见,让他暂时保留,将来他会改的。许多时候,少数人的意见,倒是正确的。历史上常常有这样的事实,起初,真理不是在多数人手里,而是在少数人手里。马克思、恩格斯手里有真理,可是他们在开始的时候是少数。列宁在很长一个时期内也是少数。我们党内也有这样的经验,在陈独秀〔22〕统治的时候,在"左"倾路线统治的时候,真理都不在领导机关的多数人手里,而是在少数人手里。历史上的自然科学家,例如哥白尼、伽利略、达尔文〔23〕,他们的学说曾经在一个长时间内不被多数人承认,反而被看作错误的东西,当时他们是少数。我们党在一九二一年成立的时候,只有几十个党员,也是少数人,可是这几十个人代表了真理,代表了中国的命运。

有一个捕人、杀人的问题,我还想讲一下。在现在的时候,在革命胜利还只有十几年的时候,在被打倒了的反动阶级分子还没有被改造好,有些人并且企图阴谋复辟的时候,人总会要捕一点、杀一点的,否则不能平民愤,不能巩固人民的专政。但是,不要轻于捕人,尤其不要轻于杀人。有一些坏人,钻到我们队伍里面的坏分子,蜕化变质分子,这些人,骑在人民的头上拉屎拉尿,穷凶极恶,严重地违法乱纪。这是些小蒋介石。对于这种人得有个处理,罪大恶极的,也要捕一些,还要杀几个。因为对这样的人,完全不捕、不杀,不足以平民愤。这就是所谓"不可不捕,不可不杀"。但是绝不可以多捕、多杀。凡是可捕可不捕的,可杀可不杀的,都要坚决不捕、不杀。有个潘汉年〔24〕,此人当过上海市副市长,过去秘密投降了国民党,是个CC派人物,现在关在班房里头,我们没有杀他。像潘汉年这样的人，只要杀一个，杀戒一开，类似的人都得杀。还有个王实味〔25〕，是个暗藏的国民党探子。在延安的时候，他写过一篇文章，题名《野百合花》，攻击革命，诬蔑共产党。后头把他抓起来，杀掉了。那是保安机关在行军中间，自己杀的，不是中央的决定。对于这件事，我们总是提出批评，认为不应当杀。他当特务，写文章骂我们，又死不肯改，就把他放在那里吧，让他劳动去吧，杀了不好。人要少捕、少杀。动不动就捕人、杀人，会弄得人人自危，不敢讲话。在这种风气下面，就不会有多少民主。

还不要给人乱戴帽子。我们有些同志惯于拿帽子压人，一张口就是帽子满天飞，吓得人不敢讲话。当然，帽子总是有的，刘少奇同志的报告里面不是就有许多帽子吗？"分散主义"不是帽子吗？但是，不要动不动就给人戴在头上，弄得张三分散主义，李四分散主义，什么人都是分散主义。帽子，最好由人家自己戴，而且要戴得合适，最好不要由别人去戴。他自己戴了几回，大家不同意他戴了，那就取消了。这样，就会有很好的民主空气。我们提倡不抓辫子、不戴帽子、不打棍子，目的就是要使人心里不怕，敢于讲意见。

对于犯了错误的人，对于那些不让人讲话的人，要采取善意帮助的态度。不要有这样的空气：似乎犯不得错误，一犯错误就不得了，一犯错误，从此不得翻身。一个人犯了错误，只要他真心愿意改正，只要他确实有了自我批评，我们就要表示欢迎。头一、二次自我批评，我们不要要求过高，检讨得还不彻底，不彻底也可以，让他再想一想，善意地帮助他。人是要有人帮助的。应当帮助那些犯错误的同志认识错误。如果人家诚恳地作了自我批评，愿意改正错误，我们就要宽恕他，对他采取宽大政策。只要他的工作成绩还是主要的，能力也还行，就还可以让他在那里继续工作。

我在这个讲话里批评了一些现象，批评了一些同志，但是没有指名道姓，没有指出张三、李四来。你们自己心里有数。（笑声）我们这几年工作中的缺点、错误，第一笔账，首先是中央负责，中央又是我首先负责；第二笔账，是省委、市委、自治区党委的；第三笔账，是地委一级的；第四笔账，是县委一级的；第五笔账，就算到企业党委、公社党委了。总之，各有各的账。

同志们，你们回去，一定要把民主集中制健全起来。县委的同志，要引导公社党委把民主集中制健全起来。首先要建立和加强集体领导。不要再实行长期固定的“分片包干”的领导方法了，那个方法，党委书记和委员们各搞各的，不能有真正的集体讨论，不能有真正的集体领导。要发扬民主，要启发人家批评，要听人家的批评。自己要经得起批评。应当采取主动，首先作自我批评。有什么就检讨什么，一个钟头，顶多两个钟头，倾箱倒箧而出，无非是那么多。如果人家认为不够，请他提出来，如果说得对，我就接受。让人讲话，是采取主动好，还是被动好？当然是主动好。已经处在被动地位了怎么办？过去不民主，现在陷于被动，那也不要紧，就请大家批评吧。白天出气，晚上不看戏，白天晚上都请你们批评。（笑声）这个时候我坐下来，冷静地想一想，两三天晚上睡不着觉。想好了，想通了，然后诚诚恳恳地作一篇检讨。这不就好了吗？总之，让人讲话，天不会塌下来，自己也不会垮台。不让人讲话呢？那就难免有一天要垮台。

我今天的讲话就讲这一些。中心是讲了一个实行民主集中制的问题，在党内、党外发扬民主的问题。我向同志们建议，仔细考虑一下这个问题。有些同志还没有民主集中制的思想，现在就要开始建立这个思想，开始认识这个问题。我们充分地发扬了民主，就能把党内、党外广大群众的积极性调动起来，就能使占总人口百分之九十五以上的人民大众团结起来。做到了这些，我们的工作就会越做越好，我们遇到的困难就会较快地得到克服，我们事业的发展就会顺利得多。（热烈鼓掌）

根据人民出版社一九八六年出版的《毛泽东著作选读》下册刊印。

注　　释

〔1〕毛泽东这个讲话共六点，本篇收入第一、二、四、六点。

〔2〕见司马迁《报任安书》。

〔3〕这段话见毛泽东一九五七年七月在青岛召开的省市委书记会议期间写的《一九五七年夏季的形势》。

〔4〕一九五七年四月，中共中央决定在全党进行一次反对官僚主义、宗派主义和主观主义的整风运动。极少数资产阶级右派分子乘机向共产党和新生的社会主义制度进攻，妄图取代共产党的领导。六月，中共中央发出指示，决定对右派进攻实行反击。当时对极少数资产阶级右派分子的进攻进行反击是必要的，但在斗争中犯了严重的扩大化的错误。一九七八年，中共中央决定对被划为右派分子的人进行复查，把错划的改正过来。

〔5〕这四句话是一九六二年九月二十八日中共八届十中全会公报中提出的关于社会主义社会阶级和阶级斗争的论断。一九六六年二月中共中央将毛泽东这个讲话印发给党内领导干部阅读时，经他本人审阅同意，加进了这四句话。一九八

一年中共十一届六中全会通过的《关于建国以来党的若干历史问题的决议》在评述毛泽东的错误时指出："在一九六二年九月的八届十中全会上，毛泽东同志把社会主义社会中一定范围内存在的阶级斗争扩大化和绝对化，发展了他在一九五七年反右派斗争以后提出的无产阶级同资产阶级的矛盾仍然是我国社会的主要矛盾的观点，进一步断言在整个社会主义历史阶段资产阶级都将存在和企图复辟，并成为党内产生修正主义的根源。"

〔**6**〕党的第七次代表大会，见本卷第279页注〔16〕。

〔**7**〕见本卷第278页注〔15〕。

〔**8**〕共产国际，见本卷第142页注〔15〕。

〔**9**〕斯诺，见本卷第218页注〔1〕。

〔**10**〕蒙哥马利，见本卷第193页注〔1〕。

〔**11**〕威廉斯，见本卷第102页注〔3〕。

〔**12**〕指《农村人民公社工作条例（修正草案）》，共六十条。

〔**13**〕指中共中央一九六一年九月制定的《国营工业企业工作条例（草案）》，共七十条。

〔**14**〕指中共中央一九六一年九月原则批准的《中华人民共和国教育部直属高等学校暂行工作条例（草案）》，共六十条。

〔**15**〕指国家科学技术委员会党组和中国科学院党组一九六一年六月提出、中共中央七月批准试行的《关于自然科学研究机构当前工作的十四条意见（草案）》。

〔**16**〕中共中央一九六一年六月十九日下达了《关于改进商业工作的若干规定（试行草案）》，共四十条。随后，中央根据调查研究的情况，准备拟定一个比较全面的商业工作条例，一九六二年着手起草，后因故没有形成正式文件。

〔**17**〕指教育部拟定的《全日制中学暂行工作条例（草案）》和《全日制小学暂行工作条例（草案）》。一九六三年三月二十三日，中共中央将这两个工作条例草案发给各地讨论和试行。

〔**18**〕指中华人民共和国国防部一九六一年六月十九日命令颁布的《中国人民解放军连队管理教育工作条例》和同年十一月十七日在全军政治工作会议上通过的《中国人民解放军连队政治指导员工作条例》、《中国共产党连队支部工作条例》、《中国共产主义青年团连队支部工作条例》、《中国人民解放军连队革命军人委员会工作条例》。

〔**19**〕第一个五年计划，见本卷第145页注〔30〕。

〔**20**〕八大二次会议，指一九五八年五月五日至二十三日在北京召开的中国共产党第八次全国代表大会第二次会议。

〔**21**〕五项原则，指和平共处五项原则，包括互相尊重主权和领土完整、互不侵犯、互不干涉内政、平等互利、和平共处。一九五三年十二月至一九五四年四月，中国政府代表团同印度政府代表团就两国在中国西藏地方的关系问题在北京举行谈判。这五项原则是谈判开始时周恩来总理同印度政府代表团的谈话中提出的，后来正式写入双方达成的《关于中国西藏地方和印度之间的通商和交通协定》的序言中，一九五四年六月周恩来总理和印度尼赫鲁总理的联合声明以及此后的许多国际性文件中都采用了和平共处五项原则的提法。五项原则作为国与国之间关系的准则，已在世界上得到广泛的承认和使用。

〔**22**〕陈独秀，见本卷第206页注〔7〕。

〔**23**〕哥白尼（一四七三——一五四三），波兰天文学家。在《天体运行论》一书中，证明地球绕自己的轴旋转，并和其他行星一起，围绕着太阳旋转，推翻约两千年来的地球不动学说。伽利略（一五六四——一六四二），意大利物理学家、天文学家。一六三二年发表《关于托勒玫和哥白尼两大世界体系的对话》，支持和发展了哥白尼的地动说，次年被罗马天主教法庭判罪。达尔文（一八〇九——一八八二），英国生物学家。在《物种起源》等著作中，提出了进化论的学说，说明了生物的演变和人类的起源。

〔**24**〕潘汉年（一九〇六——一九七七），江苏宜兴人。一九二五年加入中国共产党。一九三六和一九三七年，曾任中国共产党同国民党谈判的代表。抗日战争和解放战争时期，在上海等地领导对敌隐蔽斗争和开展统一战线工作。一九四九年夏至一九五五年春，先后任中共中央华东局和上海市委的社会部部长、统战部部长，上海市委第三书记、副市长等职。一九五五年因所谓“内奸”问题被关押审查，一九六三年被错定为“内奸分子”，并被判刑。一九八二年八月，经过法律程序并由中共中央发出通知，对潘汉年被错定为内奸平反昭雪。

〔**25**〕王实味（一九〇六——一九四七），河南潢川人。翻译家，还写过一些文学评论和杂文。曾在延安中央研究院文艺研究室任特别研究员。因发表《野百合花》等文章，一九四二年在整风中受到批判，同年十月被开除党籍，年底被关押。一九四六年被定为“反革命托派奸细分子”。一九四七年七月，在战争环境中被处决。据

查，关于他是暗藏的国民党探子、特务一事，不能成立。关于反革命托派奸细问题，一九九一年二月七日，公安部《关于对王实味同志托派问题的复查决定》中说，“在复查中没有查出王实味同志参加托派组织的材料。因此，一九四六年定为‘反革命托派奸细分子’的结论予以纠正，王在战争环境中被错误处决给予平反昭雪。”

《忆秦娥·娄山关》的写作背景[1]

（一九六二年五月）

我对于《娄山关》这首词作过一番研究，初以为是写一天的事。后来又觉得不对，是在写两次的事，头一阕一次，第二阕一次。我曾在广州文艺座谈会[2]上发表了意见，主张后者（写两次的事），而否定前者（写一天），可是我错了。这是作者[3]告诉我的。一九三五年一月党的遵义会议以后，红军第一次打娄山关[4]，胜利了，企图经过川南，渡江北上，进入川西，直取成都，击灭刘湘[5]，在川西建立根据地。但是事与愿违，遇到了川军的重重阻力。红军由娄山关一直向西，经过古蔺、古宋诸县打到了川滇黔三省交界的一个地方，叫做“鸡鸣三省”，突然遇到了云南军队的强大阻力，无法前进。中央政治局开了一个会，立即决定循原路反攻遵义，出敌不意，打回马枪，这是当年二月。在接近娄山关几十华里的地点，清晨出发，还有月亮，午后二三时到达娄山关，一战攻克，消灭敌军一个师，这时已近黄昏了。乘胜直追，夜战遵义，又消灭敌军一个师。此役共消灭敌军两个师，重占遵义。词是后来追写的，那天走了一百多华里，指挥作战，哪有时间和精力去哼词呢？南方有好多个省，冬天无雪，或多年无雪，而只下霜，长空有雁，晓日不甚寒，正像北方的深秋，云贵川诸省，就是这样。“苍山如海，残阳如血”两句，据作者说，是在战争中积累了多年的景物观察，一到娄山关这种战争胜利和自然景物的突然遇合，就造成了作者自以为颇为成功的这两句话。由此看来，我在广州座谈会上所说的一段话，竟是错了。解诗之难，由此可见。

根据毛泽东手稿刊印。

注释

〔1〕一九六二年《人民文学》准备在五月号发表毛泽东的词六首，郭沫若应约于五月一日撰写了《喜读毛主席〈词六首〉》一文。五月九日，郭沫若将这篇文章的清样送毛泽东审改。毛泽东阅后将这篇文章中关于《忆秦娥・娄山关》写作背景的一段话全部删去，重新写了本篇的文字。

〔2〕指一九六二年二月初在广州召开的诗歌座谈会。

〔3〕指毛泽东。

〔4〕过去有一种说法，遵义会议是一九三五年一月九日召开的。后来，经过考证确定遵义会议是一九三五年一月十五日至十七日召开的。这样，中央红军第一次打娄山关应是在遵义会议召开之前，而不是在遵义会议召开以后。

〔5〕刘湘（一八八八——一九三八），四川大邑人。一九三三年任国民党军四川“剿匪”总司令部总司令，一九三四年并任国民党四川省政府主席。

所有非洲国家人民都是我们的朋友[1]

（一九六三年五月三日）

你们是来自友好国家、友好政府的代表团，欢迎你们。所有非洲的朋友，都受到中国人民的欢迎。我们同所有非洲国家人民的关系都是好的，不管是独立的或没有独立正在斗争中的人民。非洲正出现一个很大的争取民族独立、反对帝国主义、反对殖民主义的革命运动。非洲有多少人口？两亿吧！还有拉丁美洲两亿人口、亚洲十几亿人口和全世界的革命人民，到处都有我们的朋友。我们不是孤立的，你们也不是孤立的。你们来中国可以感到中国人民是十分欢迎你们的。

你们的党[2]是很好的党，是一个联系群众的党，有纪律的党，以反对帝国主义、反对殖民主义和建立民族经济作为纲领的党，领导着一个独立自主的国家的党。我们感到同你们是很接近的，我们两国、两党互相帮助，互相支持，你们不捣我们的鬼，我们也不捣你们的鬼。如果我们有人在你们那里做坏事，你们就对我们讲。例如看不起你们，自高自大，表现大国沙文主义态度。有没有这种人？如果有这种人，我们要处分他们。中国专家是不是比你们几内亚专家薪水高，有特殊化的情况？

恐怕有，要检查，待遇要一样，最好低一些。

凡有人在你们那里称王称霸，不服从你们的法律，搞颠覆活动，应该把他们赶走。我们希望你们站住脚，不仅在政治上，而且要在经济上站住脚，不要被人颠覆掉了。你们站住脚我们高兴，你们倒台我们不高兴。因为你们的党是一个革命的党，你们的政府是一个革命的政府，在非洲有很大的影响，经过你们，可以在非洲许多国家做工作，使它们得到解放。你们也有这个责任，不要自己独立了就不管别人了。我们也一样，不能因为自己独立了就不管别人了。所谓管别人是指给予友好的支持、帮助。你们知道我们现在还有些困难，给予的帮助不大。再过五年、十年，我们的情况可能好一些，那时给予的帮助可能多一些。我们的国家有一个很大的缺点，人太多，这么多人要吃饭，要穿衣，所以现在还有不少困难，但这些困难不是不可克服的，而是能够克服的，正在采取措施克服。我国的经济、文化同你们差不多，几乎是在没有什么遗产的情况下搞起来的。过去，你们是法国的殖民地，我们是遭受几个国家侵略的半殖民地。

我们和你们的情况差不多，比较接近，所以我们同你们谈得来，没有感到我欺侮你，你欺侮我，谁都没有什么优越感，都是有色人种。西方国家想欺侮我们，认为我们生来就不行，没有什么办法，命运注定了，一万年该受帝国主义的压迫，不会管理国家，不会搞工业，不能解决吃饭问题，科学文化也不行。它们不想一想，这种状况是谁给造成的？我们经济、文化水平低是它们造成的。管理国家，过去是它们代替我们管理的。英国人讲，你们管理是可以的，但要学，学多少年，慢慢来。可是你们不是慢慢来，而是一下子就取得政权。我们也是这样，夺取了政权再学嘛，不会管理慢慢就会管理了。有错误就改嘛，难道只有我们有错误，西方国家没有错误？它们的错误比我们更大，它们犯了反革命的错误。我们根本上没有错误，我们是进行革命，没有工业可以逐步搞工业，没有现代化的农业可以逐步搞现代化的农业，科学文化水平也能一年一年地提高。

根据中央文献出版社、世界知识出版社一九九四年出版的《毛泽东外交文选》刊印，原题是《我们同所有非洲国家人民的关系都是好的》。

注　　释

〔1〕这是毛泽东同几内亚政府经济代表团和妇女代表团谈话的主要部分。

〔2〕指几内亚民主党。一九四七年五月成立，一九五八年几内亚宣告独立后长期执政。一九七八年十一月改名几内亚国家党。一九八四年军人接管国家最高权力后，该党被解散。

人的正确思想是从哪里来的？[1]

（一九六三年五月）

人的正确思想是从哪里来的？是从天上掉下来的吗？不是。是自己头脑里固有的吗？不是。人的正确思想，只能从社会实践中来，只能从社会的生产斗争、阶级斗争和科学实验这三项实践中来。人们的社会存在，决定人们的思想。而代表先进阶级的正确思想，一旦被群众掌握，就会变成改造社会、改造世界的物质力量。人们在社会实践中从事各项斗争，有了丰富的经验，有成功的，有失败的。无数客观外界的现象通过人的眼、耳、鼻、舌、身这五个官能反映到自己的头脑中来，开始是感性认识。这种感性认识的材料积累多了，就会产生一个飞跃，变成了理性认识，这就是思想。这是一个认识过程。这是整个认识过程的第一个阶段，即由客观物质到主观精神的阶段，由存在到思想的阶段。这时候的精神、思想（包括理论、政策、计划、办法）是否正确地反映了客观外界的规律，还是没有证明的，还不能确定是否正确，然后又有认识过程的第二个阶段，即由精神到物质的阶段，由思想到存在的阶段，这就是把第一个阶段得到的认识放到社会实践中去，看这些理论、政策、计划、办法等等是否能得到预期的成功。一般的说来，成功了的就是正确的，失败了的就是错误的，特别是人类对自然界的斗争是如此。在社会斗争中，代表先进阶级的势力，有时候有些失败，并不是因为思想不正确，而是因为在斗争力量的对比上，先进势力这一方，暂时还不如反动势力那一方，所以暂时失败了，但是以后总有一天会要成功的。人们的认识经过实践的考验，又会产生一个飞跃。这次飞跃，比起前一次飞跃来，意义更加伟大。因为只有这一次飞跃，才能证明认识的第一次飞跃，即从客观外界的反映过程中得到的思想、理论、政策、计划、办法等等，究竟是正确的还是错误的，此外再无别的检验真理的办法。〔2〕而无产阶级认识世界的目的，只是为了改造世界，此外再无别的目的。一个正确的认识，往往需要经过由物质到精神，由精神到物质，即由实践到认识，由认识到实践这样多次的反复，才能够完成。这就是马克思主义的认识论，就是辩证唯物论的认识论。现在我们的同志中，有很多人还不懂得这个认识论的道理。问他的思想、意见、政策、方法、计划、结论、滔滔不绝的演说、大块的文章，是从哪里得来的，他觉得是个怪问题，回答不出来。对于物质可以变成精神，精神可以变成物质这样日常生活中常见的飞跃现象，也觉得不可理解。因此，对我们的同志，应当进行辩证唯物论的认识论的教育，以便端正思想，善于调查研究，总结经验，克服困难，少犯错误，做好工作，努力奋斗，建设一个社会主义的伟大强国，并且帮助世界被压迫被剥削的广大人民，完成我们应当担负的国际主义的伟大义务。

根据中国青年出版社一九六四年出版的
《毛泽东著作选读（乙种本）》刊印。

注 释

〔1〕这是毛泽东审阅《中共中央关于目前农村工作中若干问题的决定(草案)》(即前十条)稿时在十个问题前面加写的一段文字。

〔2〕毛泽东在一九六三年十一月十八日修改《人民日报》编辑部、《红旗》杂志编辑部的一篇文章时,加写了“社会实践是检验真理的唯一标准”一语。这是一个重要的概括,可以同本文中的这段话相参证。

学习马克思主义的认识论和辩证法[1]

（一九六三年——一九六五年）

一

我们现在还有一些处在领导工作岗位的同志和许多从事一般工作的同志，并不懂得或者不甚懂得马克思主义的科学的革命的认识论，他们的世界观和方法论还是资产阶级的，或者还有资产阶级思想的残余。他们常常自觉地或者不自觉地以主观主义（唯心主义）代替唯物主义，以形而上学代替辩证法。既然这样，那他们的调查研究工作就不可能做好。为了做好我们的工作，各级党委应当大大提倡学习马克思主义的认识论，使之群众化，为广大干部和人民群众所掌握，让哲学从哲学家的课堂上和书本里解放出来，变为群众手里的尖锐武器。

（一九六三年五月）

根据毛泽东手稿刊印。

二

力量的来源就是人民群众。不反映人民群众的要求，哪一个人也不行。要在人民群众那里学得知识，制定政策，然后再去教育人民群众。所以要当先生，就得先当学生，没有一个教师不是先当过学生的。而且就是当了教师之后，也还要向人民群众学习，了解自己学生的情况。

（一九六四年八月二十九日）

根据中央档案馆保存的谈话记录稿刊印。

三

我们的干部中，自以为是的很不少。其原因之一，是不懂马克思主义的认识论。因此，不厌其烦地宣传这种认识论，是非常必要的。简单地说，就是从群众中来，到群众中去。下决心长期下去蹲点，就能听到群众的呼声，就能从实践中逐步地认识客观真理，变为主观真理，然后再回到实践中去，看是不是行得通。如果行不通，则必须重新向群众的实践请教。这样就可以解决框框问题，即教条主义问题了，就可以不信迷信了。

（一九六四年九月二十五日）

四

所谓认识客观真理，即是人在实践中，反映客观外界的现象和本质，经过渐变和突变，成为尚未经过考验的主观真理。要认识这一过程中所得到的主观真理是不是真正反映了客观真理（即规律性），还得回到实践中去，看是不是行得通。

（一九六四年十月十八日）

根据毛泽东手稿刊印。

五

人类的历史，就是一个不断地从必然王国向自由王国发展的历史。这个历史永远不会完结。在有阶级存在的社会内，阶级斗争不会完结。在无阶级存在的社会内，新与旧、正确与错误之间的斗争永远不会完结。在生产斗争和科学实验范围内，人类总是不断发展的，自然界也总是不断发展的，永远不会停止在一个水平上。因此，人类总得不断地总结经验，有所发现，有所发明，有所创造，有所前进。停止的论点，悲观的论点，无所作为和骄傲自满的论点，都是错误的。其所以是错误，因为这些论点，不符合大约一百万年〔2〕以来人类社会发展的历史事实，也不符合迄今为止我们所知道的自然界（例如天体史，地球史，生物史，其他各种自然科学史所反映的自然界）的历史事实。

（一九六四年十二月十三日）

根据一九六四年十二月三十一日《人民日报》刊印。

六

什么叫马克思主义？那时的中央领导者们[3]，实在懂得很少，或者一窍不通，闹了多年的大笑话。但是这是难免的，人类总是要犯一些错误才能显出他们的正确。对客观必然规律不认识而受它的支配，使自己成客观外界的奴隶，直至现在以及将来，乃至无穷，都在所难免。认识的盲目性和自由，总会是不断地交替和扩大其领域，永远是错误和正确并存。不然，发展也就会停止了，科学也就会不存在了。要知道，错误往往是正确的先导，盲目的必然性往往是自由的祖宗。人类同时是自然界和社会的奴隶，又是它们的主人。这是因为人类对客观物质世界、人类社会、人类本身(即人的身体)都是永远认识不完全的。如果说有一天认识完全了，社会全善全美了(如神学所说那样)，那就会导致绝对的主观唯心论和形而上学，不是一个马克思主义者的世界观。

(一九六五年)

七

辩证法的核心是对立统一规律，其他范畴如质量互变、否定之否定、联系、发展等等，都可以在核心规律中予以说明。盖所谓联系就是诸对立物间在时间和空间中互相联系，所谓发展就是诸对立物斗争的结果。至于质量互变、否定之否定，应与现象本质、形式内容等等，在核心规律的指导下予以说明。

旧哲学传下来的几个规律并列的方法不妥，这在列宁已基本上解决了，我们的任务是加以解释和发挥。至于各种范畴（可以有十几种），都要以事物的矛盾对立统一去说明。例如什么叫本质，只能说本质是事物的主要矛盾和主要矛盾方面。如此类推。

（一九六五年）

根据毛泽东手稿刊印。

注　　释

〔1〕本篇一是毛泽东审阅《中共中央关于目前农村工作中若干问题的决定（草案）》（即前十条）稿时在第十个问题中加写的一段文字。本篇二是毛泽东同尼泊尔教育代表团的谈话的一部分。本篇三是毛泽东给刘少奇的一封信的主要部分。刘少奇在一九六四年九月二十五日将中共江苏省委第一书记江渭清九月八日给他的信和他九月二十三日的复信稿报送毛泽东，毛泽东当天给他写了这封信。本篇四是一九六四年十月十八日毛泽东再阅刘少奇给江渭清的复信修改稿时，加写的一段文字。本篇五是毛泽东审阅周恩来在第三届全国人民代表大会第一次会议上的政府工作报告草稿时加写的一段文字。本篇六是毛泽东重读自己的旧作《长冈乡调查》时写的一个批注。本篇七是毛泽东在李达主编的《马克思主义哲学大纲》第一编第三章第一节《两种对立的发展观》旁写的一个批注。

〔2〕迄今为止的考古发现证明，人类的历史至少有二百万年。

〔3〕指一九三一年初至一九三四年底犯“左”倾教条主义错误的王明等人。

支持美国黑人反对种族歧视斗争的声明[1]

（一九六三年八月八日）

现在在古巴避难的一位美国黑人领袖、美国全国有色人种协进会北卡罗来纳州门罗分会前任主席罗伯特·威廉先生，今年曾经两次要求我发表声明，支援美国黑人反对种族歧视的斗争。我愿意借这个机会，代表中国人民，对美国黑人反对种族歧视、争取自由和平等权利的斗争，表示坚决的支持。

美国黑人共一千九百余万人，约占美国总人口的百分之十一。他们在社会中处于被奴役、被压迫和被歧视的地位。绝大部分黑人被剥夺了选举权。他们一般只能从事最笨重和最受轻视的劳动。他们的平均工资只及白人的三分之一到二分之一。他们的失业率最高。他们在许多州不能同白人同校读书，同桌吃饭，同乘公共汽车或者火车旅行。美国各级政府、三K党[2]和其他种族主义者经常任意逮捕、拷打和残杀黑人。在美国南部的十一个州，集居着美国黑人的百分之五十左右。在那里，美国黑人所受到的歧视和迫害，是特别骇人听闻的。

美国黑人正在觉醒，他们的反抗日益强烈。近几年来，美国黑人反对种族歧视、争取自由和平等权利的群众性斗争，有日益发展的趋势。

一九五七年，阿肯色州小石城的黑人，为了反对当地公立学校不准黑人入学，展开了剧烈的斗争。当局使用了武装力量来对付他们，造成了震动世界的小石城事件。

一九六〇年，二十多个州的黑人举行了静坐示威，抗议当地餐馆、商店和其他公共场所实行种族隔离。

一九六一年，黑人为了反对在乘车方面实行种族隔离，举行了“自由乘客运动”，这个运动迅速地遍及好几个州。

一九六二年，密西西比州的黑人为争取进入大学的平等权利而进行的斗争，遭到当局镇压，造成流血惨案。

今年，美国黑人的斗争是四月初从亚拉巴马州伯明翰市开始的。赤手空拳、手无寸铁的黑人群众，只是由于举行集会和游行，反对种族歧视，竟然遭到大规模的逮捕和最野蛮的镇压。六月十二日，密西西比州的黑人领袖梅加·埃弗斯甚至惨遭杀害。被激怒了的黑人群众，不畏强暴，更加英勇地进行斗争，并且迅速地得到美国各地广大黑人和各阶层人民的支持。目前，一个全国性的声势浩大、波澜壮阔的斗争，正在美国的几乎每一个州和每一个城市展开，而且还在继续高涨。美国黑人团体已经决定在八月二十八日举行二十五万人的向华盛顿的“自由进军”。

美国黑人斗争的迅速发展是美国国内阶级斗争和民族斗争日益尖锐化的表现，引起了美国统治集团日益严重的不安。肯尼迪〔3〕政府采取了阴险的两面手法。它一方面继续纵容和参与对黑人的歧视和迫害，甚至派遣军队进行镇压；另一方面，又装出一副主张“维护人权”、“保障黑人公民权利”的面孔，呼吁黑人“忍耐”，在国会里提出一套所谓“民权计划”，企图麻痹黑人的斗志，欺骗国内群众。但是，肯尼迪政府的这种手法，已经被越来越多的黑人所识破。美国帝国主义对黑人的法西斯暴行，揭穿了美国的所谓民主和自由的本质，暴露了美国政府在国内的反动政策和在国外的侵略政策之间的内在联系。

我呼吁，全世界白色、黑色、黄色、棕色等各色人种中的工人、农民、革命的知识分子、开明的资产阶级分子和其他开明人士联合起来，反对美国帝国主义的种族歧视，支持美国黑人反对种族歧视的斗争。民族斗争，说到底，是一个阶级斗争问题。在美国压迫黑人的，只是白色人种中的反动统治集团。他们绝不能代表白色人种中占绝大多数的工人、农民、革命的知识分子和其他开明人士。目前，压迫、侵略和威胁全世界绝大多数民族和人民的，是以美国为首的一小撮帝国主义者和支持他们的各国反动派。他们是少数，我们是多数。全世界三十亿人口中，他们最多也不到百分之十。我深信，在全世界百分之九十以上的人民的支持下，美国黑人的正义斗争是一定要胜利的。万恶的殖民主义、帝国主义制度是随着奴役和贩卖黑人而兴盛起来的，它也必将随着黑色人种的彻底解放而告终。

根据一九六三年八月九日《人民日报》刊印。

注　　释

〔**1**〕这个声明是以毛泽东的名义发表的。

〔**2**〕三K党，是美国的种族主义恐怖组织。一八六六年由美国南部奴隶主为镇压黑人和维护奴隶制度而建立，成为美国反动势力推行种族主义、实行法西斯统治的工具。

〔**3**〕肯尼迪，当时任美国总统。

受压迫的人民总是要起来的[1]

（一九六三年八月九日）

毛泽东：见到你们很高兴。昨天我见了一批非洲朋友。我们和你们谈得来，觉得平等。我们不把意见强加于你们，你们也不强加于我们。我们互相帮助，互相支持，互相学习斗争中的经验。

舍马克：几天来，我们同周恩来总理进行了富有内容的会谈，我对会谈的结果感到很满意。我确信，我们两国之间的关系得到了加强。

毛：谈政治、经济，还有其他方面的问题？

舍：我们谈了一般的国际形势，特别是两国关系。双方就联合公报和经济技术合作协定达成了协议。

毛：我们的经济搞得还不行，现在还不能满足你们的要求。我们正在努力，几年或几十年之后，总会有所进步，到那个时候，就有可能更多更好地满足外国朋友的需要。全世界被压迫的民族和被压迫的人民，在争取政治、经济、文化方面的独立和解放的斗争中共同努力，争取从帝国主义和殖民主义的压迫下解放出来。这就是我们的希望。

你们知道，我国还没有完全解放，因为台湾还没有解放。对西方国家来说，中国这个国家好像不存在一样，但又好像存在。杜勒斯[2]说过，中国好像存在，又好像不存在。为什么中国存在呢？在朝鲜战争中，有中国人同美国人打仗，所以西方国家感到中国的存在。为什么中国又不存在呢？它们认为，中国是个情况不好的国家，不需要几天就要垮下去，就会崩溃、垮台，是没有多少希望的，好像存在等于不存在。西方对非洲也是这样的看法。它们认为，非洲是非非洲人的地方。如果非洲是西方人的，那末非洲不就是不存在了？现在它们好像开始看见有一个非洲存在着。非洲几十个国家已经独立，没有独立的国家的人民也在斗争。西方对亚非国家是很头痛的，对拉丁美洲也很头痛。这三大洲过去都是西方帝国主义国家的后备，现在它们感到这三大洲有些起哄，在闹地震。

舍：这是真的，它们觉得这些地方出了岔子，违反它们的意志。

毛：你们就是不服从意、英、法的意志。

舍：我们独立不久，非常珍视我们的独立，我们自己要负起责任，确立我们自己的人格。过去很长时间内我们是被支配者，现在我们要做历史的主宰。过去西方殖民者不把我们当做人，只把我们当做东西。

毛：他们只看到东西，因为东西有用。人能够为他们生产财富，所以才有用，除此以外就没有什么用了。现在我们不为西方国家生产财富而为自己生产财富，所以它们就天天骂我们，特别是美国。你们的主要斗争对象不是美国吧？我们的主要斗争对象是美国，英、法、意、西德要排到后面去。美帝国主义在我国周围建立很多军事基地来包围我们，这是你们知道的。你们同日本有外交关系吗？

舍：有外交关系，但日本在索马里没有使馆。

毛：我们同日本没有外交关系，因为日本不承认我国，它跟着美国走。

舍：是日本政府，不是日本人民。

毛：日本人民很好，我们同日本人民关系很亲密。美国反对中国的也不是美国人民，我们和许多美国人有来往。我们同英、法以及其他欧洲国家的关系也是如此。

舍：对我们说来，斗争对象主要是英国、法国、意大利，然后才是美国。英国、法国、意大利等这些国家把非洲看做是它们的势力范围，美国要过问非洲就等于过问它们的内政，未经它们的同意，美国很难做什么事情。它们认为非洲既然过去是它们的殖民地，它们就有权保持势力范围。现在非洲国家百分之八十以上独立了，非洲人是非常珍惜自己的人格的，决不让非洲成为人家的势力范围。

毛：把非洲国家当做势力范围，这种过去的老规矩不行了。现在非洲三十几个国家独立了。一些国家通过战争取得独立，如阿尔及利亚打了八年，它的几万军队与法国的几十万军队打仗，几十万军队失败了，几万军队胜利了。为什么几万军队能战胜几十万军队呢？在几万军队后面有几百万阿尔及利亚人民的支持，法国的几十万军队得不到阿尔及利亚人民的支持。阿尔及利亚一千万人口，其中有一百万法国人，现在他们大部分都跑了。还有阿联〔3〕为维护苏伊士运河的主权，曾同英、法打过仗〔4〕，结果英、法被打跑了，现在苏伊士运河控制在阿联手里。

总而言之，帝国主义的阵地在缩小，大大缩小。如它们在非洲的阵地大大缩小了，在中国大陆它们也管不着了。听说你们不喜欢驻北京的英国代办。

舍：对个人我们没有怨气，我们反对的是英国政府的政策。英国有七次拿我国的领土做交易。以前我们无能为力，因为我们还没有独立。可是，在我们独立后，英国再把我们的领土给别人时，我们就同它断绝了外交关系。所以现在英国在索马里就无法保持它的影响。

毛：这样很好。当英国和法国用战争夺取苏伊士运河的时候，埃及也和英、法断了交，最近才恢复。几内亚独立后，也同法国断过交，去年才恢复。

舍：是。这些都是同过去统治者搞关系的经验教训。

毛：美国不承认我们，日本同我们没有外交关系，英国、荷兰同我们只是半建交关系，法、意、西德迄今与我们没有外交关系，还有跟它们走的土耳其、希腊、葡萄牙、西班牙、比利时也与我们没有外交关系。

现在美国还在占领我们的台湾，假如：第一条，美国把台湾交还给我们；第二条，联合国让我们进去，赶走蒋介石；第三条，取消对我国的经济封锁，做起生意来；第四条，两国互相承认，建立外交关系，即使如此，我们仍然反对帝国主义，反对美国帝国主义。因为这不仅是我们自己一国的问题，我们要团结世界大多数人民，这样才能打倒帝国主义。这是它们最恨我们的。我们不仅要在国内打倒帝国主义，而且要在全世界消灭帝国主义。我们的武器不多，没有原子弹，经济也不发达，但是我们赞成全世界人民从帝国主义、殖民主义的统治下解放出来。只有到那个时候，世界人民才会安宁，我们自己也才会最后得到安宁。你们不信吗？帝国主义总有一天会被打倒的。

舍：我们相信。人民会为自己的解放而努力。如果遭受帝国主义、殖民主义统治的人民不是自己起来，而靠外国参加的话，那就等于内政遭到干涉。

毛：受压迫的人民自己总是要起来的。

舍：自由主要靠当地人民自己去争取。

毛：完全赞成。我们认为，支持就是声援，给予经济上的帮助，必要时并给予武器援助。如对阿尔及利亚，我们就给了武器援助。

舍：因为阿尔及利亚人民表明他们要独立，呼吁帮助。如果阿尔及利亚人民不表明要独立，那怎么办呢？

毛：那没有办法，毫无办法，只有等待人民觉醒，起来斗争。中国等了一百多年，大陆才解放，台湾也许要等几十年。全世界统统解放还要等更长时间。对台湾，我们也不准备用武力去解放，原因之一是在台湾有美国军队，我们军队进攻，就要同美国打仗。至于香港，英国没有多少军事力量，我们要占领是可以的。但过去有条约关系，小部分是割让的，大部分是租的，租期是九十九年，还有三十四年才满期。这是特殊情况，我们暂时不准备动它。这一点也许你们不了解。

舍：如果香港人自己要解放，把英国赶走，能拒绝帮助吗？

毛：香港人就是我们中国人。香港是通商要道，如果我们现在就控制它，对世界贸易、对我们同世界的贸易关系都不利。我们不动它并不是永远不动它，英国现在安心，将来会不安心的。

根据中央文献出版社、世界知识出版社一九九四年出版的《毛泽东外交文选》刊印。

注　释

〔1〕这是毛泽东同索马里总理阿卜迪拉希德·阿里·舍马克的谈话。

〔2〕杜勒斯，一九五三年至一九五九年任美国国务卿。

〔3〕阿联，阿拉伯联合共和国的简称。一九五八年由埃及、叙利亚合并组成。一九六一年九月叙利亚脱离阿拉伯联合共和国，成立阿拉伯叙利亚共和国。一九七一年阿拉伯联合共和国改名为阿拉伯埃及共和国。

〔4〕参见本卷第25页注〔12〕。

革命和建设都要靠自己[1]

（一九六三年九月三日）

我们困难的时间只有两年半，就是一九六〇年、一九六一年和一九六二年上半年，一九六二年下半年情况就好起来了。粮食去年比前年增产一千多万吨。今年情况更好一点。虽然今年华北地区特别是河北和河南有水灾，但是全国可能比去年增产粮食一千万吨左右。现在我们正集中力量搞棉花、油料、烟叶和糖料。我们已经找到一条道路。我们有两种经验，错误的经验和正确的经验。正确的经验鼓励了我们，错误的经验教训了我们。苏联把专家撤走，撕毁了合同，这对我们有好处。我们没办法，就靠自己，靠自己两只手。后来苏联又后悔了，想再派专家来，要同我们做生意，我们不干。他们再派专家来，有朝一日他们又要撤走专家，撕毁合同。他们已经失去了我们的信任。正是在一九六〇年的这个时候，苏联撤走专家，到现在已经三年了，我们的工业建设搞出了许多自己的经验。离开了先生，学生就自己学。有先生有好处，也有坏处。不要先生，自己读书，自己写字，自己想问题。这是一条真理。过去我们就是由先生把着手学写字，从一九二一年党成立到一九三四年，我们就是吃了先生的亏，纲领由先生起草，中央全会的决议也由先生起草，特别是一九三四年，使我们遭到了很大的损失。从那之后，我们就懂得要自己想问题。我们认识中国，花了几十年时间。中国人不懂中国情况，这怎么行？真正懂得独立自主是从遵义会议〔2〕开始的，这次会议批判了教条主义。教条主义者说苏联一切都对，不把苏联的经验同中国的实际相结合。马列主义普遍真理与中国具体实践相结合，这个口号就是在延安整风〔3〕时提出的。这个口号写进了一九五七年莫斯科宣言〔4〕，那里面说马列主义普遍真理要与各国的具体实践相结合。外国经验，不管是哪一个国家的，只能供参考。

根据中央档案馆保存的谈话记录稿刊印。

注　释

〔1〕这是毛泽东同由中央委员会主席迪·努·艾地率领的印度尼西亚共产党代表团的谈话的一部分。

〔2〕遵义会议，见本卷第 267 页注〔18〕。

〔3〕延安整风，见本卷第 278 页注〔15〕。

〔4〕莫斯科宣言，见本卷第 98 页注〔5〕。

把我国建设成为社会主义的现代化强国[1]

（一九六三年九月、一九六四年十二月）

一

我国从十九世纪四十年代起，到二十世纪四十年代中期，共计一百零五年时间，全世界几乎一切大中小帝国主义国家都侵略过我国，都打过我们，除了最后一次，即抗日战争，由于国内外各种原因以日本帝国主义投降告终以外，没有一次战争不是以我国失败、签订丧权辱国条约而告终。其原因：一是社会制度腐败，二是经济技术落后。现在，我国社会制度变了，第一个原因基本解决了；但还没有彻底解决，社会还存在着阶级斗争。第二个原因也已开始有了一些改变，但要彻底改变，至少还需要几十年时间。如果不在今后几十年内，争取彻底改变我国经济和技术远远落后于帝国主义国家的状态，挨打是不可避免的。当然，帝国主义现在是处在衰落时代，我国，社会主义阵营，全世界被压迫人民和被压迫民族的革命斗争，都是处于上升的时代，世界性的战争有可能避免。这里存在着战争可以避免和战争不可避免这样两种可能性。但是我们应当以有可能挨打为出发点来部署我们的工作，力求在一个不太长久的时间内改变我国社会经济、技术方面的落后状态，否则我们就要犯错误。

（一九六三年九月）

二

我们不能走世界各国技术发展的老路，跟在别人后面一步一步地爬行。我们必须打破常规，尽量采用先进技术，在一个不太长的历史时期内，把我国建设成为一个社会主义的现代化的强国。我们所说的大跃进，就是这个意思。难道这是做不到的吗？是吹牛皮、放大炮吗？不，是做得到的。既不是吹牛皮，也不是放大炮。只要看我们的历史就可以知道了。我们不是在我们的国家里把貌似强大的帝国主义、封建主义、资本主义从基本上打倒了吗？我们不是从一个一穷二白的基地上经过十五年的努力，在社会主义革命和社会主义建设的各方面，也达到了可观的水平吗？我们不是也爆炸了一颗原子弹吗？过去西方人加给我们的所谓东方病夫的称号，现在不是抛掉了吗？为什么西方资产阶级能够做到的事，东方无产阶级就不能够做到呢？中国大革命家，我们的先辈孙中山先生，在本世纪初期就说过，中国将要出现一个大跃进。他的这种预见，必将在几十年的时间内实现。这是一种必然趋势，是任何反动势力所阻挡不了的。

（一九六四年十二月十三日）

根据人民出版社一九八六年出版的
《毛泽东著作选读》下册刊印。

注　　释

〔1〕本篇一是毛泽东审阅《关于工业发展问题（初稿）》时加写的一段文字。这个初稿后来没有形成正式文件。本篇二是毛泽东审阅周恩来在第三届全国人民代表大会第一次会议上的政府工作报告草稿时加写的一段文字。

两个中间地带[1]

（一九六三年九月，一九六四年一月、七月）

一

大家担心的是形势问题，尤其是国际形势。有些同志担心苏、美合作对我们不利。我总相信《红楼梦》上王熙凤说的那句话，“大有大的难处”[2]。现在，美、苏两国都很困难。美国政策委员会主席罗斯特曾发表一篇文章，基调是说美、苏都碰到了许多困难，而且是没法解决的。我也不认识这个人，他同我的某些想法不谋而合，差不多。美国不论国内、国际到处都碰钉子，赫鲁晓夫[3]也是这样。不要忘记这一点。还是《红楼梦》上冷子兴说的，“百脚之虫，死而不僵”[4]。美国《锤与钢》杂志也说：美国像一株空了的大树，里边已被虫子咬空了，外边还枝叶茂盛。

我看中间地带有两个，一个是亚、非、拉，一个是欧洲。日本、加拿大对美国是不满意的。以戴高乐[5]为代表的，有六国共同市场[6]，都是些强大的资本主义国家。东方的日本，是个强大的资本主义国家，对美国不满意，对苏联也不满意。东欧各国对苏联赫鲁晓夫就那么满意？我不相信。情况还在发展，矛盾还在暴露。过去几年法国人闹独立性，但没有闹到今天这样的程度。苏联与东欧各国的矛盾也有明显发展，关系紧张得很。什么缓和国际形势，不要信那一套。苏、美达成协议，我看不那么容易。大西洋许多国家也不会赞成美国。戴高乐到处说法国不当卫星国，他们是控制和反控制的斗争。赫鲁晓夫说我们同戴高乐站在一条线上，其实我们同戴高乐也没有见过面。我们无论国内、国外，主要靠人民，不靠大国领袖。靠人民靠得住。

（一九六三年九月二十八日）

二

我们同苏联有外交关系，而且是社会主义阵营中的两个国家，但是中、苏两国之间的关系，还不如中国同日本自由民主党的关系好，也不如中国同池田〔7〕派的关系好。这很值得我们大家想一想，是什么原因？就是因为美、苏两国都有核武器，想统治全世界，而自由民主党是受美国控制的。从国际地位来说，日本同美、苏比，占第二位。像这样第二位的国家还有英、法、西德、意大利等。我们还是有工作可做。日本垄断资本同美国并非那样团结。英国同美国比较好，但也不是那样团结。法国使美国感到恼火。西德的地位重要起来了，这样一来，势必会同美国发生对抗。

所以讲到中间地带有两部分：一部分是指亚洲、非洲和拉丁美洲的广大经济落后的国家，一部分是指以欧洲为代表的帝国主义国家和发达的资本主义国家。这两部分都反对美国的控制。在东欧各国则发生反对苏联控制的问题。这种情况看起来比较明显。

（一九六四年一月五日）

三

美国的手伸到我们整个西太平洋、东南亚，它的手伸得太长了。驻在这里的第七舰队是美国最大的舰队。美国有十二艘航空母舰，第七舰队就占了一半——六艘。它还有一个第六舰队驻在地中海。当一九五八年我们在金门打炮〔8〕时，美国人慌了，把第六舰队的一部分向东调。美国控制欧洲，控制加拿大，控制除古巴之外的整个拉丁美洲。现在它把手伸到非洲去了，在刚果打仗。

整个亚洲、非洲、拉丁美洲的人民都反对美帝国主义。欧洲、北美、大洋洲也有许多人反对美帝国主义。有的帝国主义者也反对美帝国主义，戴高乐反对美国就是证明。我们现在提出这么一个看法，就是有两个中间地带：亚洲、非洲、拉丁美洲是第一个中间地带；欧洲、北美加拿大、大洋洲是第二个中间地带。日本也属于第二个中间地带。日本的垄断资本是不满意美国的，现在已经有一部分人公开反对美国；另一部分人依靠美国，但我看，随着时间的延长，日本这一部分人中的许多人也会把骑在头上的美国赶走。

（一九六四年七月十日）

根据中央文献出版社、世界知识出版社一九九四年出版的《毛泽东外交文选》刊印，原题是《中间地带有两个》。

注　释

〔1〕本篇一是毛泽东在中共中央工作会议上讲话的节录。本篇二是毛泽东同日本共产党中央政治局委员听涛克己谈话的节录。本篇三是毛泽东同日本社会党佐佐木更三、黑田寿男、细迫兼光等谈话的节录。

〔2〕见《红楼梦》第六回。

〔3〕赫鲁晓夫，当时任苏联共产党中央委员会第一书记、苏联部长会议主席。

〔4〕见《红楼梦》第二回。

〔5〕戴高乐，当时任法国总统。

〔6〕六国共同市场，即欧洲共同市场，是法国、德意志联邦共和国、意大利、荷兰、比利时、卢森堡六国于一九五八年一月组成的国际垄断联盟。

〔7〕池田，指池田勇人，当时任日本自由民主党总裁、内阁首相。

〔8〕金门打炮，见本卷第23页注〔2〕。

加强相互学习，克服固步自封、骄傲自满[1]

（一九六三年十二月十三日）

各中央局，各省、市、区党委，军委，中央各人民团体党委，各部委会党委、党组：

现将湖南省委李瑞山、华国锋两同志一九六三年十一月六日写的一个参观广东农业生产情况的报告[2]以及附在上面的湖南省委一九六三年十二月七日写的一个指示[3]，发给你们研究。中央认为，这种虚心学习外省、外市、外区优良经验的态度和办法，是很好的，是发展我国经济、政治、思想、文化、军事、党务的重要方法之一。固步自封，骄傲自满，对于自己所管区域的工作，不采取马克思主义的辩证分析方法（一分为二，既有成绩，也有缺点错误），只研究成绩一方面，不研究缺点错误一方面。只爱听赞扬的话，不爱听批评的话。对于外省、外市、外区、别的单位的工作，很少有兴趣组织得力高级中级干部去虚心地认真地加以考察，以便和本省、本市、本区、本单位的情况结合起来，加以改进。永远限于本地区本单位这个狭隘世界，不能打开自己的眼界，不知还有别的新天地，这叫做夜郎自大。对外国人、外地人以及中央派下去的人，只让看好的，不让看坏的。只向他们谈成绩，不向他们谈缺点及错误，要谈也谈得不深刻，敷衍几句了事。中央多次对同志们提出这个问题，认为一个共产党人必须具备对于成绩与缺点、真理与错误这个两分法的马克思主义辩证思想。事物（经济、政治、思想、文化、军事、党务等等）总是作为过程而向前发展的。而任何一个过程，都是由矛盾着的两个侧面互相联系又互相斗争而得到发展的。这应当是马克思主义者的普通常识。但是，中央和各地同志中，有许多人却很少认真地用这种观点去思索去工作。他们的头脑，长期存在着形而上学的思想方法而不能解脱。所谓形而上学，就是否认事物的对立统一、对立斗争（两分法）、矛盾着对立着的事物在一定条件下互相转化走向它们的反面，这样一个真理；就是人们固步自封、骄傲自满，只见成绩，不见缺点，只愿听好话，不愿听批评话，自己不愿意批评（对自己的两分法），更怕别人批评。中央有几十个部，明明有几个工作成绩工作作风较好的部，例如石油部，别的部却视若无睹，永远不去那里考察研究请教一番。一个部所管企业事业，明明有许多厂矿、企业、事业、科学研究处所及其人员，工作做得较好，上面却不知道，因而也不能提倡人们向那些单位学习。同志们，中央在这里所说的犯有形而上学错误的同志是指一部分同志，不是指全部同志。但是，应当指出，有大量的好同志却被那些高官厚禄、养尊处优、骄傲自满、固步自封、爱好资产阶级形而上学的同志们，亦即官僚主义者，所压住了，现在必须加以改革。凡不虚心地认真地对本地本单位本人作分析，对别地别单位别人作分析，拒绝马克思主义辩证分析方法的同志，要进行同志式的劝告和批评，以便把不良情况改变过来。把向别部、别省、别市、别区、别单位的好经验、好作风、好方法学过来这样一种方法，定为制度。这个问题是一个大问题，请你们加以讨论。以后还要在中央工作会议及中央全会上加以讨论。湖南省委过去在一个时期内，不作调查研究，主观主义地下达许多指示，往下灌的东西多，由下面反映上来的真实情况少，因而脱离群众，产生很大困难。从一九六一年起，他们开始改变了，以至情况大好起来。但是他们认为还是远不如广东和上海，所以他们派遣大批省、地、县三级干部，还有省和市的干部，组成两个考察团，分别到广东上海去学习。这一点，请你们注意研究，是否也可以这样办。中央认为，不但可以而且应当这样办。如有不同意见，请你们提出。

中　央

一九六三年十二月十三日

根据中共中央文件刊印。

注　释

〔1〕这是毛泽东为中共中央起草的党内指示。

〔2〕中共湖南省委书记处书记李瑞山、华国锋给中共湖南省委的报告说：参观广东省的农业生产，感到广东省在一直坚持大办水利、推广良种、合理密植、办劳动大学方面，在贯彻以粮为纲、全面发展、多种经营的方针方面，在提高单位面积产量方面，在抓水、抓肥、抓种子方面，在抓经济政策方面，在农业生产上走群众路线、大搞群众运动方面，都非常突出。通过参观，大家感到扩大了眼界，解放了思想，开阔了胸襟，增强了信心，鼓舞了干劲。同时也学习了许多宝贵的经验。应当把广东的经验同湖南的具体情况结合起来，因地制宜地加以运用和推广。

〔3〕中共湖南省委转发李瑞山、华国锋的报告给湖南各地、市、县委，省委各部门，各厅局党组的指示说：省委认为，这个报告很重要，必须一直发到公社党委

和厂矿党委。让大家照照镜子，展开讨论，把从先进地区、先进单位学来的经验，很好地运用到我们自己的工作中去。学习外地经验要和总结自己的经验相结合。同时，领导亲自搞试点是特别重要的。只有树立出了样板，才能带动全面，取得更显著的成效。

不搞科学技术，生产力无法提高[1]

（一九六三年十二月十六日）

社会科学也要有一个十年规划。社会科学落后了，这回没有搞规划。社会科学也要投一点资。

有一本杂志《自然辩证法研究通讯》，曾停了很久，现在复刊了。复刊了就好。现在第二期已经出了。

要有革命精神和严格的科学态度。

科学技术这一仗，一定要打，而且必须打好。过去我们打的是上层建筑的仗，是建立人民政权、人民军队。建立这些上层建筑干什么呢？就是要搞生产。搞上层建筑、搞生产关系的目的就是解放生产力。现在生产关系是改变了，就要提高生产力。不搞科学技术，生产力无法提高。

科学研究有实用的，还有理论的。要加强理论研究，要有专人搞，不搞理论是不行的。要培养一批懂得理论的人才，也可以从工人农民中间来培养。我们这些人要懂得些自然科学理论，如医学方面、生物学方面。

死光〔2〕,要组织一批人专门去研究它。要有一小批人吃了饭不做别的事,专门研究它。没有成绩不要紧。军事上除进攻武器外,要注意防御问题的研究,也许我们将来在作战中主要是防御。进攻武器,比原子弹的数量我们比不赢人家。战争历来都需要攻防两手,筑城、挖山洞都是防嘛。秦始皇〔3〕的万里长城没有多大用处。我们准备做一些蠢事,要搞地下工厂、地下铁道,逐年地搞。

三大革命运动中的科学实验,主要是指自然科学。社会科学的研究不能完全采用实验的方法。例如研究政治经济学不能用实验方法,要用抽象法,这是马克思在《资本论》里说的〔4〕。商品、战争、辩证法等,是观察了千百次现象才能得出理论概括的。

根据中央档案馆保存的谈话记录稿刊印。

注释

〔1〕这是毛泽东在听取国务院副总理兼国家科学技术委员会主任聂荣臻汇报十年科学技术规划时插话的节录。

〔2〕死光,即激光。

〔3〕秦始皇,即嬴政(公元前二五九——前二一〇),秦王朝的建立者。

〔4〕见马克思《资本论》一八六七年第一版序言。原文是:“分析经济形式,既不能用显微镜,也不能用化学试剂。二者都必须用抽象力来代替。”(《马克思恩格斯选集》第2卷,人民出版社1995年版,第99页)

加强宗教问题的研究〔1〕

（一九六三年十二月三十日）

这个文件〔2〕很好。但未提及宗教研究。对世界三大宗教（耶稣教、回教、佛教），至今影响着广大人口，我们却没有知识，国内没有一个由马克思主义者领导的研究机构，没有一本可看的这方面的刊物。《现代佛学》不是由马克思主义者领导的，文章的水平也很低。其他刊物上，用历史唯物主义的观点写的文章也很少，例如任继愈〔3〕发表的几篇谈佛学的文章，已如凤毛麟角，谈耶稣教、回教的没有见过。不批判神学就不能写好哲学史，也不能写好文学史或世界史。这点请宣传部同志们考虑一下。

毛　泽　东
十二月三十日

根据手稿刊印。

注　　释

〔1〕这是毛泽东在中共中央一九六三年十二月三十日转发中央外事小组、中央宣传部关于加强研究外国工作的报告的指示稿上写的批语。

〔2〕指中共中央外事小组、中央宣传部一九六三年十二月十五日关于加强研究外国工作给中央的报告。

〔3〕任继愈，一九一六年生，山东平原人。当时任北京大学教授。

中国人民坚决支持巴拿马人民的爱国正义斗争[1]

（一九六四年一月十二日）

目前巴拿马人民正在英勇地进行的反对美国侵略、维护国家主权的斗争，是伟大的爱国斗争。中国人民坚决站在巴拿马人民的一边，完全支持他们反对美国侵略者，要求收回巴拿马运河区主权的正义行动。

美帝国主义是全世界人民最凶恶的敌人。

美帝国主义不仅对巴拿马人民犯了严重的侵略罪行，精心一意地策划扼杀社会主义的古巴，而且一直在掠夺和压迫拉丁美洲各国人民，镇压这些国家的民族民主革命斗争。

在亚洲，美帝国主义霸占着中国的台湾，把朝鲜南部和越南南部变作它的殖民地，对日本实行控制和半军事占领，破坏老挝的和平、中立和独立，阴谋颠覆柬埔寨王国政府，对亚洲其他国家进行干涉和侵略。它最近又决定把美国舰队派到印度洋，威胁东南亚各国的安全。

在非洲，美帝国主义加紧推行新殖民主义政策，力图取代老殖民主义者的地位，掠夺和奴役非洲各国人民，破坏和扑灭民族解放运动。

美帝国主义的侵略政策和战争政策，也严重地威胁着苏联、中国和其他社会主义国家。它还力图对社会主义国家推行“和平演变”政策，实行资本主义复辟，瓦解社会主义阵营。

美帝国主义甚至对它在西欧、北美和大洋洲的盟国，也实行“弱肉强食”的政策，力图把它们踩在自己的脚下。

美帝国主义称霸全世界的侵略计划，从杜鲁门〔2〕、艾森豪威尔〔3〕、肯尼迪〔4〕到约翰逊〔5〕，是一脉相承的。

社会主义阵营各国人民要联合起来，亚洲、非洲、拉丁美洲各国人民要联合起来，全世界各大洲的人民要联合起来，所有爱好和平的国家要联合起来，所有受到美国侵略、控制、干涉和欺负的国家要联合起来，结成最广泛的统一战线，反对美帝国主义的侵略政策和战争政策，保卫世界和平。

美帝国主义到处横行霸道，把它自己放在同全世界人民为敌的地位，使它自己越来越陷于孤立。美帝国主义手里的原子弹、氢弹，是吓不倒一切不愿意做奴隶的人们的。全世界人民反对美国侵略者的怒潮是不可阻挡的。全世界人民反对美帝国主义及其走狗的斗争一定会取得更加伟大的胜利。

根据一九六四年一月十三日
《人民日报》刊印。

注　　释

〔1〕这是毛泽东对《人民日报》记者发表的谈话。

〔2〕杜鲁门（一八八四——一九七二），美国民主党人，一九四五年至一九五二年任美国总统。

〔3〕艾森豪威尔，一九五三年至一九六〇年任美国总统。

〔4〕肯尼迪，一九六一年至一九六三年任美国总统。

〔5〕约翰逊（一九〇八——一九七三），美国民主党人，当时任美国总统。

赫鲁晓夫的日子不好过[1]

（一九六四年一月十七日）

现在，在外交上遇到两个问题，想听听你们的意见。一个是，美国现在主要是注意苏联，还是注意中国？第二个是，美国现在是不是在积极准备打第三次世界大战？有人说是。

（爱德乐：关于美国到底主要注意苏联还是注意中国这个问题，美国报刊自己是这样说的：在当前，在短期内，苏联是主要敌人；从长期来看，中国是主要敌人。）

他们是这样说的，我看到过这样的话。但是，帝国主义者是实用主义，“长期”，对他们来说不那么重要，因为太久了。现在他们看不起我们，认为我们只有手榴弹，没有原子弹。他们也看不起你们和其他同我们一起工作的外国同志，认为你们不过是些知识分子，只会吵吵闹闹，在《北京周报》或广播电台工作而已。他们看不起我们，这是一件好事，对我们有利。

不过，他们也在注意我们，美国驻东京的记者罗德里克就是专门研究中国的。

无论如何，苏联还是一个大工业国，是两大核强国之一。中国除了有手榴弹，只是多了几个人。在赫鲁晓夫看来，多几个人，只不过是一堆肉。而且他还说，现在中国是五个人穿一条裤子，大家喝清水汤。其实，他说这个话的时候，正是他那里裤子太少而清水汤太多的时候。他的日子比我们好过不了多少。他在最困难的时候讲这种话，是为了向人民说：看，我们国家多了不起，裤子不少，清水汤不多。

关于美国是否在准备打第三次世界大战的问题，我们过去讲过，现在也还是那样看。可以看一看历史，美国总是要到最后才参加国际战争的。第一次世界大战是如此，第二次世界大战也是如此。现在美国手伸得太长，用四川人的话来说，是十个手指按住了十个跳蚤，一个也抓不住。你们不信，自己张开十个手指去抓抓跳蚤试试！

美国现在在两个“第三世界”都遇到抵抗。第一个“第三世界”是指亚、非、拉。第二个“第三世界”是指以西欧为主的一批资本主义高度发展的、有些还是帝国主义的国家，这些国家一方面压迫别人，另一方面又受美国压迫，同美国有矛盾。第一个“第三世界”中，有一个地方叫南越，美国就是没有办法把那里的人民压下去。而且这样的事以后还会不断地出现。

不能设想，美国只在两个“第三世界”遇到抵抗，而独独在苏联和东欧会不遇到抵抗。

赫鲁晓夫的日子不好过。据统计，从苏共二十大〔2〕以来，苏共主席团的老人已换得剩不了几个。这个现象说明那里不稳定。东欧也是这样，例如保加利亚、匈牙利、捷克斯洛伐克，都是不断换领导人。有些人是在激烈反华之后下台的，而下台之后就不反华了，例如于哥夫、西罗基〔3〕。为什么呢？他们反华是为了保住自己的力量和地位，所以被赶下台以后就不反了。这说明了两点：第一，有些人反对中国并不是真心的；第二，中国现在有了一个地位，能引起人家反对，刺激人家写文章和发表讲话来攻击。我们有了资格，有人要靠反华来保住自己的地位。

实际上，赫鲁晓夫现在在社会主义阵营的十三个国家〔4〕中，支持他的并没有占多大的多数。罗马尼亚就同他不一致，波兰也只能算半个支持。他是要控制别人，像美国人一样。他要人家搞单一经济，这行不通，罗马尼亚不干，古巴也在同他吵。

苏共二十大之后，我们已经感到赫鲁晓夫不对头，但是从那时到一九五八年上半年，我们是采取帮助他的态度，因为我们当时考虑苏联人民要换一个领袖是不容易的。

后来，在一九五八年发生了海军基地问题〔5〕。那年赫鲁晓夫来过北京一次。为什么来呢？苏联驻华大使同我们谈海军基地问题谈翻了，赫鲁晓夫只好自己来收拾。我对他说，把中国的海岸线都给你好了。他说，那你做什么呢？我说，我上山去打游击。他说，打游击没有用。我说，你把我的鼻子都塞住了，我不去打游击怎么办？

然后就是一九五九年的中印边界事件〔6〕，赫鲁晓夫在访美前通过塔斯社发表声明，在中印边界事件上表示“中立”。访美后，他又到北京来了。这次他谈到台湾问题，要我们用苏联过去对远东共和国〔7〕的办法来对待台湾。我对他说，远东共和国是你们建立的，蒋介石集团可不是我们搞起来的。另外，他还要我们放那时关在监狱里的四五个美国犯人。两个问题都没谈成，他说：“艾森豪威尔在戴维营对我说过，你这次去北京一定是白跑。”

从苏共二十大到去年七月，我们比较被动。现在我们转入了反攻，有大闹天宫的势头，打破了他们的清规戒律。他们的那些清规戒律，可不能完全服从！

他们骂我们是教条主义、托洛茨基主义、专讲空话、假革命、民族主义。可是他们偏偏怕我们的"空话"。口里说我们讲的是空话，实际上是把它当成瘟疫，封锁得那么厉害，甚至把过去用来干扰美国之音的电台也用来干扰我们的广播。

现在他们要求停止公开争论，紧张得很。我去年三月间对苏联大使说，你们说我们是教条主义、托洛茨基主义、专讲空话、假革命、民族主义，如果我们真是这样，那你们当然应该批评，就放手批评好了。他说这样下去不得了。我说，打打笔墨官司有什么了不起呢？第一，天不会塌下来；第二，山上草木照样长；第三，女人照样生孩子；第四，河里的鱼照样游，不信，你到河边去看看。他们最近的来信还引了我这一段话。

停止争论不是一方说了就算，而必须达成双方都能接受的公平协议。双方不止是两个党，而是几十个国家的党。因此，争论很难停下来。

根据中央文献出版社、世界知识出版社一九九四年出版的《毛泽东外交文选》刊印。

注 释

〔1〕这是毛泽东同美国记者斯特朗，美籍专家柯弗兰、爱德乐和中国籍专家爱泼斯坦等谈话的一部分。赫鲁晓夫，当时任苏联共产党中央委员会第一书记、苏联部长会议主席。

〔2〕苏共二十大，即苏联共产党第二十次全国代表大会，一九五六年二月十

四日至二十五日在莫斯科举行。在完成会议的主要议程后，苏共中央第一书记赫鲁晓夫向全体代表作了《关于克服个人崇拜及其后果》的秘密报告。这个报告揭露了斯大林时期所犯的错误及其严重后果，对于破除迷信、解放思想起了一定作用，但报告全盘否定斯大林的历史地位和作用，给国际共产主义运动带来巨大冲击。

〔3〕于哥夫（一九〇四——一九九一），一九五六年至一九六二年任保加利亚总理。西罗基（一九〇二——一九七一），一九五三年至一九六三年任捷克斯洛伐克总理。

〔4〕指阿尔巴尼亚、保加利亚、匈牙利、越南、德意志民主共和国、中国、朝鲜、蒙古、波兰、罗马尼亚、苏联、捷克斯洛伐克和古巴。

〔5〕一九五八年六月二十八日，中国方面根据苏联军事顾问的意见，向苏联提出为发展中国海军核潜艇提供技术援助的要求。同年七月二十一日，苏联驻华大使尤金向毛泽东转达了赫鲁晓夫和苏共中央主席团关于苏联同中国建立一支共同核潜艇舰队的建议。由于苏方的这一建议有损中国的主权，中国方面撤销了请苏方为发展中国海军核潜艇提供技术援助的要求。

〔6〕一九五九年八月，由于印度军队侵入中国西藏的朗久而发生了新中国成立后中印边界的第一次武装冲突。此后，印度军队先后在中印边界西段和东段越过中印双方实际控制线，不断挑起边界事端，并进而在中国境内建立军事据点。中国政府多次向印度政府提出强烈抗议并建议通过谈判解决边界问题，均遭拒绝。一九六二年十月，印军向中国边防部队发起大规模武装进攻，中国军队被迫实行自卫还击，击退了印军的入侵。为了进一步谋求中印边界问题和平解决，中国政府于十一月二十一日发表声明，宣布从次日起，中国边防部队在中印边界全线主动停火。从十二月一日起，中国边防部队从一九五九年十一月七日中印双方实际控制线后撤二十公里；中国政府还主动释放和遣返全部被俘印度人员，交还战斗中缴获的武器。

〔7〕远东共和国，又称赤塔共和国，是一九二〇年苏俄在贝加尔湖以东地区建立的一个名义上的独立国家。当时，苏俄在西伯利亚已经控制贝加尔湖以西的地区，而太平洋沿岸的大部分地区则被日本干涉军占领。列宁下令成立赤塔共和国，以它作为苏俄控制区和日军占领地之间的缓冲地带。一九二二年十月，日军被迫撤出西伯利亚。同年十一月，赤塔共和国并入苏俄。

中国人民坚决支持日本人民伟大的爱国斗争〔1〕

（一九六四年一月二十七日）

日本人民在一月二十六日举行的反美大示威，是一次伟大的爱国运动。我谨代表中国人民，向英勇的日本人民，致以崇高的敬意。

最近，日本全国掀起了大规模的群众运动，反对美国F—105D型核飞机和核潜艇进驻日本，要求撤除一切美国军事基地和撤走美国武装部队，要求归还日本的领土冲绳〔2〕，要求废除日美"安全条约"〔3〕等等。所有这些，都反映了日本全体人民的意志和愿望。中国人民衷心地支持日本人民的正义斗争。

日本在第二次世界大战以后，在政治上、经济上、军事上一直遭受美帝国主义的压迫。美帝国主义不仅压迫日本的工人、农民、学生、知识分子、城市小资产者、宗教界人士、中小企业家，而且还控制日本的许多大企业家，干预日本的对外政策，把日本当作附庸国。美帝国主义是日本民族的最凶恶的敌人。

日本民族是一个伟大的民族。它是绝不会让美帝国主义长期骑在自己头上的。这些年来，日本各阶层人民反对美帝国主义侵略、压迫和控制的爱国统一战线不断地扩大。这是日本人民反美爱国斗争胜利的最可靠的保证。中国人民深信，日本人民一定能够把美帝国主义者从自己的国土上驱逐出去，日本人民要求独立、民主、和平、中立的愿望，一定能够实现。

中日两国人民要联合起来，亚洲各国人民要联合起来，全世界一切被压迫人民和被压迫民族要联合起来，一切爱好和平国家要联合起来，一切受美帝国主义侵略、控制、干涉和欺负的国家及人士要联合起来，结成反对美帝国主义的广泛的统一战线，挫败美国帝国主义的侵略计划和战争计划，保卫世界和平。

美帝国主义从日本滚出去，从西太平洋滚出去，从亚洲滚出去，从非洲和拉丁美洲滚出去，从欧洲和大洋洲滚出去，从一切受它侵略、控制、干涉和欺负的国家及地方滚出去！

根据一九六四年一月二十八日
《人民日报》刊印。

注释

〔1〕这是毛泽东同日本亚非团结委员会常务理事、日中友好协会副会长、日中贸易促进会理事长铃木一雄，日本亚非团结委员会常务理事、亚洲及太平洋区域和平联络委员会副秘书长西园寺公一和日本共产党中央委员会机关报《赤旗报》驻北京记者高野好久的谈话。

〔2〕冲绳，即冲绳岛，是日本领土琉球群岛的主要岛屿。第二次世界大战期间于一九四五年六月为美国军队攻占。一九五一年，根据旧金山对日和约的规定，日本当局同意把冲绳交给美国托管。此后，日本人民为使冲绳归还日本进行了长期

的斗争。一九七二年五月十五日，根据美、日两国政府协议，美国将冲绳的行政管理权归还日本。

〔**3**〕日美"安全条约"，即《日美共同合作和安全条约》。见本卷第93页注〔3〕。

对《毛主席诗词》若干词句的解释[1]

（一九六四年一月二十七日）

一、“怅寥廓，问苍茫大地，谁主沉浮？”[2]

这句是指：在北伐以前，军阀统治，中国的命运究竟由哪一个阶级做主？

二、“到中流击水”[2]。

“击水”指在湘江中游泳。当时我写的诗有两句还记得：“自信人生二百年，会当水击三千里。”那时有个因是子（蒋维乔），提倡一种静坐法。

三、“山下旌旗在望，山头鼓角相闻。”[3]

“旌旗”和“鼓角”都是指我军。黄洋界很陡，阵地在山腰，指挥在山头，敌人仰攻。山下并没有都被敌人占领，没有严重到这个程度。“旌旗在望”，其实没有飘扬的旗子，都是卷起的。

四、“一枕黄粱再现”[4]。

指军阀的黄粱梦。

五、“国际悲歌歌一曲”[5]。

“悲”是悲壮之意。

六、“枯木朽株齐努力。枪林逼，飞将军自重霄入。”[6]

“枯木朽株”，不是指敌方，是指自己这边，草木也可帮我们忙。“枪林逼”也是指自己这边。“枪林逼，飞将军自重霄入”是倒装笔法，就是：“飞将军自重霄入，枪林逼。”

七、“莫道君行早”〔7〕。

“君行早”的“君”，指我自己，不是复数，要照单数译。会昌有高山，天不亮我就去爬山。

八、“离天三尺三”〔8〕。

这是湖南常德的民谣。

九、“西风烈，长空雁叫霜晨月。……雄关漫道真如铁，而今迈步从头越。”〔9〕

这首词上下两阕不是分写两次攻打娄山关，而是写一次。这里北有大巴山，长江、乌江之间也有山脉挡风，所以一二月也不太冷。“雁叫”、“霜晨”，是写当时景象。云贵地区就是这样，昆明更是四季如春。遵义会议后，红军北上，准备过长江，但是遇到强大阻力。为了甩开敌军，出敌不意，杀回马枪，红军又回头走，决心回遵义，结果第二次打下了娄山关，重占遵义。过娄山关时，太阳还没有落山。

十、“五岭逶迤腾细浪，乌蒙磅礴走泥丸。”〔10〕

把山比作“细浪”、“泥丸”，是“等闲”之意。

十一、“天若有情天亦老”〔11〕。

这是借用李贺的句子。与人间比，天是不老的。其实天也有发生、发展、衰亡。天是自然界，包括有机界，如细菌、动物。自然界、人类社会，一样有发生和灭亡的过程。社会上的阶级，有兴起，有灭亡。

十二、“一片汪洋都不见，知向谁边？”〔12〕

是指渔船不见。

十三、“泪飞顿作倾盆雨”〔13〕。

是指高兴得掉泪。

十四、“坐地日行八万里，巡天遥看一千河。”〔14〕

人坐在地球这颗行星上，不要买票，在宇宙里旅行。地球自转的里数，就是人旅行的里数。地球直径为一万二千七百多公里，乘以圆周率，即赤道长，约四万公里，再折合成华里，约八万里。人在二十四小时内走了八万里。

十五、“牛郎欲问瘟神事”〔14〕。

牛郎织女是晋朝人的传说。

十六、“红雨随心翻作浪，青山着意化为桥。”〔14〕

“红雨”指桃花。写这句是为下句创造条件。“青山着意化为桥”，指青山穿洞成为桥。这两句诗有水有桥。

十七、“别梦依稀咒逝川，故园三十二年前。……黑手高悬霸主鞭。”〔15〕

“咒逝川”、“三十二年前”，指大革命失败，反动派镇压了革命。这里的“霸主”，就是指蒋介石。

十八、“冷眼向洋看世界”〔16〕。

“冷眼向洋”就是“横眉冷对”。

十九、“云横九派浮黄鹤”〔16〕。

“黄鹤”不是指黄鹤楼。“九派”指这一带的河流，是长江的支流。明朝李攀龙有一首送朋友的诗《怀明卿》：“豫章西望彩云间，九派长江九叠山。高卧不须窥石镜，秋风憔悴侍臣颜。”李攀龙是“后七子”之一。明朝也有好诗，但《明诗综》不好，《明诗别裁》好。

二十、“浪下三吴起白烟”〔16〕。

“白烟”为水。

二十一、“陶令不知何处去，桃花源里可耕田？”〔16〕

陶渊明设想了一个名为桃花源的理想世界，没有租税，没有压迫。

二十二、《七律·答友人》的“友人”指谁？

“友人”指周世钊。

二十三、“九嶷山上白云飞”〔17〕。

“九嶷山”，即苍梧山，在湖南省南部。

二十四、“红霞万朵百重衣”〔17〕。

“红霞”，指帝子衣服。

二十五、“洞庭波涌连天雪”〔17〕。

“洞庭波”，取自《楚辞》中的《九歌·湘夫人》：“洞庭波兮木叶下”。

二十六、“长岛人歌动地诗”〔17〕。

“长岛”即水陆洲，也叫橘子洲，长沙因此得名，就像汉口因在汉水之口而得名一样。

二十七、“芙蓉国里尽朝晖”〔17〕。

“芙蓉国”，指湖南，见谭用之诗“秋风万里芙蓉国”。“芙蓉”是指木芙蓉，不是水芙蓉，水芙蓉是荷花。谭诗可查《全唐诗》。

二十八、“暮色苍茫看劲松，乱云飞渡仍从容。”〔18〕

是云从容，不是松从容。

二十九、“僧是愚氓犹可训，妖为鬼蜮必成灾。”〔19〕

郭沫若原诗针对唐僧。应针对白骨精。唐僧是不觉悟的人，被欺骗了。我的和诗是驳郭老的。

三十、“蚂蚁缘槐夸大国”〔20〕。

“大槐安国”是汤显祖《南柯记》里的故事。

三十一、“正西风落叶下长安，飞鸣镝。”〔20〕

“飞鸣镝”指我们的进攻。“正西风落叶下长安”，虫子怕秋冬。形势变得很快，那时是“百丈冰”，而现在正是“四海翻腾云水怒，五洲震荡风雷激”了。从去年起，我们进攻，九月开始写文章，一评苏共中央的公开信。

三十二、“天地转，光阴迫。一万年太久，只争朝夕。”〔20〕

你要慢，我就要快，反其道而行之。你想活一万年？没有那么长。我要马上见高低，争个明白，不容许搪塞。但其实时间在我们这边，“只争朝夕”，我们也没有那么急。

根据中央文献出版社一九九六年出版的《毛泽东诗词集》刊印。

注释

〔1〕一九六三年《毛主席诗词》出版后，外文出版发行事业局组织翻译出版英译本。一九六四年一月，毛泽东应英译者的请求，就自己诗词中的一些词句作了口头解释。这是英译者对毛泽东的解释所作记录的要点。

〔2〕见《沁园春·长沙》。

〔3〕见《西江月·井冈山》。

〔4〕见《清平乐·蒋桂战争》。

〔5〕见《蝶恋花·从汀州向长沙》。

〔6〕见《渔家傲·反第二次大“围剿”》。

〔7〕见《清平乐·会昌》。

〔8〕见《十六字令三首》。

〔9〕见《忆秦娥·娄山关》。

〔10〕见《七律·长征》。

〔11〕见《七律·人民解放军占领南京》。

〔12〕见《浪淘沙·北戴河》。

〔13〕见《蝶恋花·答李淑一》。

〔14〕见《七律二首·送瘟神》。

〔15〕见《七律·到韶山》。

〔16〕见《七律·登庐山》。

〔17〕见《七律·答友人》。

〔18〕见《七绝·为李进同志题所摄庐山仙人洞照》。

〔19〕见《七律·和郭沫若同志》。

〔20〕见《满江红·和郭沫若同志》。

中法之间有共同点〔1〕

（一九六四年一月三十日）

欢迎你们。我们做个朋友，做个好朋友。你们不是共产党，我也不是你们的党；我们反对资本主义，你们也许反对共产主义。但是，还是可以合作。在我们之间有两个根本的共同点：第一，反对大国欺侮我们。就是说，不许世界上有哪个大国在我们头上拉屎拉尿。我讲得很粗。不管资本主义大国也好，社会主义大国也好，谁要控制我们，反对我们，我们是不允许的。你们国家的本钱比我们的大，你们的原子弹都已经制造出来了，可能已经成批地生产了吧？我不反对你们生产原子弹。大批大批的原子弹在美国、在苏联，它们经常拿在手上晃着吓唬人。第二，使两国间在商业上、在文化上互相往来。希望你们把什么禁运战略物资也反掉。现在卖给我们的只是些民用物资，战略物资还不卖，美国不让卖。我说，总有一天会突破这个缺口。如石油，因为是战略物资，现在还不许你们拿此做生意。粮食，生意我们已经做成了，因为它不是战略物资。英国卖给我们一些飞机，你们也可以做这生意。有些普通军火为什么不可以做点生意呢？

美国吓唬一些国家，不让它们跟我们做生意。美国是只纸老虎，你们不要相信它，一戳就穿了的。苏联也是纸老虎。我们不信它们那一套，我不迷信。也许你们是有神论者，我是无神论者，啥也不怕。大国来控制我们国家，那不行。法国是小国，中国是小国，只有美国和苏联才是大国，难道一切事都要照它们办，要到它们那里“朝圣”？从前我们也照办过，那是在斯大林的时候。一九五七年，我还去过一次莫斯科。那时，苏联还不是公开反对我们。现在不去了，因为它撕毁了大批合同，不讲信用，公开反对我们，同美国配合起来搞。这很好，我很赞同。美国、苏联这些大国来反对我们，总有个什么道理，我们也一定有一点东西值得它们反。现在，西哈努克〔2〕不吃美国这一套了。柬埔寨这个国家只有五百多万人，但敢于跟美国斗争。

你们可以在亚洲和我们合作，同美国顶一顶。美国到处不得人心。本月二十六日，日本一百多万人示威游行反美。我曾经同你们前总理富尔先生谈过，希望你们把欧洲的工作做好，例如，使英国、西德、比利时、意大利等等国家同美国隔开一些，同你们靠拢一些。你们不是说要建立“第三世界”吗？“第三世界”只有一个法国，那不行，太少了，要把整个欧洲团结起来。英国，我看总有一天要起变化。美国人对英国人也不那么客气。在东方，你们可以做日本的工作。如果把英国拉过来，从欧洲的伦敦、巴黎到中国、日本，就可以把“第三世界”扩大起来。

你们不要学英国在台湾问题上的态度。英国同我们只有一个分歧，就是它对台湾的地位不肯定。第一，英国承认中华人民共和国，不承认台湾，这是好的；第二，英国现在在联合国投我们的票，这也是好的；第三，英国同美国都搞“两个中国”，这点上表明它是美国的代理人。我们同英国已有十来年的外交关系，它也像你们那样，要我们派个大使去，它派个大使来。我们说不行，再搞十五年，甚至几十年也可以，我们不派大使去。联合国进不了，那也不要紧。十五年没有进联合国，我们也活下来了，再让蒋介石“大元帅”在联合国呆上十五年、三十年、一百年，我们照样活下去。要我们承认“两个中国”或者是“一个半中国”，那都不行。你们要派就派个大使来，不要学英国那样，搞了十几年，还是个代办，不要钻进美国的圈套。这一点不搞清楚，我们不接纳你们的大使，我们也不派大使到你们那里去，事先讲个清楚。我见富尔先生时，也同他讲清楚了这个问题。我们外交部发表过声明，也在瑞士和你们打过招呼，取得了协议。你们同国内有什么密码通讯吗？在外国跑，没有个密码通讯可不方便。

你们要同英国区别开来，要痛痛快快地把话讲个清楚。我是个军人，打过二十二年仗，戴高乐〔3〕将军也是个军人，讲话不要弯弯曲曲，不要搞外交手腕。

法国已经不是希特勒〔4〕的法国，我们中国也不是日本的中国了。过去，从北京到南京，大半个中国都被日本强占。日本人被赶走后，美国人又来了，我们把美国人、蒋介石都赶走了。那时，我们啥东西也没有，也没有飞机，也没有坦克，更没有原子弹。我们就是有些步枪、手榴弹、轻炮。感谢美国人给我们运来一批重炮，当运输大队长的是蒋介石。我们没有兵工厂，也没有任何外国援助。你们没有到我们那个小地方——延安去过吗？那里很落后，只有农业，一点点手工业。那时，我们说美国和蒋介石是纸老虎。我们也说，希特勒是纸老虎，他最后倒了嘛，死了嘛。现在我们说有两个大纸老虎，就是美国和苏联。我说得灵不灵将来瞧。请你们记住，我同法国议员代表团说过，它们是大纸老虎，但是不包括广大的苏联人民、广大的苏联党员和干部，他们对我们是友好的，美国人民有一部分人受了欺骗，总有一天他们要同我们友好的。所谓纸老虎，就是说美国、苏联脱离了群众。当年希特勒占领了几乎整个欧洲，多大的势力！这你们都经历过。

什么全面、彻底裁军，你们相信不相信？没有那回事，现在是全面彻底扩军。减少一些步兵是可能的，把省下来的钱用来制造原子弹。你们法国已经能爆炸原子弹了。我们比你们落后了一步，现在原子弹还没有爆炸，但是总有一天要爆炸的。

还有一条我们跟你们是共同的，什么三国条约〔5〕，我们不参加。那是一种欺骗、讹诈，是压我们的，只许它们有，不许我们有。事先我们两国并没有交换过意见，你们不参加，我们也没有参加。

有些亚洲国家的人，反对你们到亚洲来支持西哈努克；对南越，只许美国占领它，不让你们来帮助。美国国务卿腊斯克在东京说，戴高乐将军想拿着橄榄枝打进亚洲，但是没有打进来。美国一手拿橄榄枝，一手拿剑，在越南南方打了几年，越打人民的斗争就越发展。它的剑在那里杀死了两个人，一个叫吴庭艳〔6〕，一个叫吴庭儒，做法很恶劣。我看你们也不高兴吧？做这样的事干什么！现在扶植起来的所谓新政府照样不行，美国的政策太错了。我们中国四川省有一句俗话，叫做十个手指按十个跳蚤，一个也捉不到。

我们双方还可以对日本做工作。日本总有一天要把美国赶跑的。我说的不光是指日本共产党，还指日本的大资本家，现在日本有些大资本家对美国很不舒服。英国问题麻烦一点，哪一天它不当美国的代理人就好了。

我们不反对你们同美国好，对你们说来，也是又团结又斗争。我们同美国在台湾问题解决了以后，要恢复外交关系。即使恢复了外交关系，美国如果还像今天这样到处干涉、控制，我们还是要反对。我们要求美帝国主义从亚洲滚出去，从非洲滚出去，从拉丁美洲滚出去，从欧洲滚出去。欧洲是欧洲人的欧洲，美国人去干什么？英国有个上议院议员，就是蒙哥马利〔7〕元帅，他就反对北大西洋条约〔8〕中美国人来称霸。他反对加拿大同美国关系太密切。我那次同他说你去找戴高乐将军。那是在一九六一年他第二次访华时，大概他没有去，他是保守党。我问他，持你这种意见的只有你一个人吗？他说，不，还有人。他坚决反对美国在欧洲称霸，他并不是共产党员。

根据中央文献出版社、世界知识出版社一九九四年出版的《毛泽东外交文选》刊印。

注　　释

〔1〕这是毛泽东同法国议员代表团的谈话。

〔2〕西哈努克，即诺罗敦·西哈努克，一九二二年生，当时是柬埔寨国家元首。

〔3〕戴高乐，当时任法国总统。在第二次世界大战期间领导法国的抵抗运动，反抗法西斯德国的武装占领。

〔4〕希特勒（一八八九——一九四五），德国法西斯首领、纳粹党党魁。一九三

三年在德国垄断资产阶级支持下出任总理，次年总统兴登堡死后，自称国家元首，实行法西斯统治，积极扩军备战。一九三九年九月派德军入侵波兰，挑起第二次世界大战；一九四一年六月大举进攻苏联。一九四五年四月在苏军解放柏林时自杀。

〔5〕指一九六三年八月五日美、苏、英三个发起国在莫斯科签订的《禁止在大气层、外层空间和水下进行核武器试验条约》。

〔6〕吴庭艳（一九〇一——一九六三），原“越南共和国”总统兼总理和国防部长。一九六三年十一月一日在美国策划的军事政变中，同其弟吴庭儒一起被击毙。

〔7〕蒙哥马利，见本卷第193页注〔1〕。

〔8〕指北大西洋公约组织。一九四九年四月，美国、英国、法国、荷兰、比利时、卢森堡、挪威、葡萄牙、意大利、丹麦、冰岛和加拿大在华盛顿签署《北大西洋公约》。同年八月二十四日公约生效，北大西洋公约军事集团建立。希腊和土耳其于一九五二年，联邦德国于一九五五年，西班牙于一九八二年，波兰、捷克和匈牙利于一九九九年，正式加入该组织。

改革学校课程设置和讲授方法[1]

（一九六四年三月十日）

刘、邓、彭[2]阅后，请尚昆[3]办。

此件应发给中央宣传部各正副部长，中央教育部各正副部长、司局长每人一份，北京市委、市人委负责人及管教育的同志每人一份，团中央三份。并请他们加以调查研究。现在学校课程太多，对学生压力太大。讲授又不甚得法。考试方法以学生为敌人，举行突然袭击。这三项都是不利于培养青年们在德、智、体诸方面生动活泼地主动地得到发展的。

毛　泽　东

一九六四年三月十日

根据手稿刊印。

注　　释

〔1〕这是毛泽东在中共中央办公厅秘书室一九六四年三月六日编印的《群众反映》第十六期上写的批语。这一期《群众反映》摘登了北京铁路二中校长魏莲一九六四年二月关于减轻中学生负担问题意见的来信。

〔2〕刘，指刘少奇。邓，指邓小平，当时任中共中央总书记。彭，指彭真，当时任中共中央书记处书记。

〔3〕尚昆，即杨尚昆（一九〇七——一九九八），四川潼南（今属重庆市）人。当时任中共中央书记处候补书记、中央办公厅主任。

支持被压迫人民反对帝国主义的战争[1]

（一九六四年六月二十三日）

打仗对我们没有好处。我们要进行建设，打仗就会把我们进行的建设打烂了。国民党打内战，跟我们打了好多年。后来我们又跟日本打了八年，不是我们打到日本去，而是日本打到中国来。讲长远一点，都是外国打到中国来。中国曾和英国进行了几次战争，如一八四〇年在广东开始的鸦片战争[2]，又如八国联军的战争[3]，英国等八个国家的军队占领了天津，打到北京。中日甲午战争[4]，是一八九四年到一八九五年在旅顺、大连等地打的。以后日本占领了我们东北。在那以前，沙皇俄国同日本还在中国的土地上打过仗，那是在旅顺、辽阳、沈阳一带[5]。最后是第二次世界大战期间，日本几乎侵占全中国。这些都不是我们打到外国去，都是外国人打到中国来。中国人打到外国去，在古代有过，那是中国的皇帝，打到越南、朝鲜。以后日本占领了朝鲜，法国占领了越南。

一九一一年，我们推翻了清朝皇帝。接着就是各派军阀混战，那时中国还没有共产党。有了共产党以后，就进行了革命战争，那也不是我们要打，是帝国主义、国民党要打。一九二一年，中国成立了共产党，我就变成共产党员了。那时候，我们也没有准备打仗。我是一个知识分子，当一个小学教员，也没学过军事，怎么知道打仗呢？就是由于国民党搞白色恐怖，把工会、农会都打掉了，把五万共产党员杀了一大批，抓了一大批，我们才拿起枪来，上山打游击。后来经过万里长征，跑到北方来。我们的军队原有三十万人，这时只剩下两万多了。恰好是在人数少的时候，我们改正了错误，走上了正确的道路。后来我们的军队又有了发展。日本人走了之后，蒋介石再来打我们的时候，敌人就不行了，我们取得了革命胜利。到现在，我们搞建设只有十五年的时间。要改变中国的落后面貌，不是很短的时间能做到的，至少要几十年的工夫。

中国要和平。凡是讲和平的，我们就赞成。我们不赞成战争。但是，对被压迫人民的反对帝国主义的战争我们是支持的。对古巴、阿尔及利亚的革命战争，我们是支持的；对越南南方人民反对美国帝国主义的战争，我们也是支持的。这些革命是他们自己搞起来的。比如古巴，不是我们叫卡斯特罗起来革命，是他自己起来革命的。〔6〕你们相信吗？是美国叫他革命的，是美国走狗叫他革命的。又如阿尔及利亚，是我们叫本·贝拉〔7〕革命的吗？以前我们认都不认识这个人，到现在我还没有见过他。是他们自己起来革命的，他们成立了临时政府，我们就承认。他们要求支持，我们就给他们支持。帝国主义说我们是“好战分子”，在某一点上讲也有些道理。因为我们支持卡斯特罗，支持本·贝拉，支持越南南方人民的反美战争。还有一次，一九五〇年到一九五三年美国侵略朝鲜时，我们支持了朝鲜人民反对美帝国主义的战争。我们的这一方针是公开宣布的，是不会放弃它的，就是说，我们要支持各国人民反对帝国主义的战争。我们如果不支持，就会犯错误，就不是共产党员。你们知道，阿联[8]总统纳赛尔不是共产党员，但他支持过阿尔及利亚革命。他不是共产党员能支持阿尔及利亚，难道我们是共产党员就不能支持阿尔及利亚吗？当一百八十多年以前，华盛顿[9]起来反对英国的时候，法国支持了华盛顿，难道当时法国人是共产党员吗？那时中国还没有共产党，全世界都还没有共产党。共产党出世是十九世纪的事。大概我们这个"好战分子"的称号还要继续下去。

主要一条还是我们国内问题。在国内，我们把美国走狗蒋介石赶走了，把美国的势力也赶走了。所以美国对我们不那么高兴。我不是指美国人民，而是指美国资本家。在北京也有一些美国人，他们对我们是友好的。

美国要把拉丁美洲变成它的殖民地，这是指在经济上，许多时候也是在政治上。比如说，巴西前总统古拉特，我见过他，他的党是工人党，不是共产党，美国都不能容忍他，把他推翻了。甚至稍微不听美国话的吴庭艳[10]，美国竟把他杀掉了。在美国国内也不是那么和平的。吴庭艳是被美国肯尼迪[11]政府杀掉的，没过一个月，肯尼迪也见上帝去了。

美国说我们是"侵略者"，我们说它是侵略者；它说我们是"好战分子"，我们说美国政府的大资本家是好战分子。究竟谁是侵略者、好战分子，要叫全世界人民来看。美国在中国周围布满了军事基地，而且侵占了中国的台湾。我们没有占领美国的什么岛屿，没有侵略任何拉丁美洲国家和非洲国家，只"侵略"了亚洲一个国家——中国。我们跟帝国主义打了几十年仗，把它们赶走了。这件事情使美国很不高兴，其他帝国主义也不高兴。不过它们现在没有办法，总不能从地球上把我们搬走，就同不能从地球上把你们智利搬走一样。它们想把古巴搬走也不行，甚至很小的国家比如阿尔巴尼亚，它们要搬走也不行。

美国人说我们政府不是今年要倒台，就是明年要倒台，这件事恐怕不那么真实。看来今年不会倒，明年不会倒，后年呢，我说也不会倒。要把我们政府打倒，需要美国、蒋介石打到我们这里来。即使他们来了，也不一定达到目的。他们曾经来过，可是打输了。现在南越只有一千四百万人口，美国在那里进也不好，退也不好，陷在泥坑里。对拉丁美洲，美国也是感到头痛的。在这一点上，我们是乐观的。全世界人民总要起来，要自己做主人，不要资本家做主人。因为我们相信这一点，并且公开说出这一点，所以那些资本家对我们不是那么有好感。但是，除了美国为什么有那么多资本家跟我们做生意呢？就是因为他们不干涉我们的内政。美国人想跟我们做生意，我们就是不做。他们想派新闻记者来，这也不成。我们认为大问题没有解决以前，这些小问题、个别问题可以不忙着去解决。所以智利新闻工作者代表团能来中国，美国记者就来不了。但是总有一天他们会来的，总有一天两国的关系会正常化的。我看还要十五年，因为已经过了十五年了，再加十五年就是三十年，如果还不够，就再加嘛。

根据中央文献出版社、世界知识出版社一九九四年出版的《毛泽东外交文选》刊印。

注　释

〔1〕这是毛泽东同智利新闻工作者代表团谈话的主要部分。

〔2〕鸦片战争，是一八四〇年至一八四二年英国对中国发动的侵略战争。一八四〇年，英国政府因中国反对输入鸦片，借口保护通商，派兵侵略中国。中国军队在两广总督林则徐领导下进行了抵抗。广州人民自发地组织武装抗英团体，打击英国侵略军。福建、浙江等地人民也自发地掀起了抗英斗争。一八四二年英国军队侵入长江，迫使清政府同英国侵略者签订了中国近代史上第一个不平等条约《南京条约》。

〔3〕指一九〇〇年英、美、德、法、俄、日、意、奥八个国家联合出兵侵略中国的战争。中国人民进行了英勇的抵抗。侵略者先后攻陷大沽、天津、北京等地，同时沙俄又单独入侵中国东北，迫使清政府于一九〇一年九月七日同这些国家签订了不平等的《辛丑条约》。

〔4〕中日甲午战争，指一八九四年（甲午年）发生的中日战争。这次战争是日本军国主义者蓄意挑起的。日本军队先向朝鲜发动侵略并对中国的陆海军进行挑衅，随后大举侵入中国的东北。中国军队曾经英勇作战，但是由于清朝政府的腐败及缺乏坚决反对侵略的准备，中国方面遭到了失败。一八九五年，清朝政府被迫同日本签订了不平等的《马关条约》。

〔5〕指一九〇四年至一九〇五年日本同沙俄为争夺在中国东北和朝鲜的权益而进行的一次战争。战场主要在中国东北境内的奉天（今沈阳市）、辽阳地区和旅顺口一带，使中国人民遭受巨大的损失。沙俄在战争中遭到失败，经美国调停，同日本签订《朴次茅斯和约》。日俄战争后，日本取代了沙俄在中国东三省南部的支配地位；日本对于朝鲜的独占地位，也在《朴次茅斯和约》中得到沙俄的承认。

〔6〕参见本卷第 23 页注〔3〕。

〔7〕本·贝拉，指艾哈迈德·本·贝拉，一九一八年生，阿尔及利亚民族解放阵线领导人之一。一九五六年因积极参与组织发动全国反法武装起义，被法国殖民当局监禁。一九五八年阿尔及利亚临时政府成立时，被缺席推选为第一副总理。一九六二年获释回国，同年九月阿尔及利亚民主人民共和国成立，任政府总理。一九六三年九月当选第一任总统兼武装部队最高统帅。一九六四年四月任民族解放

阵线总书记。

〔8〕阿联，见本卷第337页注〔3〕。

〔9〕华盛顿，见本卷第194页注〔12〕。

〔10〕吴庭艳，见本卷第375页注〔6〕。

〔11〕肯尼迪，一九六〇年至一九六三年任美国总统。一九六三年十一月二十三日被刺身亡。

从历史来看亚非拉人民斗争的前途[1]

（一九六四年七月九日）

亚非拉人民斗争的前途，这是大家关心的问题。如果要看前途，一定要看历史。从亚洲、非洲、拉丁美洲在第二次世界大战以后十几年的历史来看，就知道亚非拉人民将来的前途。比如中国吧，在十九年以前，日本军国主义霸占了我们大半个国家，我们同它打了八年仗。抗战胜利后美国人来了，他们支持蒋介石发动内战。我们在解放前要对付的敌人，有日本军国主义和美帝国主义，还有它们的走狗汪精卫[2]、“满洲国”的康德皇帝[3]、蒋介石。我们解放后，有一位日本资本家叫南乡三郎[4]，和我谈过一次话，他说：“很对不起你们，日本侵略了你们。”我说：“不，如果没有日本帝国主义发动大规模侵略，霸占了大半个中国，全中国人民就不可能团结起来反对帝国主义，中国共产党也就不可能胜利。”事实上，日本帝国主义当了我们的好教员。第一，它削弱了蒋介石；第二，我们发展了共产党领导的根据地和军队。在抗战前，我们的军队曾达到过三十万，由于我们自己犯了错误，减少到两万多。在八年抗战中间，我们军队发展到了一百二十万人。你看，日本不是帮了我们的大忙？这个忙不是日本共产党帮的，是日本军国主义帮的。因为日本共产党没有侵略我们，而是日本垄断资本和它的军国主义政府侵略我们。我们的第二个教员，帮了我们忙的是美帝国主义。第三个帮了我们忙的教员是蒋介石。当时蒋介石有四百多万军队向我们进攻，我们的军队同他打了四年仗，从过去一百二十万发展到五百多万。蒋介石的百分之九十五以上的军队统统被我们消灭，只剩下百分之五不到的军队跑到台湾去了。中国得到的教训是这样：有压迫，就有反抗；有剥削，就有反抗。帝国主义，不管是日本帝国主义、美帝国主义或其他帝国主义，都是可以打倒的。国内反动派，如蒋介石，不管多么强大，也都是可以打倒的。这就是中国的历史情况。

现在日本人民有很大的觉悟，发动了很大的反对美帝国主义、反对本国垄断资本的运动。是谁使他们起来的呢？是美帝国主义和日本垄断资本的压迫和剥削把他们教育出来的，而不是中国共产党教他们这样做的。我说，日本垄断资本也不是完全赞成美帝国主义占领日本的，有一部分日本垄断资本家不满意这种占领，因为在美帝占领下，日本不仅丧失了殖民地，而且自己也受美国控制。现在不仅日本人民，而且一部分日本垄断资本家也开始反对美帝国主义。

讲到亚洲、非洲和拉丁美洲的历史，近十几年也是发生了很大的变化。单是非洲，就有三十几个国家独立了。一九五八年前，我很少见到非洲人。从一九五八年到一九六四年，每年经常看到非洲朋友。非洲有一个很大的反对帝国主义和殖民主义的风暴。比如埃及，一九五六年发生了苏伊士运河事件〔5〕，是英、法联军强大些，还是埃及军队强大些？英国、法国那样强大，为什么一打就跑了呢？现在苏伊士运河究竟在埃及人手里，还是在英、法帝国主义手里呢？再看阿尔及利亚，民族解放军打了八年仗，法国在战争后期出动了八十万军队，民族解放军只有三四万军队，究竟是阿尔及利亚人民强大些，还是法国帝国主义强大些？再讲讲古巴，是美帝国主义和它的走狗巴蒂斯塔〔6〕强大些，还是卡斯特罗〔7〕强大些？卡斯特罗军队八十多人从国外乘船回古巴登岸，激战后剩下的十二人，躲在农民家里，后来又起来搞游击战争，他们经过两年多，就取得了胜利。至于对越南反对法国的侵略，对阿尔及利亚反对法国的侵略，我们都是公开支持的，这样岂不要得罪法国政府吗？不，胡志明〔8〕胜利了，本·贝拉〔9〕胜利了，法国却承认了中国。所以说，世界上的事情在发生变化。现在法国人在教训美国人，叫美国接受法国的教训，不要在越南南方打仗了："我们法国人失败了，你们美国人要打，也要像我们一样失败的。"美国大概会接受法国的教训，已经打了三年打不赢，再打下去也不行，它不走是不行的。你们看吧！三年也好，再长一些时间也好，美国总是要从越南走的。美国从泰国、老挝、菲律宾、南朝鲜、日本等地也都要走的，还有从台湾也是要走的。它走的时间算不准，但一定要走的。所以凡是压迫亚洲、非洲和拉丁美洲的帝国主义、殖民主义总有一天要走的，只要人民团结起来，加强斗争。它走，也可以文明一点走。请它走它不走，怎么办？那就学卡斯特罗的办法，学本·贝拉的办法，学胡志明的办法，也可以学中国的办法。所以，我们看历史，就会看到前途。

讲到人民，不是讲反动派，是没有一个国家的人民压迫、剥削另一个国家的人民的。比如你们在座的亚非各国人民的代表，你们压迫中国人民了吗？你们剥削中国人民了吗？我们没有感觉到。中国人民能压迫你们吗？能剥削你们吗？如果中国政府这么干，那末中国政府就是帝国主义，而不是社会主义了。如果有的中国人不尊重你们，不讲平等，在你们国家捣鬼，那末你们可以把这样的中国人赶走。这就是亚非拉人民团结反对帝国主义的最根本原则。我们之间的相互关系是兄弟关系，不是老子对儿子的关系。要巩固团结，要建立广泛的统一战线。不管什么人，不管是黑人、白人或是黄种人，不管他信什么宗教，是天主教、基督教、伊斯兰教或佛教，也包括一部分民族资产阶级，只要是反对帝国主义的，反对帝国主义走狗的，都应该团结，只不包括帝国主义在这些国家内的走狗。

至于如何打败国内反动派的问题，我认为或者用文的办法，或者用武的办法。有些国家要号召广大人民起来用武力反对反动派，因为反动派手里有武器。这就要按照各国情况，利用适当时机，他要打，我就打。这个方法是从反动派那里学来的。我们就是从蒋介石那里学来的，蒋介石打我，我就打他。他可以打我，难道我就不能打他呀？

有人说，武器是第一，人是第二。我们反过来说，人是第一，武器是第二。武器同机器差不多，都是人手的延长而已。是人拿在武器手里，还是武器拿在人手里？当然是后者，因为武器没有手，哪个武器有手？我打了二十五年仗，包括朝鲜战争三年。我原来是不会打仗的，不知道怎样打，是通过二十五年的战争过程学会打的。我从没有看见过武器有手，只看见人有手，而人用手掌握武器。

我们的“名誉”很不好，美帝国主义者说我们是侵略者。他们说我们侵略了中国，这确实是“侵略”了蒋介石，但那是蒋介石先侵略了我们嘛！又说我们侵略了朝鲜，那是因为美帝国主义打到了鸭绿江边，我们才不得不出兵抗美援朝。还说我们侵略了印度，那是因为印度打进了我国几十公里，它打了好几年，我们才自卫还击。一打就打回了老国境。在几千公里的老国境线，印度人跑光了，没有军队，那我们就撤回来了，撤到帝国主义规定的所谓新国境线〔10〕，这条线我们是不承认的。我们从这里后退二十公里，设立了缓冲地区。帝国主义者还说我们是好战分子，原因是我们过去帮助胡志明打法国人，现在又支援越南南方打美国人，我们也支持过本·贝拉打法国人。哪个地方需要支持，我们就支持，因此就“名誉”不好，当了“好战分子”。

安哥拉朋友问，建立独立的民族经济要防止哪些幻想和危险？由于安哥拉现在还没有解放，仍要搞武装斗争，你们现在只能搞革命，经济建设只能在根据地搞一些。葡萄牙是不会帮助你们的。美国的帮助是别有用心的。如果说要防止幻想，我想要防止对美国的幻想。至于建设过程中会出现哪些危险，现在很难说。如果要说防止危险，就是防止从帝国主义方面来的危险。至于实际工作犯些错误，那是难免的。哪个政党都要犯错误的，中国共产党就犯过很多错误，犯过重大错误。犯了错误，改正就是了。错误能帮助人头脑清醒。

根据中央文献出版社、世界知识出版社一九九四年出版的《毛泽东外交文选》刊印。

注　释

〔1〕这是毛泽东同在朝鲜平壤参加第二次亚洲经济讨论会后访华的亚洲、非洲、大洋洲一些国家和地区的代表谈话的主要部分。

〔2〕汪精卫（一八八三——一九四四），浙江山阴（今绍兴）人。一九二五年在广州任国民党政府主席。一九二七年七月在武汉发动反革命政变。一九三七年抗日战争爆发后，任国民党国防最高会议副主席，主张对日妥协，是国民党内亲日派首领。一九三八年三月任国民党副总裁，同年十二月公开投降日本帝国主义，后任日本帝国主义扶植的南京傀儡政府主席。

〔3〕康德皇帝，即爱新觉罗·溥仪（一九〇六——一九六七），北京人，清朝末代皇帝。一九一二年中华民国建立后被迫退位。一九三二年在日本帝国主义一手策划下出任伪满洲国“执政”。一九三四年改称“满洲帝国皇帝”，年号康德。一九四五年日本投降后被苏军俘虏，一九五〇年八月被移交给中华人民共和国政府。一九五九年十二月被特赦释放。一九六四年后任政协全国委员会委员。

〔4〕南乡三郎，见本卷第248页注〔13〕。

〔5〕苏伊士运河事件，见本卷第25页注〔12〕。

〔6〕巴蒂斯塔，见本卷第178页注〔5〕。

〔7〕卡斯特罗，见本卷第178页注〔6〕。

〔8〕胡志明，见本卷第162页注〔3〕。

〔9〕本·贝拉，见本卷第381页注〔7〕。

〔10〕指麦克马洪线。它是一九一四年三月英国殖民主义者背着中国中央政府代表，同西藏地方当局以秘密换文方式制造的一条非法边界线。该线将位于中印边界东段历来属于中国的九万平方公里土地划归当时英国殖民统治下的印度。中国政府从未批准或承认这条边界线。一九五三年，印度基本上侵占了该线以南的中国领土。

关于人的认识问题[1]

（一九六四年八月二十四日）

今天我找你们来，是研究一下坂田的文章[2]。坂田说基本粒子不是不可分的，电子是可分的。他这样说是站在辩证唯物主义立场上的。

世界是无限的。世界在时间上、在空间上都是无穷无尽的。在太阳系外有无数个恒星，太阳系和这些恒星组成银河系。银河系外又有无数个“银河系”。宇宙从大的方面看来是无限的。宇宙从小的方面看来也是无限的。不但原子可分，原子核也可分，电子也可以分，而且可以无限地分割下去。庄子讲“一尺之捶，日取其半，万世不竭”[3]，这是对的。因此，我们对世界的认识也是无穷无尽的。要不然物理学这门科学就不再会发展了。如果我们的认识是有穷尽的，我们已经把一切都认识到了，还要我们这些人干什么？

人对事物的认识，总要经过多少次反复，要有一个积累的过程。要积累大量的感性材料，才会引起感性认识到理性认识的飞跃。关于从实践到感性认识，再从感性认识到理性认识的飞跃的道理，马克思和恩格斯都没有讲清楚，列宁也没有讲清楚。列宁写的《唯物主义和经验批判主义》，只讲清楚了唯物论，没有完全讲清楚认识论。最近艾思奇[4]在高级党校讲话说到这一点，这是对的。这个道理中国的古人也没有讲清楚。老子、庄子〔5〕没有讲清楚，墨子〔6〕讲了认识论方面的问题，但也没有讲清楚。张载、李卓吾、王船山、谭嗣同〔7〕都没有讲清楚。什么叫哲学？哲学就是认识论。“双十条”的第一个十条前面那一段话〔8〕是我写的。我讲了物质变精神、精神变物质。我还说让哲学从哲学家的课堂上和书本里解放出来〔9〕。

现在，我们对许多事物都还认识不清楚。认识总是在发展。有了大望远镜，我们看到的星星就更多了。说到太阳和地球的形成，一直到现在还没有人能够推翻康德的星云假说〔10〕。如果说对太阳我们搞不十分清楚，那末对太阳与地球之间这一大块地方也还搞不清楚。现在有了人造卫星，对这方面的认识就渐渐多起来了。我们对地球上气候的变化，也不清楚，这也要研究。关于冰川时期问题，科学家们还在争论。

（于光远：方才主席谈到望远镜，使我想起一个问题：我们能不能把望远镜、人造卫星等等概括成“认识工具”这个概念？）

你说的这个“认识工具”的概念有点道理。“认识工具”当中要包括镢头、机器等等。人的认识来源于实践。我们用镢头、机器等等改造世界，我们的认识就深入了。工具是人的器官的延长，如镢头是手臂的延长，望远镜是眼睛的延长，身体五官都可以延长。

富兰克林〔11〕说人是制造工具的动物。中国人说人为万物之灵。动物中有灵长类，猴子就是灵长类动物，但也不知道制造棍子打果子。在动物的头脑里，没有概念。

（于光远：哲学书里通常只以个人作为认识的主体，但在实际生活中认识的主体不只是一个一个的人，而且常常是一个集体，如我们党就是一个认识的主体。这样的看法行不行?）

阶级就是一个认识的主体。最初工人阶级是一个自在的阶级，那时它对资本主义没有认识。以后就从自在阶级发展到自为阶级，这时它对资本主义就有了认识。这就是以阶级为主体的认识的发展。

地球上的水，也不是一开始就有的。最早的时候，地球上温度那么高，水是不能存在的。《光明日报》上前两天有一篇文章〔12〕，讲氢、氧化合成水要经过几百万年。北京大学傅鹰教授说要几千万年，不知道《光明日报》那篇文章的作者同傅鹰讨论过没有？有了水，生物才能生长出来。人就是从鱼进化来的，人的胚胎有一个发育阶段就像鱼。

一切个别的、特殊的东西都有它的发生、发展与灭亡。每一个人都要死，因为他是发生出来的。人类是发生出来的，因此人类也会灭亡。地球是发生出来的，地球也会灭亡。不过，我们说的人类灭亡、地球灭亡，同基督教讲的世界末日不一样。我们说人类灭亡、地球灭亡，是说有比人类更进步的东西来代替人类，是事物发展到更高阶段。我说马克思主义也有它的发生、发展与灭亡。这好像是怪话。但既然马克思主义说一切发生的东西都有它的灭亡，难道这话对马克思主义本身就不灵吗？说它不会灭亡是形而上学。当然马克思主义的灭亡是有比马克思主义更高的东西来代替它。

事物在运动中。地球绕太阳转，自转成日，公转成年。哥白尼〔13〕的时代，在欧洲只有几个人相信哥白尼的学说，例如伽利略、开普勒〔14〕，在中国一个人也没有。不过宋朝辛弃疾写的一首词里说，当月亮从我们这里落下去的时候，它照亮着别的地方〔15〕。晋朝的张华在他的一首诗里也写到“太仪斡运，天回地游”〔16〕。

什么东西都是既守恒又不守恒。本来说宇称守恒，后来在美国的华裔科学家李政道和杨振宁发现，至少在基本粒子弱相互作用的领域内，宇称并不守恒。质量守恒，能量守恒，是不是也这样？世界上没有绝对不变的东西。变，不变，又变，又不变，这就是宇宙的发展。既守恒又不守恒，这就是既平衡又不平衡，也还有平衡完全破裂的情形。

发电机是一个说明运动转化的很好的例子。煤炭燃烧的化学运动放出来的热，转化为使水蒸气体积膨胀的运动，然后又使发电机的转子旋转，这是机械运动，最后发出电来。

世界上一切都在发展变化，物理学也在发展变化，牛顿力学也在发展变化。世界上从原来没有牛顿力学到有牛顿力学，以后又从牛顿力学到相对论，这本身就是辩证法。

事情往往出在冷门。孙中山是学医的，后来搞政治。郭沫若〔17〕最初也是学医的，后来成为历史学家。鲁迅〔18〕也是学医的，后来成为大文学家。我搞政治也是一步一步来的。我读了六年孔夫子的书，上了七年学堂，以后当小学教员，又当了中学教员。当时我根本不知道什么是马克思主义。马克思、恩格斯的名字就没有听说过，只知道拿破仑、华盛顿。我搞军事更是这样。我搞过国民革命军政治部的宣传工作，在农民运动讲习所也讲过打仗的重要，可就是从来没有想到自己去搞军事，要去打仗。后来自己带人打起仗来，上了井冈山。在井冈山先打了个小胜仗，接着又打了两个大败仗。于是总结经验，总结了十六个字的打游击的经验："敌进我退，敌驻我扰，敌疲我打，敌退我追。"谢谢蒋委员长给我们上课，也要谢谢党内的一些人，他们说我一点马克思主义都没有，而他们是百分之百的布尔什维克。可是这些百分之百的布尔什维克却使白区损失百分之百，苏区损失百分之九十。

我们这些人不生产粮食，也不生产机器，生产的是路线和政策。路线和政策不是凭空产生出来的，比方说，"四清"、"五反"〔19〕就不是我们发明的，而是老百姓告诉我们的。科学家要同群众密切联系，要同青年工人、老工人密切联系。

我们的脑子是个加工厂。工厂设备要更新，我们的脑子也要更新。我们身体的各种细胞都不断地在更新，现在我们皮肤上的细胞就不是我们生下来时皮肤上的细胞了，中间不知换了多少次。

曹雪芹〔20〕在《红楼梦》里还是想补天，想补封建制度的天，但是《红楼梦》里写的却是封建家族的衰落，可以说是曹雪芹的世界观和他的创作发生矛盾。曹雪芹的家是在雍正〔21〕手里衰落的。康熙〔22〕有许多儿子，其中一个是雍正，雍正搞特务机关压迫他的对手，把康熙的另外两个儿子，第八个和第九个儿子，一个改名为狗，一个改名为猪。

"分"很重要，庖丁解牛。恩格斯在说到医学的时候，也非常重视解剖学。医学是建筑在解剖学基础上的。

细胞起源问题要研究一下，细胞有细胞核、细胞质和细胞膜。细胞是有结构的。在细胞以前一定有非细胞。细胞之前究竟是什么？究竟怎样从非细胞变成细胞。苏联有个女科学家[23]研究这个问题，但还没有结果。

根据中央档案馆保存的谈话记录稿刊印。

注　释

〔1〕这是毛泽东同北京大学副校长周培源、中共中央宣传部科学处处长、国家科委副主任于光远的谈话。

〔2〕指《自然辩证法研究通讯》一九六三年第一期刊载的日本物理学家坂田昌一的文章《基本粒子的新概念》，一九六五年六月《红旗》杂志发表时题目改为《关于新基本粒子观的对话》。

〔3〕见《庄子·天下》。

〔4〕艾思奇（一九一〇——一九六六），云南腾冲人，哲学家。当时任中共中央高级党校副校长。

〔5〕老子，相传即老聃，姓李名耳，苦县（今河南鹿邑东）人，春秋时期思想家，道家创始人。庄子（约前三六九——前二八六），名周，蒙（今河南商丘东北）人，战国时期哲学家。

〔6〕墨子（约前四六八——前三七六），名翟，春秋末期思想家、政治家，墨家创始人。

〔7〕张载（一〇二〇——一〇七七），字子厚，原籍大梁（今河南开封），生于长安（今陕西西安），北宋哲学家。李卓吾，名贽（一五二七——一六〇二），泉州晋江（今属福建）人，明代思想家、文学家。王船山，即王夫之（一六一九——一六九二），字而农，湖南衡阳人，明末清初哲学家。谭嗣同（一八六五——一八九八），字复生，号壮飞，湖南浏阳人，近代维新派政治家、思想家。

〔8〕“双十条”，指《中共中央关于目前农村工作中若干问题的决定（草案）》（即前十条）和《中共中央关于农村社会主义教育运动中一些具体政策的规定（草案）》（即后十条）。本篇中所说的那一段话，指毛泽东一九六三年五月审阅前十条稿时在十个问题前面加写的文字的主要部分。一九六四年编入《毛泽东著作选读（乙种本）》，题为《人的正确思想是从哪里来的？》。见本卷第320—321页。

〔9〕这句话在毛泽东审阅《中共中央关于目前农村工作中若干问题的决定(草案)》稿时在第十个问题中加写的一段文字里。

〔10〕星云假说,是德国哲学家康德一七五五年提出的关于太阳系起源的一种学说。这一学说把太阳系的形成看成是物质按客观规律运动发展的过程。

〔11〕富兰克林(一七〇六——一七九〇),美国资产阶级革命时期的民主主义者,科学家。

〔12〕指《光明日报》一九六四年八月二十一日发表的郁之的文章《氢和氧化合成水是"合二而一"吗?》。

〔13〕哥白尼,见本卷第313页注〔23〕。

〔14〕伽利略,见本卷第313页注〔23〕。开普勒(一五七一——一六三〇),德国天文学家。著有《哥白尼天文学概要》。

〔15〕见辛弃疾《木兰花慢·可怜今夕月》。原词为:"可怜今夕月,向何处,去悠悠?是别有人间,那边才见,光影东头?是天外,空汗漫,但长风浩浩送中秋?"

〔16〕见张华《励志诗》。

〔17〕郭沫若(一八九二——一九七八),四川乐山人。历史学家、文学家和革命活动家。早年曾在日本学医。

〔18〕鲁迅,原名周树人(一八八一——一九三六),浙江绍兴人。伟大的文学家、思想家和革命家。早年曾在日本学医。

〔19〕"四清",即社会主义教育运动,是一九六三年至一九六六年五月先后在部分农村和少数城市工矿企业和学校等单位开展的一次清政治、清经济、清组织、清思想的运动。"五反",指一九六三年三月以后在全国范围内开展的反对贪污盗窃、反对投机倒把、反对铺张浪费、反对分散主义、反对官僚主义的运动。

〔20〕曹雪芹(一七一五——一七六三),名霑,字梦阮,满正白旗人,清代小说家。

〔21〕雍正,即清世宗爱新觉罗·胤禛(一六七八——一七三五),一七二二年至一七三五年在位,年号雍正。

〔22〕康熙,即清圣祖爱新觉罗·玄烨(一六五四——一七二二),一六六一年至一七二二年在位,年号康熙。

〔23〕指勒柏辛斯卡娅(一八七一——一九六三),苏联医学科学院院士、细胞学家。

同斯诺的谈话[1]

（一九六五年一月九日）

斯诺：我来这里见主席之前曾看了主席的军事著作，联系南越军事专家的说法，是不是可以说，现在南越战争[2]已经进入到运动战阶段，像中国的第三次国内革命战争那样？

毛泽东：我们第三次国内革命战争是全国解放战争，从一九四六年起，那时蒋介石有几百万军队，我们的军队也有一百多万。从规模上说，现在南越战争还没有那么大。你可以劝劝美国政府，何必这么搞？它一到哪个地方，哪个地方的人就学会打仗。但是，叫它走，它又不走。就说吴庭艳[3]吧，我和胡志明[4]都认为他还不错，应该帮他维持几年。可是美国将军认为吴庭艳很讨厌，把他干掉，这样天下就太平了？

斯：当然现在南越解放军的人力不如中国的八路军和后来的解放军，但是西贡[5]也没有蒋介石那么多的军队。

毛：没有那么多，也不懂得打仗，比蒋介石更差。

斯：是不是可以认为，南越有足够的力量能单独克服外来的干涉和反对当地反动派？

毛：我看是可以的，至少比我们第二次国内革命战争时候的条件好。我们第二次国内革命战争时没有外国直接干涉。现在南越的好处就是有两万名美国人在那里，这就能教育大部分的人民和军队里的战士以及部分军官。现在反对美国军队的那些人，并不全是解放军，吴庭艳也不赞成美国，现政府军队中也有些人不赞成美国。

斯：很明显。

毛：他们吵得厉害。

斯：有可能使南越军队的一部分人参加越共？

毛：是的，像傅作义〔6〕一样，像新疆的陶峙岳〔7〕和湖南的程潜、陈明仁〔8〕一样。

斯：从我前次来中国后，国际形势有了很大变化，非洲觉醒了。在这种情况下，是不是可以说，当前的主要矛盾是帝国主义和亚非拉的新兴力量之间的矛盾？这一矛盾是否比帝国主义之间的矛盾更为重要？

毛：你说呢？我也不大清楚，我又没有到处走。你到处走，是怎么想的？我想请你当教员，把国际情况讲一讲。

斯：我相信主席可以回答，我无法回答，或者只好等主席的下一本书了。从主席的著作中可以看到，主席特别重视的那些事件，从这里是否可以认为帝国主义和亚非拉的新兴力量的矛盾是主要矛盾？

毛：我看美国总统也是这么说的。前任总统多次说，美国、加拿大、西欧问题比较少，问题严重的是地球的南半部。肯尼迪〔9〕多次讲话都讲这个问题。他提出特种战争、局部战争，就是对付这个的。有消息说，他也看我写的军事文章，这可能是真的。当阿尔及利亚问题不得解决的时候，阿尔及利亚人问我，我的著作他们利用，法国人也利用，怎么办？说这话的是当时的总理阿巴斯，他访问过中国。我说，怎么利用？我根据中国的经验写的书，只能适用于人民的战争，不适用于反人民的战争。蒋介石也研究我们的材料，我们的许多材料在战争中被蒋介石得到，但是无法挽救其失败。法国人也没有因为看我的书而挽救其失败。现在我们也研究美国的军事著作。美国驻南越大使、前参谋长联席会议主席泰勒写了一本书，叫《不定音的号角》。看他那本书的意思，他是不大赞成核武器的。他说，在朝鲜战争中没用过，在中国解放战争中没用过，他怀疑以后的战争能够用这种东西制胜。他要争陆军的人数和用费，但是同时说也要造核武器，二者平行发展。他说陆军是需要的，要保持八十至九十万人。陆军要坚持陆军的人数，空军要多搞飞机、多搞核武器，海军有海军的主张。他代表陆军，要争取陆军的优先权。现在他又得到在南越实验的机会。他是去年六月去南越的，还不到一年，不如在朝鲜呆得久。他会取得经验的。我已经看到美国军队怎么对付南越游击战争的条例，无非是讲南越游击战争的许多长处和许多缺点，然后说消灭游击队是有希望的。

斯：美国人的弱点不是军事上的，而是政治上的。

毛：可能是。就是南越政府不得人心，无论吴庭艳政府也好，当今政府也好，都是脱离群众的。帮助这种不得人心的政府是不会有好结果的。不仅我讲的话他们不听，你讲的话他们照样也不听。

斯：过去没有听我的话，所以我认为他们才有那么多的失败。现在可以看到亚非拉同发达国家在军事、经济方面的距离越来越大，同时，新殖民主义的所作所为使距离更大了。这是不是主要矛盾？所以法国的政策有改变，是不是不仅为了抵抗美国，还为了适应这个主要矛盾？

毛：我也同法国人讲过。在同法国议员代表团谈话时，我问他们第三世界究竟包不包括法国，他们说不包括。现在发达国家为一方，不发达国家为一方。所谓发达国家就不那么一致，而且从来没有一致过。例如发达的英、法、德、意、日之间，就发生两次世界大战，这还不是发达国家和发达国家打吗？其目的是争所谓不发达的国家。它们为什么要打，是睡不着觉、吃不下饭吗？你没有参加这个战争，你们前任总统参加了第二次世界大战，现任总统也参加了。

斯：那时我在俄国当战地记者。

毛：呆了多久？

斯：两年半。战争结束后，在英国、法国呆过。我从未打死过人，我倒有几次几乎被打死。

毛：那么危险！也跑到前线去？

斯：战地记者是战争的附属品。在俄国我没到过前线，在德国、法国到前线去过，打斯大林格勒时去过斯大林格勒。

毛：打前还是打后？

斯：希特勒〔10〕军队投降时去的。

毛：那时希特勒可了不起，差不多占领了整个欧洲。除了莫斯科、列宁格勒、斯大林格勒一线以东之外，整个欧洲几乎都被他占领了，但是英国不包括在内。他还占领了北非洲。希特勒犯了错误，如果敦刻尔克〔11〕之后他的军队跟着进去，英国也毫无办法。这是一位英国首相〔12〕在日内瓦告诉我们周恩来总理的。那时英国根本没有兵了，到处没有设防，可是就是因为有英吉利海峡，德国不敢过去。

斯：希特勒急于打俄国。关于中美关系改善有没有希望？

毛：我看有希望，不过需要时间。也许我这辈子没有希望了，我快见上帝了，也许你们有希望。按照辩证法，生命总是有限的。

斯：我看主席的身体很健康。

毛：我准备了好多次了，就是不死，有什么办法！多少次好像快死了，包括你说的战争中的危险，把我身边的卫士炸死，血溅到我身上，可是炸弹就是没打到我。

斯：在延安时？

毛：好多次。在长征路上也有一次，过了大渡河，遇上飞机轰炸，把我的卫士长炸死，这次血倒没有溅到我身上。

过去我当过小学教员，你是知道的，不仅没有想到打仗，也没有想到搞共产党，同你差不多，是个民主人士。后来就不知道什么原因搞起共产党来了。总之，这不以我们这些人的意志为转移。中国受帝国主义、封建主义和官僚资本主义的压迫，开始还有军阀的压迫，这是事实。

斯：客观条件使革命变成不可避免的，现在没有这种条件了。现在中国条件不同了，下一代将怎样？

毛：我也不知道，那是下一代的事。谁知道下一代干些什么事，无非是几种可能：一是把革命继续发展；一是否定革命，干坏事，跟帝国主义讲和，把蒋介石接到大陆上来，同国内百分之几的反革命站在一起，这就叫反革命。你问我的意见，我当然不希望出现反革命。将来的事由将来的人决定。从长远来看，将来的人要比我们聪明，如同资本主义时代的人比封建时代的人要聪明、要好一样。美国没有封建主义，可是欧洲是有的。

斯：美国不能说完全没有封建主义，南北战争〔13〕的原因之一就是反封建。

毛：就是为了争劳动力，所谓解放黑奴就是开放劳动力市场。

斯：美国南方封建主统治时间虽然不长，但封建主义思想影响是很深的。

毛：现在南方还比较落后一些。

斯：主席还是认为原子弹是纸老虎吗？

毛：我不过讲讲而已，真打起来会死人的。但是最后它是要被消灭的，那时就变成纸老虎了，它没有了嘛！

斯：主席一定会听到有人说，主席认为如果发生一场核战争，其他一些国家的人全部消灭，中国还留下几亿人口。

毛：你说怎么样？

斯：实际上已由主席间接回答了，在中国同苏联的论战文章里也提到了。

毛：怎么回答的，我也忘了。

斯：我恐怕也忘了，不过我记得有一篇文章里说到，这是撒谎，是硬把这些话加到主席身上的。

毛：怎么说的？

斯：说如果发生核战争，中国还会留下几亿人口。这是一位南斯拉夫人在五十年代后半期访问中国时，主席向他说的。

毛：我记不起来了，可能我说过。我记得说的是，我们是不要打仗的，我们没有原子弹，如果别的国家要打，全世界可能遭殃。遭殃无非是要死人，死多少，谁也不知道，总要死一些。

我不只是说中国。我就不相信原子弹能把全人类毁灭，什么都毁灭了，找不到任何政府谈和了。这是同尼赫鲁〔14〕在北京的一次谈话里谈到的。他说他是印度原子能委员会主任，他知道原子武器的厉害。我说可能不是如他所说，核战争后会找不到任何政府谈和。这个政府倒下去了，那个政府又会起来，总会有人起来的。我没有说过全世界都会毁灭。听说你们有个电影叫《在海滩上》。

斯：那是假想小说，说全人类毁灭了。

毛：这怎么得了啊！赫鲁晓夫〔15〕说，他手里有一种弹，一种什么死光〔16〕，可把整个人类、动物、植物统统消灭光，后来又说没有讲过，几次否认。我不否认我说过的话，你不要替我否认这个所谓谣言。

斯：我的书里也说主席也可能这么说的，目的是看看对方的反映怎样。

毛：这是因为有一位大国政治家说，那时将找不到任何政府了，我反驳他的意见。

斯：就是在这样情况下第一次提的？

毛：是的。这是一九五四年十月的事。美国人说什么原子弹毁灭性严重，赫鲁晓夫也说得很神气，他们都超过我，我比他们落后了。是不是这样？相当落后。最近看见报道说许多美国专家访问比基尼岛〔17〕，他们登陆后看到老鼠照样在跑来跑去，鱼照样在湖里游来游去，井水还能喝，植物茂盛，鸟类很多，专家在进岛时要开辟道路，砍掉树木。这是在这个岛经历过十二年的核武器爆炸试验，隔了六年再去的。爆炸之后大概有一两年生物是倒霉的，然后又生长起来。为什么老鼠根本不受影响，没有毁灭？因为它们钻到洞里去了。植物为什么那么多，不受影响？大概死了不少，剩下一点又生长起来，经过几年又大大发展起来。

斯：我看过一部电影，在氢弹爆炸不久，生物都死光了，海龟跑到岸上去下蛋，但是不生小海龟。

毛：过几年可能又会生的。对人类是不是也这样，就不知道了。

斯：甲虫生命力最强。

毛：总之，对那地方的鸟、树、海龟说来，原子弹不过是纸老虎。可能人类要比它们脆弱一点。

斯：人对自己制造的毒素更易受灾。蚂蚁认为自己统治世界，它是世界之主。

毛：什么人在蚂蚁看来，都是微不足道的。蚂蚁还是比较大的动物。细菌是在做人所不能做的事。全世界只有这么多的人，三十多亿。但是据土壤学家告诉我，每亩地里含有细菌四百公斤。没有细菌不能造成土壤，也不能生长植物。所以不要看它那么小，什么人的身体里它都能钻进去，不管你是总统也好，新闻记者也好，它可厉害了。

斯：细菌根本看不见的。

毛：人离开它是不能生活的，不知人体中有多少细菌，医学上说，有大肠杆菌，口腔里有真菌，没有它对人很不利。我们在这个问题上可以有一致的意见。美国专家在比基尼岛的调查是很好的材料，我们把这个材料印发给人大代表看了。

斯：这是公开报告？

毛：不是，是一个中国人引用美国专家材料写的一篇通讯，那篇通讯登在香港的《新闻天地》上。

斯：虽然如此，主席并不是认为核战争是件好事？

毛：对。根本不要打核战争，要打就用常规武器打。

斯：看来亚非拉地区越来越近代化，革命越来越发展。

毛：可能。

斯：亚非拉国家的革命是不是可以在没有第三次世界大战的情况下完成？

毛：完成就难说了，可能要相当长的时间。

斯：关于印尼退出联合国问题，中国表示支持。这是否会为其他国家退出联合国开创先例？

毛：开先例的是美国。美国不让中国进入联合国，提出要三分之二多数票通过才能进入。中国没有进入联合国，不是也很好吗？印尼退出联合国，也是它觉得参加联合国没有什么好处。

斯：能不能说中国不想进入联合国？

毛：不能。如果联合国三分之二的国家要我们进去，而我们不进去，不是要说我们是民族主义者了吗？但我们要联合国撤销中国是侵略者的诬蔑，同时要指出美国是侵略者，你看这个理由行吗？中国作为一个侵略国家怎么能进联合国？说美国是侵略者，它不会同意的。现在我们还不想进去，美国也不愿意我们进去。我们进去了，美国会感到碍手碍脚。在这点上，双方是有一定的共同之处的。现在还是让蒋委员长留在联合国里代表中国吧！这些话你可不要报道，我们还没有公布过。

斯：是不是可能有一个没有美国的联合国？

毛：亚非会议〔18〕就没有美国参加。

斯:还有新兴力量运动会[19]。

毛:中国很大,自己要办的事很多,也很忙。中国也是一个"联合国"。我们这个"联合国"接待你,那个联合国还没有接待过你吧?你打算什么时候离开中国?

斯:再过几天就走。这次我回去,约翰逊[20]可能找人让我去见他一次。你有什么口信要捎给他吗?

毛:没有。

斯:我也可以把这句话捎给他。

西方有些"毛学"专家,互相展开争辩,观点各有不同。我不久前在日内瓦参加了一次"北京问题专家"的会,会上辩论的一个问题是,《矛盾论》是不是对马列主义作出了新的贡献?

毛:是一些什么人?出版商吗?

斯:主要是大学教授,俄文、中文专家。辩论中提出的一个问题是,《矛盾论》是不是真的在一九三七年写的,是不是在《辩证唯物主义》[21]小册子之前写的。

毛:是一九三七年写的。当时大家都去前线打日本了。

斯:当时有时间做研究工作?

毛:那时抗日军政大学要我去讲一讲哲学。

斯:《矛盾论》是讲演的一部分?

毛:就是。他们强迫我去讲课,我没有办法。这是写的讲义的一部分。花了几个星期,搜集了些材料,主要是总结中国革命的经验,每天晚上写,白天睡觉。讲课只讲了两个钟头。我讲课的时候,不准他们看书,也不准他们做笔记,我把讲义的大意讲了一下。

斯:是在写《辩证唯物主义》小册子以前几年?

毛：我不记得写过那样一本小册子。其实，《矛盾论》不如《实践论》那篇文章好。《实践论》是讲认识过程，说明人的认识是从什么地方来的，又向什么地方去。

斯：这两篇文章是同时写的吧？

毛：先后不久。

斯：是一九三八、一九三九年吗？

毛：不是一九三八年，三八年忙起来了，是一九三七年。

斯：现在我可以告诉那些教授们，主席自己是怎么讲的。教授们在进行学术性辩论时，可能还坚持他们的看法。主席看过黑格尔〔22〕的文章吗？

毛：看过一些，还有费尔巴哈〔23〕的。海克尔写的一本书〔24〕里头有相当丰富的材料，他不承认他自己是唯物主义者，实际上是唯物主义者。

斯：什么时候读的？

毛：那很久了，是打游击战争的时候。

斯：主席一面搞革命，一面给许多教授提供了职业，现在可能很多人成为"毛学"专家。

毛：中国战国时期有一个人写了一部著作，叫《老子》，后来注解《老子》的在一百家以上。现在我的这些东西，甚至马克思、恩格斯、列宁的东西，在一千年以后看来可能是可笑的了。

斯：一千年是很长的时间。

毛：今后的一千年比过去的一千年可能变化大。

斯：深刻的技术革命，征服宇宙空间。但我相信主席著作的影响将远远超出我们这一代和下一代。

毛：你可能讲得过分了，我自己都不相信。

斯:中国历史上没有任何人物像主席经历过这么多的变革,从开始作为一个学生,到参加革命,到革命完成,并成为历史学家、哲学家。

毛:我不能驳你,也不可能赞成。这要看后人、看几十年后怎么看了。在一些人看来,我是坏人是定了的。帝国主义、修正主义、各国反动派不赞成我,包括蒋介石不赞成我。他不赞成我,我也不赞成他。这就要发生争论,有时要写文章,有时要动武。

斯:现在中国强调在青年中保持革命精神。重要的是否在于给类似国家树立榜样,促进其他国家革命,以使中国革命得到最后的安全?

毛:青年们没有见过地主剥削、资本家剥削,也没有打过仗,没有看见过什么是帝国主义。就是现在二十几岁的人,当时也只有十岁左右,对旧社会什么也不知道。所以由他们的父母、老年人讲一讲过去,很有必要,不然不知道过去那段历史。你刚才说的最后这一点,很难讲。你讲有什么安全?现在不是在说裁军吗?究竟哪一年裁军了?不是讲普遍、彻底裁军吗?过去苏联讲,现在美国也讲,我们也赞成过普遍裁军。事实上,现在是普遍、彻底扩军。嘴里说普遍裁军,实际上普遍扩军。

斯:北大西洋公约组织〔25〕就是这样,现在一分为二,二分为四,每个国家都要有自己的原子弹。

毛:就是不许可中国有原子弹,我们也不希望自己有那么多原子弹,要那么多干什么?稍微有一点也好,做些科学实验。

斯:主席曾经说过,在江西打倒土豪劣绅时,他们说苏维埃先生是个很坏的家伙。而且在中国整个革命发展过程中,西方都在讲社会主义先生制造很多麻烦，现在又归结于中国的原子弹。

毛：这证明我的“名誉”不好，中国政府、中国党的“名誉”都不大好。他们为什么要反对中国，搞反华高潮？我们还措手不及，突然肯尼迪不见了。越南人民还措手不及，吴庭艳不见了。再一个措手不及，赫鲁晓夫下台了，真是天晓得，而且搞得那么彻底，他的书、照片一概收起来了。

斯：好多欧洲的党批评苏联党用这种办法把赫鲁晓夫搞下台。

毛：我们这里赫鲁晓夫的照片没有多少，书店里照样有赫鲁晓夫的书。世界没有赫鲁晓夫还行！赫鲁晓夫阴魂不散，他这种人总是有的。

斯：现在的苏共新领导能不能说是三七开，七分是对的？

毛：苏共现在的领导？这很难说，我不讲这个话。外面讲他们要搞没有赫鲁晓夫的赫鲁晓夫主义。

斯：赫鲁晓夫下台后，中苏关系有什么改进？

毛：可能有点，但是不多，使我们丧失了一个写文章批评的对象。

斯：在俄国有人说中国有个人迷信。

毛：恐怕有一点。据说斯大林是有的，赫鲁晓夫一点也没有，中国人是有的。这也有点道理。赫鲁晓夫倒台了，大概就是因为他没有个人迷信。

斯：我认为我能认识你，是极大的荣幸，也为我个人带来许多好处，我也希望我曾把你的思想转告别人。我真心觉得你的成就是伟大的，当然不是一切都是好的，但总之做了许多伟大的事情。感到遗憾的是，由于历史的原因，中美两国、两国人民被分开了。

毛：由于历史的原因，两国是会接近起来的。要等候，总会有这么一天。

斯：我不认为中美之间会发生大战。

毛：这也可能你是对的。中国这个地方，美国军队来可以，不来也可以。来了没有什么很大的搞头，我们不会让美国军队得到好处。因为这点，也许他们就不来了。我们不会打到美国去，这我已经说了，你们可以放心。

斯：美国常说，南越战争要扩大到北方。

毛：最近腊斯克〔26〕纠正了他的说法，说他没有讲过这种话。

斯：当然，我认为美国政府不会听我的话。美国有一位议员叫丘奇，他现在提出对美国干涉别国的政策要进行一次大辩论。他是约翰逊的好朋友。美国统治者不了解主席，我本人恐怕也不了解。

毛：怎么不了解？我们不会打出去，只有美国打进来，我们才打。这点有历史作证。我国忙自己的事还忙不过来，打出去是犯罪的，为什么要打出去？南越根本不需要我们去，他们自己可以对付。

斯：打南越战争的美国人在说，如果美国撤出南越，中国将占领整个东南亚。

毛：怎么占领法？我们的军队去占领，还是当地人民去占领？中国人还是占领中国。

斯：中国在南越有没有军队？

毛:没有。

斯:腊斯克说,如果中国和北越放弃在东南亚的侵略政策,美国就撤出南越。

毛:我们没有什么侵略政策可以放弃,我们没有侵略。可是中国支持革命,不支持不行。哪里发生革命,我们就发表声明支持,并开些大会声援。帝国主义讨厌的就是这个。我们喜欢说空话,放空炮,但不出兵。放空炮,就叫侵略?出了兵的,反而不叫侵略?

斯:过去说中国受俄国支持,现在说南越受中国支持。

毛:中国内战取得胜利,主要是靠美国的武器,这证明没有什么外国正面的支持。实际上,南越是从美国取得武器。去年以来,他们不仅能取得武器,还补充兵力,经常俘虏南越伪军。这同过去我们兵源之一是蒋介石的军队一样,他们是受过训练的,是被抓来强迫当兵的,一经俘虏就能参加我军作战。

斯:为什么?

毛:他们是被国民党抓壮丁抓去当兵的,他们不喜欢国民党。

斯:还有一点,中共和全国老百姓是一致的。

毛:被国民党抓去当兵的是贫苦农民。我们的办法是,花几天工夫开诉苦大会、祭灵大会,谁家有人被国民党害死,就把死者的名字写在纸上祭灵。这样解决问题后,他们就参加了我们的军队,换上一顶帽子。为什么他们一定要戴我们的帽子呢?因为他们怕打死了以后,被人错认为国民党的兵。从头上这顶帽子就可以认出来他们是我们的人了。

斯:在很大程度上,南越就是这种情况。

毛：哪里有压迫，不革命就不行。社会主义革命就是这样。资产阶级也是在资本主义发展到一定程度时，就要反对封建主义。美国没有封建制度，有殖民主义——英国，等美国资本主义发展到一定程度，它就要反对英国。世界上的人，不受压迫谁起来革命？美国发生独立战争〔27〕，就是因为受英国的压迫。美国独立战争差不多有二百年了吧？

斯：美国独立战争时有很多革命家，提出的口号同后来法国大革命〔28〕提出的口号一样。那时美国成为世界上唯一的共和国。当时欧洲国家对美国的看法同今天美国对中国的看法一样。

毛：华盛顿〔29〕的“名誉”不好，我们可以追认他为“共产党”。

斯：中共会把他看成是个反动的人，所以不会让他参加党。

毛：不能参加共产党是一件事，那时还没有共产党，华盛顿所起的革命作用，我们应当承认，他当时起了很先进的作用，是很进步的。还有林肯〔30〕也一样。

斯：林肯是一个自相矛盾的人，也是伟大的人。他是一个人道主义者。希望在我走之前，请主席向美国人民说几句话，美国人民对中国是有好感的。

毛：祝他们进步。如果我祝他们获得解放，他们有些人可能不大赞成。我就祝那些认识到自己还没有解放的、生活上有困难的人获得解放。

斯：主席的话非常好，特别是同前面的话联系起来，就是中国不会打出去，中国在忙于自己的事。我本人看到了这一点。

毛:美国人需要再解放,这是他们自己的事。不是从英国的统治下解放,而是从垄断资本的统治下解放出来。

斯:主席能否给美国总统也提些建议?

毛:这不好提。美国人的手伸到全世界,我们早已提过要他们收回去一点,他们照例不听。

斯:美国军队差不多有一半在外国。看样子,好多在外国的美国军队变成了当地人民的人质。

毛:要走不好,不走也不好,这使美国政府处于困难的境地。要美国撤兵困难,不撤也困难。哪里有点风吹草动,它就要派兵,就这么调来调去。有的时候我们故意这么一叫,例如打金门几炮〔31〕,就是因为我们打那么几炮,它觉得第七舰队不够了,把第六舰队开过来一部分,把旧金山的海军也开一部分过来。我们又不打炮了,美国军队来了没事干,又要开回去。所以美国军队是可以调动的,叫它怎么样它就怎么样。有点像蒋介石的军队,叫它怎样就怎样。

斯:美国军队总要有点事干才行。

毛:有事干的。美国垄断资本就要到有些地方去帮反动派的忙,叫它不帮不行,一定要帮,最后它一定要走,像帮助蒋介石一样。过去上海、青岛、天津、唐山、北京都有美军,后来都走了,而且走得很快,我们军队同它还隔好远,它就赶快走。那时英国就很蠢,派军舰到南京去接兵,被我们打着了。〔32〕问题是中国有这么一个不争气的蒋介石总打败仗,又有强大的解放军。不具备这些条件的地方,美国就呆着不走。

斯:只有在同样情况下美国才会从南越撤走?

毛:美国在南越的军队现在不走,可能再打一两年,但美国感到没有味道了,走了也难说。

斯:如果我没有理解错周恩来总理的话,总理同我说,美国军队撤走前,不可能通过开会解决南越问题。是这样的吗?

毛:我不晓得总理怎么讲的,恐怕两种可能性都要讲。军队撤出前可以谈,军队撤出以后也可以谈。或者根本不谈,南越把美军赶走。甚至谈了美军还不走,像它在朝鲜那样。在日内瓦也是谈过的。日内瓦会议〔33〕后,美国把兵开进南越代替法国军队。老实说,美军留在南越是件好事,它锻炼了南越人民,使解放军壮大。只有一个吴庭艳是不行的,就像中国单有一个蒋介石是不行的,必须要日本占领大半个中国,而且占领八年之久,才能锻炼中国人民。

根据中央档案馆保存的谈话记录稿刊印。

注　　释

〔1〕这是毛泽东同美国进步作家、记者埃德加·斯诺谈话的主要部分。

〔2〕南越战争,即越南战争。一九五四年日内瓦会议后,美国为了取代法国在印度支那的宗主国地位,破坏日内瓦协议,在越南南方扶植建立以吴庭艳为总统的亲美的“越南共和国”。一九六一年,美国对南越发动由美国出钱出枪、南越吴庭艳集团出人的“特种战争”,镇压越南南方军民的武装反抗。一九六五年初美国一面对越南北方大规模连续轰炸,一面向越南南方增派大量军队,把侵越战争升级为“局部战争”。

〔3〕吴庭艳,见本卷第375页注〔6〕。

〔4〕胡志明,当时任越南劳动党中央委员会主席、越南民主共和国主席。

〔5〕西贡,这里指美国扶植的南越政权,其统治中心在西贡。

〔6〕傅作义（一八九五——一九七四），山西荣河安昌村（今属临猗）人。曾任国民党军华北“剿总”总司令、察哈尔省政府主席等职。一九四九年一月率部接受中国人民解放军的和平改编，对北平和绥远的和平解放做出了贡献。中华人民共和国成立后，任中央人民政府委员、国防委员会副主席、政协全国委员会副主席、水利电力部部长等职。

〔7〕陶峙岳（一八九二——一九八八），湖南宁乡人。曾任国民党军新疆警备总司令部总司令。一九四九年九月率部起义。中华人民共和国成立后，任中国人民解放军新疆军区副司令员、新疆生产建设兵团司令员、国防委员会委员、全国人大常委会委员、政协全国委员会副主席等职。

〔8〕程潜（一八八二——一九六八），湖南醴陵人。曾任国民党军长沙绥靖公署主任兼湖南省政府主席。一九四九年八月与陈明仁率部起义，湖南和平解放。中华人民共和国成立后，任中央人民政府委员、全国人大常委会副委员长、国防委员会副主席、政协全国委员会常务委员、湖南省省长等职。陈明仁（一九〇三——一九七四），湖南醴陵人。曾任国民党政府华中军政长官公署副长官兼第一兵团司令官。一九四九年八月与程潜率部起义，湖南和平解放。中华人民共和国成立后，任中国人民解放军湖南军区副司令员，第二十一兵团司令员，国防委员会委员，政协全国委员会常务委员等职。

〔9〕肯尼迪，一九六〇年至一九六三年任美国总统。

〔10〕希特勒，见本卷第374页注〔4〕。

〔11〕敦刻尔克，是法国北部一海港城市。这里指第二次世界大战初期英、法军队从敦刻尔克撤退一事。一九四〇年五月，德军进攻比利时、荷兰、卢森堡，侵入法国，击败英、法军队。英国远征军二十二万人、法军二十万人被迫退到比利时、法国沿海地区，面临被歼灭的危险。五月二十七日至六月四日，英军及部分法军共三十多万人从敦刻尔克地区越过英吉利海峡撤往英国。虽然撤退时丢弃了大量武器装备，但保存了有生力量。

〔12〕指艾登。一九五四年日内瓦会议时他任英国副首相兼外交大臣，一九五五年至一九五七年任英国首相。

〔13〕南北战争，见本卷第219页注〔12〕。

〔14〕尼赫鲁，一九四七年至一九六四年任印度总理。

〔15〕赫鲁晓夫，原为苏联共产党中央委员会第一书记、苏联部长会议主席。一

九六四年十月被解除领导职务。

〔16〕死光，即激光。

〔17〕比基尼岛，是马绍尔群岛中的一个珊瑚岛，一九四七年成为美国托管地，曾经是美国的核试验基地。

〔18〕亚非会议，即万隆会议，一九五五年四月十八日至二十四日在印度尼西亚万隆召开。参加会议的有缅甸、锡兰（今斯里兰卡）、印度、印度尼西亚和巴基斯坦五个发起国，以及阿富汗、柬埔寨、中华人民共和国、埃及等，共二十九个亚非国家。会议广泛讨论了民族主权、反殖民主义斗争、世界和平以及与会国之间的经济文化合作等问题，发表了《亚非会议最后公报》，提出了著名的关于促进世界和平与合作的十项原则。

〔19〕新兴力量运动会，是一九六三年十一月十日至二十二日在印度尼西亚首都雅加达举行的新兴力量国家及地区参加的运动会。参加运动会的有来自亚洲、非洲、拉丁美洲和欧洲四十多个国家和地区的二千余名运动员。

〔20〕约翰逊，当时任美国总统。

〔21〕指一九三七年七、八月毛泽东为抗日军政大学讲授哲学而写的《辩证法唯物论（讲授提纲）》。后来，毛泽东将其中的两节，整理成为《实践论》和《矛盾论》两篇著作，收入《毛泽东选集》。

〔22〕黑格尔（一七七〇——一八三一），德国古典哲学家，客观唯心主义者，辩证法大师。主要著作有《精神现象学》、《逻辑学》、《法哲学原理》等。

〔23〕费尔巴哈（一八〇四——一八七二），德国古典哲学家，唯物主义的代表。主要著作有《黑格尔哲学批判》、《基督教的本质》等。

〔24〕指海克尔的《宇宙之谜》。海克尔（一八三四——一九一九），德国自然科学家、达尔文主义的卓越代表之一。他在《宇宙之谜》一书中，批判了唯心主义和僧侣主义，试图根据最新的科学成就建立严整的唯物主义体系。

〔25〕北大西洋公约组织，见本卷第375页注〔8〕。

〔26〕腊斯克，一九〇九年生，美国民主党人，当时任美国国务卿。

〔27〕见本卷第219页注〔11〕。

〔28〕法国大革命，指一七八九年至一七九四年法国资产阶级革命。它是在法国封建制度极端腐朽，第一等级（僧侣）和第二等级（贵族）与广大的第三等级（农民、城市平民和资产阶级）之间的矛盾日益尖锐化的情况下爆发的。这次革命推翻

了法国封建专制制度，促进了法国资本主义的发展，并推动了欧洲各国的资产阶级革命运动。

〔**29**〕华盛顿，见本卷第194页注〔12〕。

〔**30**〕林肯（一八〇九——一八六五），美国共和党人，一八六一年至一八六五年任美国总统。他领导了反对南方奴隶制的战争，颁布了著名的《宅地法》和《解放黑奴宣言》。

〔**31**〕见本卷第23页注〔2〕。

〔**32**〕一九四九年四月二十日至二十一日，当人民解放军渡江作战的时候，侵入中国内河长江的紫石英号等四艘英国军舰先后驶向人民解放军防区，妨碍渡江，中英双方发生了军事冲突。英舰开炮打死打伤人民解放军二百五十多人。紫石英号被人民解放军击伤被迫停于镇江附近江中，其他三艘英舰逃走。七月三十日夜紫石英号军舰逃出长江。

〔**33**〕日内瓦会议，指一九五四年四月二十六日至七月二十一日在瑞士日内瓦召开的讨论和平解决朝鲜问题和恢复印度支那和平问题的国际会议。中、苏、美、英、法五国参加所有两项议题的讨论。朝鲜北南双方及美、英、法以外的其他十二个侵略朝鲜北方的国家参加了朝鲜问题的讨论，越南民主共和国、老挝、柬埔寨和南越政权参加了印度支那问题的讨论。关于朝鲜问题没有达成任何协议；关于恢复印度支那和平问题，分别达成关于在印度支那三国停止敌对行动的协定和《日内瓦会议最后宣言》（总称日内瓦协议），实现了印度支那的停战。

给章士钊[1]的信

（一九六五年七月十八日）

行严先生：

各信及指要[2]下部，都已收到，已经读过一遍，还想读一遍。上部也还想再读一遍。另有友人也想读。大问题是唯物史观问题，即主要是阶级斗争问题。但此事不能求之于世界观已经固定之老先生们，故不必改动。嗣后历史学者可能批评你这一点，请你要有精神准备，不怕人家批评。又高先生评郭文[3]已读过，他的论点是地下不可能发掘出真、行、草墓石。草书不会书碑，可以断言。至于真、行是否曾经书碑，尚待地下发掘证实。但争论是应该有的，我当劝说郭老、康生、伯达[4]诸同志赞成高二适一文公诸于世。柳文[2]上部，盼即寄来。敬颂

康吉！

毛　泽　东

一九六五年七月十八日

根据人民出版社一九八三年出版的
《毛泽东书信选集》刊印。

注　　释

〔1〕章士钊(一八八一——一九七三),字行严,湖南长沙人。当时任全国人大常委会委员、政协全国委员会常务委员、中央文史研究馆馆长。

〔2〕指章士钊所著《柳文指要》。它是一部对柳宗元文集的专门研究著作。

〔3〕指当时南京市文史研究馆馆员高二适写的《〈兰亭序〉的真伪驳议》。此文对郭沫若的《由王谢墓志的出土论到〈兰亭序〉的真伪》一文提出了不同意见,一九六五年七月二十三日在《光明日报》上发表。

〔4〕郭老,指郭沫若。当时任中国科学院院长。康生(一八九八——一九七五),山东胶南人,当时任中共中央书记处书记。伯达,即陈伯达,当时任中共中央政治局候补委员、《红旗》杂志总编辑。

关于绘画、雕塑使用模特问题[1]

（一九六五年七月十八日）

一

定一、康生、恩来、少奇、小平、彭真[2]同志：

此事应当改变。画男女老少裸体 Model[3]是绘画和雕塑必须的基本功，不要不行，封建思想，加以禁止，是不妥的。即使有些坏事出现，也不要紧。为了艺术学科，不惜小有牺牲。请酌定。

毛　泽　东

一九六五年七月十八日

根据人民出版社一九八三年出版的《毛泽东书信选集》刊印。

注　　释

〔1〕这是毛泽东在中央美术学院教员闻立鹏、王式廓、李化吉一九六五年五月十二日关于美术院校使用模特问题给江青的信上写的批语。信中说，从废除模特制以后，在教学活动中，已经遇到不少困难。模特写生是美术基本功训练的重要方法，是可以批判地继承的。

〔2〕定一，即陆定一（一九○六——一九九六），江苏无锡人。当时任中共中央

书记处书记、中央宣传部部长、中央文教小组组长、国务院副总理。康生，当时任中共中央书记处书记、中央文教小组副组长。恩来，即周恩来。少奇，即刘少奇。小平，即邓小平，当时任中共中央总书记、国务院副总理。彭真，当时任中共中央书记处书记。

〔**3**〕Model，英语单词，汉语一译“模特儿”。

给陈毅[1]的信

（一九六五年七月二十一日）

陈毅同志：

你叫我改诗，我不能改。因我对五言律，从来没有学习过，也没有发表过一首五言律。你的大作，大气磅礴。只是在字面上（形式上）感觉于律诗稍有未合。因律诗要讲平仄，不讲平仄，即非律诗。我看你于此道，同我一样，还未入门。我偶尔写过几首七律，没有一首是我自己满意的。如同你会写自由诗一样，我则对于长短句的词学稍懂一点。剑英[2]善七律，董老[3]善五律，你要学律诗，可向他们请教。

西　行

万里西行急，乘风御太空。
不因鹏翼展，哪得鸟途通。
海酿千钟酒，山裁万仞葱。
风雷驱大地，是处有亲朋。

只给你改了一首，还很不满意，其余不能改了。

又诗要用形象思维，不能如散文那样直说，所以比、兴两法是不能不用的。赋也可以用，如杜甫[4]之《北征》，可谓“敷陈其事而直言之也”[5]，然其中亦有比、兴。“比者，以彼物比此物也”[6]，“兴者，先言他物以引起所咏之词也”[7]。韩愈[8]

以文为诗；有些人说他完全不知诗，则未免太过，如《山石》，《衡岳》，《八月十五酬张功曹》之类，还是可以的。据此可以知为诗之不易。宋人多数不懂诗是要用形象思维的，一反唐人规律，所以味同嚼蜡。以上随便谈来，都是一些古典。要作今诗，则要用形象思维方法，反映阶级斗争与生产斗争，古典绝不能要。但用白话写诗，几十年来，迄无成功。民歌中倒是有一些好的。将来趋势，很可能从民歌中吸引养料和形式，发展成为一套吸引广大读者的新体诗歌。又李白〔9〕只有很少几首律诗，李贺〔10〕除有很少几首五言律外，七言律他一首也不写。李贺诗很值得一读，不知你有兴趣否？

祝好！

毛　泽　东

一九六五年七月二十一日

根据人民出版社一九八三年出版的《毛泽东书信选集》刊印。

注　释

〔1〕陈毅，当时任国务院副总理兼外交部部长。他的诗词作品集有《陈毅诗词选集》。

〔2〕剑英，即叶剑英（一八九七——一九八六），广东梅县人。当时任政协全国委员会副主席、军事科学院院长兼政治委员。他的诗词作品集有《远望集》和《叶剑英诗词选集》。

〔3〕董老，指董必武（一八八六——一九七五），湖北黄安（今红安）人。他的诗词作品集有《董必武诗选》。

〔4〕杜甫（七一二——七七〇），字子美，祖籍襄阳（今属湖北），生于巩县（今属河南），唐代诗人。

〔5〕见宋朱熹《诗集传·周南·葛覃》。

〔6〕见宋朱熹《诗集传·周南·螽斯》。

〔7〕见宋朱熹《诗集传·周南·关雎》。

〔8〕韩愈，唐代文学家、诗人。

〔9〕李白（七〇一——七六二），字太白，祖籍陇西成纪（今甘肃静宁西南），生于碎叶（位于吉尔吉斯斯坦北部），唐代诗人。

〔10〕李贺（七九〇——八一六），字长吉，福昌（今属河南宜阳）人，唐代诗人。

胜利的信念是从斗争中得来的[1]

（一九六五年十月二十日）

你们的仗打得很好，南方和北方都打得很好。全世界人民都支持你们，包括那些已经觉悟的人和一部分尚未觉悟的人。现在的世界是个不太平的世界。这并不是你们越南人到美国去进行侵略，也不是中国人到美国去进行侵略。

不久前，日本的《朝日新闻》、《读卖新闻》登载了日本记者从南越发回来的几篇报道，美国报纸说这些报道不公正，于是展开了一场争论。我说的不是日本共产党的《赤旗报》，而是日本资产阶级的报纸。这就可见舆论的方向是不利于美国的。最近，美国人民反对美国政府对越南政策的示威发展起来了。目前主要是美国的知识分子在闹。

不过，这些都是外部条件。实际上，解决问题还是靠你们打仗，当然也可以谈判。过去在日内瓦曾经谈过，但是谈了以后，美国人可以不算数。我们和蒋介石、美国都谈过。腊斯克[2]就说，美国和中国谈判的次数最多。可是，我们要啃住一条，它一定要从台湾撤走，其他问题都好解决。这条它不答应。中、美两国已经谈判十年了[3]，还是重复老话。这一条，我们放松不得。美国曾想和我们交换新闻代表团。它说，从小事情开始，大的问题好解决。我们说，要从大的问题开始，小的问题才好解决。

原来你们曾按照日内瓦协议〔4〕，把在南方的武装力量都撤出来。结果，敌人就在那里杀人，你们又重新搞起武装斗争来。一开始，你们是以政治斗争为主，武装斗争为辅，我们赞成。到了第二阶段，你们是政治斗争和武装斗争同时进行，我们也赞成。第三阶段，你们是以武装斗争为主，政治斗争为辅，我们又赞成了。依我看，敌人在逐步升级，你们也逐步升级。在今后两三年内你们可能会困难一些，但也难说，也可能不是这样，可是应该把这点估计进去。做好了一切准备，即使发生最困难的情况，也不会离原来的估计相差太远，这不是很好吗？所以，根本的就是这两条：一是争取最有利的局面；二是准备应付最坏的情况。

阿尔及利亚的经验可以供你们参考。大概是当他们打到第四五个年头时，有些领导人就有点忧愁了。那时他们的总理阿巴斯来和我们谈。他们说，阿尔及利亚的人口很少，只有一千万，已经死了一百万；敌人的军队有八十万，而他们的正规军只有三四万，连游击队算在一起不到十万。我当时对他们说，敌人一定要垮台，坚持到胜利之后，人口会增加起来的。后来经过谈判，法国撤了军，现在已撤完，只留下一点海军基地。阿尔及利亚是资产阶级领导的民族民主革命。你们和我们一样都是共产党，对于发动群众和进行人民战争的问题，你们和我们同阿尔及利亚有所不同。

我在文章中讲的人民战争，有些属于具体问题，是一二十年前的事了。现在，你们已经有了一些新的情况，你们的很多方法和我们过去的不同了，应该有所不同。我们打仗也是逐步学会的，开始时打了些败仗，不像你们这样顺利。

你们和美国谈些什么问题，我还没有留意到。我只注意如何打美国人，怎样把美国人赶出去。到一定时候也可以谈判，但总是不要把调子降下来，要把调子提得高一点。要准备敌人欺骗你们。

我们支持你们取得最后的胜利。胜利的信念是打出来的，是斗争中间得出来的。比如，美国人是可以打的，这是一条经验。这条经验，只有打才能取得。美国人是可以打的，而且是可以打败的。要打破那种美国人不可打、不可以打败的神话。我们都有很多经验。你们和我们都打过日本人，你们还打过法国人，现在你们正同美国人打。

美国人训练和教育了越南人，教育了我们，也教育了全世界人民。依我看，没有美国人就是不好，这个教员不可少。要打败美国人，就要跟美国人学。马克思的著作里没有教我们怎么打美国人，列宁的书里也没有写。这主要是靠我们向美国人学。

中国人民和全世界人民支持你们。朋友愈多愈好。

根据中央文献出版社、世界知识出版社一九九四年出版的《毛泽东外交文选》刊印。

注　释

〔1〕这是毛泽东同越南民主共和国党政代表团谈话的主要部分。

〔2〕腊斯克，当时任美国国务卿。

〔3〕指中美大使级会谈。见本卷第 64 页注〔8〕。

〔4〕日内瓦协议，参见本卷第 416 页注〔33〕。

关于农业机械化问题的一封信

（一九六六年三月十二日）

少奇同志：

三月十一日信[1]收到。小计委[2]派人去湖北，同湖北省委共同研究农业机械化五年、七年、十年的方案，并参观那里自力更生办机械化的试点，这个意见很好。建议各中央局、各省市区党委也各派人去湖北共同研究。有七天至十天时间即可以了。回去后，各做一个五、七、十年计划的初步草案，酝酿几个月，然后在大约今年八九月间召开的工作会议上才有可议。若事前无准备，那时议也恐怕议不好的。此事以各省、市、区自力更生为主，中央只能在原材料等等方面，对原材料等等不足的地区有所帮助，也要由地方出钱购买，也要中央确有原材料储备可以出售的条件，不能一哄而起，大家伸手。否则推迟时间，几年后再说。为此，原材料（钢铁），工作母机，农业机械，凡国家管理、地方制造、超出国家计划远甚者（例如超出一倍以上者），在超过额内，准予留下三成至五成，让地方购买使用。此制不立，地方积极性是调动不起来的。为了农业机械化，多产农林牧副渔等品类，要为地方争一部分机械制造权。所谓一部分机械制造权，就是大超额分成权，小超额不在内。一切统一于中央，卡得死死的，不是好办法。又此事应与备战、备荒、为人民联系起来，否则地方有条件也不会热心去做。第一是备战，人民和军队总得先有饭吃有衣穿，才能打仗，否则虽有枪炮，无所用之。第二是备荒，遇了荒年，地方无粮棉油等储蓄，仰赖外省接济，总不是长久之计。一遇战争，困难更大。而局部地区的荒年，无论哪一个省内常常是不可避免的。几个省合起来来看，就更加不可避免。第三是国家积累不可太多，要为一部分人民至今口粮还不够吃、衣被甚少着想；再则要为全体人民分散储备以为备战备荒之用着想；三则更加要为地方积累资金用之于扩大再生产着想。所以，农业机械化，要同这几方面联系起来，才能动员群众，为较快地但是稳步地实现此种计划而奋斗。苏联的农业政策，历来就有错误，竭泽而渔，脱离群众，以致造成现在的困境，主要是长期陷在单纯再生产坑内，一遇荒年，连单纯再生产也保不住。我们也有过几年竭泽而渔（高征购）和很多地区荒年保不住单纯再生产的经验，总应该引以为戒吧。现在虽然提出了备战、备荒、为人民（这是最好地同时为国家的办法，还是“百姓足，君孰与不足”〔3〕的老话）的口号，究竟能否持久地认真地实行，我看还是一个问题，要待将来才能看得出是否能够解决。苏联的农业不是基本上机械化了吗？是何原因至今陷于困境呢？此事很值得想一想。

以上几点意见，是否可行，请予酌定。又小计委何人去湖北，似以余秋里、林乎加〔4〕二同志去为宜。如果让各中央局、各省市区党委也派人去的话，似以管农业书记一人计委一人去为宜。总共也只有大约七十人左右去到那里开一个七天至十天的现场会。是否可行，亦请斟酌。

毛 泽 东

三月十二日

根据手稿刊印。

注 释

〔1〕指刘少奇一九六六年三月十一日给毛泽东的信。信中说：中共湖北省委关于逐步实现农业机械化设想的文件和主席的批语，已印发给政治局、书记处各同志，并发给包括计委、经委在内的各有关部委及华北局有关同志研究。在有各在京副总理参加的中央常委会上谈了这个问题，大家意见，要小计委就这个问题对有关各方面情况先摸一摸，提出一个方案，中央再来讨论，并要提交下一次中央工作会议加以讨论，以使各地方的努力更加符合实际。周恩来同志已要小计委派人到湖北，同省委共同研究他们提出的方案，先在湖北进行试验。

〔2〕小计委，是一九六五年初毛泽东决定成立、由周恩来直接领导的一个工作机构，主要任务是研究经济和社会发展战略问题，拟定第三个五年计划的方针任务等。后来在编制第三个五年计划过程中，由小计委实际主持国家计委的工作。

〔3〕见《论语·颜渊》。

〔4〕余秋里（一九一四——一九九九），江西吉安人，当时任国家计划委员会第一副主任兼秘书长、小计委负责人。林乎加，一九一六年生，山东长岛人，当时是小计委成员。

对外宣传不要强加于人

（一九六七年——一九七〇年）

一

康生〔1〕同志：这个问题值得注意。我认为安斋的意见是正确的。你的看法如何，望告。〔2〕

（一九六七年十一月二十七日）

二

不要那样做，做了效果不好。国家不同，做法也不能一样。〔3〕

（一九六八年三月七日）

三

这些是强加于人的，不要这样做。〔4〕

（一九六八年三月十二日）

四

此事我已说了多次。对外(对内也如此)宣传应当坚决地有步骤地予以改革。〔5〕

(一九六八年三月十七日)

五

一般地说,一切外国党(马列主义)的内政,我们不应干涉。他们怎样宣传,是他们的事。我们应注意自己的宣传,不应吹得太多,不应说得不适当,使人看起来好像有强加于人的印象。〔6〕

(一九六八年三月二十九日)

六

这些空话,以后不要再用。〔7〕

(一九六八年四月六日)

七

这种话不应由中国人口中说出,这就是所谓"以我为核心"的错误思想。〔8〕

(一九六八年五月十六日)

八

第一，要注意不要强加于人；第二，不要宣传外国的人民运动是由中国影响的，这样的宣传易为反动派所利用，而不利于人民运动。〔9〕

（一九六八年五月二十九日）

九

名称问题关系不大，可从缓议。

资产阶级传下来东西很多，例如共和国、工程师等等不胜枚举，不能都改。

此件缓发。〔10〕

（一九六八年八月）

十

把离开主题的一些空话删掉。不要向外国人自吹自擂。〔11〕

（一九六八年九月）

十一

去掉第十一条，不应用自己名义发出的口号称赞自已。[12]

（一九六八年九月）

十二

请注意：以后不要这种不合实际情况的自己吹擂。[13]

（一九六九年六月）

十三

对于一切外国人，不要求他们承认中国人的思想，只要求他们承认马列主义的普遍真理与该国革命的具体实践相结合。这是一个基本原则。我已说了多遍了。至于他们除马列主义外，还杂有一些别的不良思想，他们自己会觉悟，我们不必当作严重问题和外国同志交谈。只要看我们党的历史经过多少错误路线的教育才逐步走上正轨，并且至今还有问题，即对内对外都有大国沙文主义，必须加以克服，就可知道了。[14]

（一九七〇年十二月六日）

根据中共中央办公厅印发的文件刊印。

注　　释

〔1〕康生，当时任中共中央政治局常委、中共中央文化革命小组顾问。

〔2〕这是毛泽东在中共中央对外联络部外宾简报《安斋等人认为日本不能走农村包围城市的道路》上写的批语。

〔3〕这是毛泽东在关于援外飞机喷刷毛主席语录的请示报告上写的批语。

〔4〕毛泽东在审阅某援外工程移交问题的请示报告时，删去其中“举行移交仪式时，应大力宣传战无不胜的毛泽东思想，说明我援×修建××××工程的成绩，是我们忠实地执行伟大领袖毛主席关于国际主义教导的结果，是伟大的毛泽东思想的胜利”一段话，并写了这个批语。

〔5〕这是毛泽东在关于答复新西兰共产党总书记威尔科克斯对中国对外宣传工作的批评的请示报告上写的批语。一九六七年三月，威尔科克斯来访时提出，中国的对外英语宣传，内容很好，但所采用的语言和形式，与英语国家的群众格格不入，易引起反感。同年十一月，威尔科克斯又委托访华的澳大利亚共产党（马列）主席希尔转达他对中国对外宣传工作的意见，说“中国同志应很好注意防止大国沙文主义”。

〔6〕这是毛泽东在关于缅甸共产党中央委员会要求在《人民日报》发表缅甸共产党武装斗争二十周年的声明的请示报告上写的批语。这个声明涉及缅甸共产党对毛泽东思想的评价。

〔7〕毛泽东在审阅中共中央对外联络部、中国人民解放军总参谋部起草的关于帮助外国人员进行训练的文件时，将其中“主要是宣传全世界革命人民的伟大导师毛主席和战无不胜的马克思主义、列宁主义、毛泽东思想”一句中的“全世界革命人民的伟大导师毛主席和战无不胜的”二十一字删掉，并写了这个批语。

〔8〕毛泽东在审阅中国人民解放军国防工业军管小组关于请毛主席接见参加第七机械工业部一个会议的代表的请示报告时，在报告中“世界革命中心——北京”下面划了两道杠，并写了这个批语。

〔9〕这是毛泽东对外交部关于加强宣传毛泽东思想和支持西欧、北美革命群众斗争的建议写的批语。

〔10〕这是毛泽东在中共中央军委办事组关于更改援外军事专家名称的报告上写的批语。报告中说，“军事专家”是资本主义社会对资产阶级“军事学术权威”的称呼，与中国人民解放军援外人员身分不相称。

〔11〕这是毛泽东在审阅《人民日报》社论《世界革命人民胜利的航向》（初稿）时写的批语。

〔12〕毛泽东在审阅中共中央文革小组起草的《庆祝中华人民共和国成立十九周年标语口号》送审稿时，删去了其中第十一条“向立下丰功伟绩的中央文革致敬！”并写了这个批语。

〔**13**〕毛泽东在审阅《人民日报》、《红旗》杂志、《解放军报》社论《中国共产党万岁——纪念中国共产党诞生四十八周年》的送审稿时，在“二十年来，又取得了社会主义革命和社会主义建设的一系列伟大胜利，把一个贫穷落后的旧中国，变成一个繁荣昌盛的社会主义强国”一句中的“繁荣昌盛”前边加了“有了初步”四个字，将“强国”改为“国家”，并写了这个批语。

〔**14**〕这是毛泽东在中共中央对外联络部《关于邀请“荷兰共产主义统一运动（马列）”派代表团访华的请示》上写的批语。

如果尼克松愿意来，我愿意和他谈[1]

（一九七〇年十二月十八日）

我欢迎尼克松[2]上台。为什么呢？他的欺骗性也有，但比较地少一点，你信不信？他跟你来硬的多，来软的也有。他如果想到北京来，你就捎个信，叫他偷偷地，不要公开，坐上一架飞机就可以来嘛。谈不成也可以，谈得成也可以嘛。何必那么僵着？但是你们美国是没有秘密的，一个总统出国是不可能秘密的。他要到中国来，一定会大吹大擂，就会说其目的就是要拉中国整苏联，所以他现在还不敢这样做。整苏联，现在对美国不利；整中国，对于美国也不利。

现在我们的一个政策是不让美国人到中国来，这是不是正确？外交部要研究一下。左、中、右都让来。为什么右派要让来？就是说尼克松，他是代表垄断资本家的。当然要让他来了，因为解决问题，中派、左派是不行的，在现时要跟尼克松解决。

他早就到处写信说要派代表来，我们没有发表，守秘密啊！他对于波兰华沙那个会谈[3]不感兴趣，要来当面谈。所以，我说如果尼克松愿意来，我愿意和他谈，谈得成也行，谈不成也行，吵架也行，不吵架也行，当作旅行者来谈也行，当作总统来谈也行。总而言之，都行。我看我不会跟他吵架，批评是要批评他的。我们也要作自我批评，就是讲我们的错误、缺点了，比如，我们的生产水平比美国低，别的我们不作自我批评。

尼克松要派代表来中国谈判，那是他自己提议的，有文件证明，说愿意在北京或者华盛顿当面谈，不要让我们外交部知道，也不要通过美国国务院。神秘得很，又是提出不要公开，又是说这种消息非常机密。

一九七二年美国要大选，我看，这年的上半年尼克松可能派人来，他自己不来。要来谈是那个时候。他对那个台湾舍不得，蒋介石还没有死。台湾关他什么事？台湾是杜鲁门〔4〕、艾奇逊〔5〕搞成这样的，然后又是一个总统，那个里面他也有一份就是了。然后又是肯尼迪〔6〕。尼克松当过副总统，他那时跑过台湾。他说台湾有一千多万人。我说亚洲有十几亿人，非洲有三亿人，都在那里造反。

中美两国总要建交的。中国和美国难道就一百年不建交啊？我们又没有占领你们那个长岛。

根据中央文献出版社、世界知识出版社一九九四年出版的《毛泽东外交文选》刊印。

注　释

〔1〕这是毛泽东同美国进步作家、记者埃德加·斯诺谈话的一部分。

〔2〕尼克松，当时任美国总统。

〔3〕指中美大使级会谈。见本卷第64页注〔8〕。

〔4〕杜鲁门，一九四五年至一九五三年任美国总统。

〔5〕艾奇逊（一八九三——一九七一），美国民主党人，一九四九年至一九五三年任美国国务卿。

〔6〕肯尼迪，一九六〇年至一九六三年任美国总统。

解决中日复交问题，日方还是靠自民党政府[1]

（一九七二年九月二十七日）

你们到北京这么一来，全世界都战战兢兢。主要是一个苏联，一个美国，这两个大国。它们不大放心了，晓得你们在那里搞什么鬼啊。

美国好一点，但也有一点不那么舒服，说是他们今年二月来了没建交，你们跑到他们前头去了，心里总有点不那么舒服就是了。

可以几十年、百把年达不成协议，也可以在几天之内解决问题。

现在彼此都有这个需要，这也是尼克松[2]总统跟我讲的。他问是否彼此都有需要，我说是的。我说，我这个人现在勾结右派，“名誉”不好。你们国家有两个党，据说民主党比较开明，共和党比较右。我说民主党不怎么样，我不赏识，不感兴趣。我对尼克松说，你竞选的时候，我投了你一票，你还不知道啊。

这回我们也投了你的票啊。正如你讲的，你这个自民党主力不来，那怎么能解决中日复交问题呢？

所以有些人骂我们专门勾结右派。我说，你们日本在野党不能解决问题，解决中日复交问题还是靠自民党的政府。

根据中央文献出版社、世界知识出版社一九九四年出版的《毛泽东外交文选》刊印。

注 释

〔1〕这是毛泽东同日本内阁总理大臣、自民党总裁田中角荣谈话的一部分。田中角荣这次访华期间，中日双方就两国邦交正常化问题进行了会谈，于九月二十九日发表两国政府联合声明，宣告“中华人民共和国政府和日本国政府决定自一九七二年九月二十九日起建立外交关系”。

〔2〕尼克松，一九六八年当选美国总统。一九七二年二月首次访问中国，毛泽东会见了他。他同周恩来总理就两国关系正常化和双方关心的其他问题进行了会谈。二十七日，中美双方在上海发表联合公报，使中美关系开始走向正常化。

关于三个世界划分问题[1]

（一九七四年二月二十二日）

毛泽东：希望第三世界团结起来。第三世界人口多啊！

卡翁达：对。

毛：谁是第一世界？

卡：我想应该是那些剥削者和帝国主义者的世界。

毛：第二世界呢？

卡：是那些已经变为修正主义分子的人。

毛：我看美国、苏联是第一世界。中间派，日本、欧洲、澳大利亚、加拿大，是第二世界。咱们是第三世界。

卡：我同意主席先生的分析。

毛：美国、苏联原子弹多，也比较富。第二世界，欧洲、日本、澳大利亚、加拿大，原子弹没有那么多，也没有那么富，但是比第三世界要富。你看这个解释好不好？

卡：主席先生，你的分析很确切，十分准确。

毛：研究一下吧。

卡：我想不用研究，我们的意见就可以取得一致，因为在我看来，这个分析已经很确切了。

毛：第三世界人口很多。

卡：确实如此。

毛：亚洲除了日本，都是第三世界。整个非洲都是第三世界，拉丁美洲也是第三世界。

根据中央文献出版社、世界知识出版社一九九四年出版的《毛泽东外交文选》刊印。

注　　释

〔1〕这是毛泽东同赞比亚总统卡翁达谈话的一部分。

党的文艺政策应当调整[1]

（一九七五年七月十四日、二十五日）

一

党的文艺政策应该调整一下，一年、两年、三年，逐步逐步扩大文艺节目。缺少诗歌，缺少小说，缺少散文，缺少文艺评论。

对于作家，要惩前毖后、治病救人，如果不是暗藏的有严重反革命行为的反革命分子，就要帮助。

鲁迅[2]那时被攻击，有胡适、创造社、太阳社、新月社[3]、国民党。鲁迅在的话，不会赞成把周扬[4]这些人长期关起来。脱离群众。

已经有了《红楼梦》、《水浒》，发行了。不能急，一两年之内逐步活跃起来，三年、四年、五年也好嘛。

我们怕什么？一九五七年右派猖狂进攻[5]，我们把他们骂我们的话登在报上，最后还是被我们打退了。

以前的《万水千山》[6]没有二、四方面军，这不好。现在听说改好了。

文艺问题是思想问题，但是不能急，人民不看到材料，就无法评论。

《反杜林论》出版后，柏林大学撤了杜林[7]的职，恩格斯不高兴了，争论是争论嘛，为什么撤职？杜林这个人活了八十多岁，名誉不好。处分人要注意，动不动就要撤职，动不动就要关起来，表现是神经衰弱症。林彪[8]不跑，我们也不会杀他，批是要批的。

蒋介石的时候，报纸、广播、学校、电影都是他们的，他们蒙蔽人民。我们都是从那儿来的。我学孔夫子[9]、资产阶级的东西十三年，就是不知道马列，十月革命后才学马列，过去不知道。反动派没有多少威力，靠剥削过生活，他的兵都是靠抓壮丁，所以我们不怕他们。怕死的是林彪，叫他打锦州，他不打，最后两天他去了，俘虏十万人。又消灭了廖耀湘[10]。长春沈阳解放。

释放俘虏放得好，国民党怕得很。

根据中央档案馆保存的谈话记录稿刊印。

二

此片无大错，建议通过发行。不要求全责备。而且罪名有十条之多，太过分了，不利调整党的文艺政策。

毛　泽　东

一九七五年七月二十五日

根据一九七六年十一月五日《人民日报》刊印。

注　　释

〔1〕本篇一是毛泽东同江青的谈话。本篇二是毛泽东对电影《创业》的编剧张天民来信的批语。来信对江青(当时任中共中央政治局委员)和当时文化部党的核心小组批判《创业》,指责它“在政治上、艺术上都有严重错误”,并罗列十条意见,提出不同的看法,建议重新上映该片。

〔2〕鲁迅,参见本卷第395页注〔18〕。

〔3〕胡适,见本卷第46页注〔9〕。创造社,五四新文化运动的文学团体。一九二一年在日本成立,成员多是留学日本的青年,代表人物有郭沫若、郁达夫、成仿吾等。创作的基本倾向是反帝反封建和积极浪漫主义。一九二九年被国民党政府查封,其成员后来大多加入了左联。太阳社,革命文学团体,一九二七年成立,代表人物有蒋光慈、钱杏邨、洪灵菲等。在宣传革命文学理论和革命文学的创作实践上起过积极作用。一九三〇年春全部成员加入左联。新月社,新诗团体,一九二三年成立,代表人物有胡适、徐志摩、梁实秋、闻一多等。强调诗的艺术美,使新诗在艺术技巧上得到丰富和提高。但某些成员反对革命和革命文学。一九三三年该社停止活动。

〔4〕周扬(一九〇八——一九八九),湖南益阳人。原任中共中央宣传部副部长、中国文学艺术界联合会副主席、中国作家协会副主席。“文化大革命”中被错误打成所谓“文艺黑线代表人物”,被长期关押。毛泽东这次谈话后不久,周扬即被放出。一九七九年,经中共中央宣传部批准的文化部党组的决定指出,解放后十七年,根本不存在什么“文艺黑线”和以周扬为代表的所谓“黑线代表人物”问题。凡是因所谓“文艺黑线”等错案受到打击和诬陷者一律彻底平反。

〔5〕参见本卷第311页注〔4〕。

〔6〕《万水千山》,是中国人民解放军总政话剧团一九五五年首演的反映红军长征的十幕话剧。毛泽东一九六四年观看了演出,肯定当时演出本的一些情节和人物,对如何表现好红军各方面军团结战斗等问题提出了修改意见。后经反复加工修改,一九七四年十月一日再次公演。

〔7〕杜林,即卡尔·欧根·杜林(一八三三——一九二一),德国哲学家、庸俗经济学家,曾任柏林大学讲师。他曾称要对哲学、政治经济学和社会主义理论实行

“全面的变革”，公开反对马克思主义。恩格斯在一八七六至一八七八年写的《反杜林论》一书中，对杜林的理论体系作了系统的批判。一八七七年，杜林因公开指责柏林大学物理系教授赫尔姆霍茨，被取消了讲师资格。

〔**8**〕林彪（一九〇七——一九七一），湖北黄冈人。原任中共中央副主席、中央军委副主席。“文化大革命”中伙同陈伯达等组成反革命集团，并与江青反革命集团互相勾结、互相争夺，阴谋夺取党和国家最高领导权力。阴谋败露后，一九七一年九月十三日乘飞机外逃，在蒙古温都尔汗坠机身亡。一九七三年八月中共中央通过决议，开除林彪的党籍。一九八一年中华人民共和国最高人民法院特别法庭确认他为反革命集团案主犯。

〔**9**〕孔夫子，即孔子。春秋末期思想家、政治家、教育家，儒家的创始人。

〔**10**〕廖耀湘（一九〇六——一九六八），湖南邵阳人。原任国民党军第九兵团中将司令。一九四八年十月底，在辽沈战役第二阶段中全军覆没后被俘。

图书在版编目(CIP)数据

毛泽东文集　第8卷/中共中央文献研究室编.
-北京:人民出版社,1999.6
ISBN 978-7-01-003029-6

Ⅰ.毛…
Ⅱ.中…
Ⅲ.毛泽东著作-文集
Ⅳ.A41

毛　泽　东　文　集

MAO　ZEDONG　WENJI

第　八　卷

(一九五九年二月——一九七五年七月)

中共中央文献研究室编

人民出版社 出版发行
(100706　北京朝阳门内大街166号)

北京新华印刷有限公司印刷　新华书店经销

1999年6月第1版　2009年11月北京第11次印刷
开本:635毫米×927毫米 1/16　印张:28.5
字数:290千　印数:36,801—40,800册

ISBN 978-7-01-003029-6　定价:47.00元